U0845446

2022—2023 年中国工业和信息化发展系列蓝皮书

2022—2023 年
中国未来产业发展蓝皮书

中国电子信息产业发展研究院 **编 著**

乔 标 **主 编**

電子工業出版社
Publishing House of Electronics Industry
北京 · BEIJING

内 容 简 介

本书在总结全球及中国未来产业发展基本情况的基础上，从政策环境、行业发展、重点区域、特色园区、企业运营、高校动态、前沿机构等多个维度对中国未来产业发展进行总结和剖析，并对中国未来产业发展趋势进行展望。全书分为综合篇、政策篇、热点篇、领域篇、区域篇、园区篇、企业篇、学院篇、机构篇和展望篇 10 个部分 32 章。

本书尝试通过进一步明晰未来产业的内涵与外延，深入研究未来产业发展的模式和路径，把握未来产业发展的核心脉络，旨在对各级领导部门及地方相关机构起到决策支撑作用，为未来产业发展和选择提供重要参考。

图书在版编目（CIP）数据

2022—2023 年中国未来产业发展蓝皮书 / 中国电子信息产业发展研究院编著；乔标主编. —北京：电子工业出版社，2024.5
（2022—2023 年中国工业和信息化发展系列蓝皮书）
ISBN 978-7-121-47778-2

Ⅰ. ①2… Ⅱ. ①中… ②乔… Ⅲ. ①产业发展－研究报告－中国－2022-2023 Ⅳ. ①F269.2

中国国家版本馆 CIP 数据核字（2024）第 088821 号

责任编辑：刘家彤　　文字编辑：韩玉宏
印　　刷：天津千鹤文化传播有限公司
装　　订：天津千鹤文化传播有限公司
出版发行：电子工业出版社
　　　　　北京市海淀区万寿路 173 信箱　　邮编：100036
开　　本：720×1 000　1/16　印张：19　字数：426 千字
版　　次：2024 年 5 月第 1 版
印　　次：2024 年 5 月第 1 次印刷
定　　价：248.00 元

凡所购买电子工业出版社图书有缺损问题，请向购买书店调换。若书店售缺，请与本社发行部联系，联系及邮购电话：（010）88254888，88258888。

质量投诉请发邮件至 zlts@phei.com.cn，盗版侵权举报请发邮件至 dbqq@phei.com.cn。

本书咨询联系方式：liujt@phei.com.cn，（010）88254504。

前言

未来产业是处于产业发展萌芽期，发展潜能极大，对基础研究、原始创新和颠覆性创新的依赖度高，涵盖未来制造、未来信息、未来材料、未来能源、未来空间、未来健康等领域，显著带动技术融合创新、产业深度变革、生产力发展、改善人们生活质量、引领经济社会发展的关键产业。把握新一轮科技革命和产业变革机遇，大力发展未来产业，是引领科技进步、带动产业升级、塑造新动能新优势的战略选择；围绕制造业主战场前瞻布局未来产业，是提前谋划颠覆性、变革性产业发展，有力支撑新型工业化，建设现代化产业体系的必由路径。

当今世界正经历百年未有之大变局，新一轮科技革命和产业变革深入发展，国际力量对比深刻调整，未来科技和产业将在很大程度上影响国家发展格局。习近平总书记多次强调要培育未来产业，大力推进科技创新，着力壮大新增长点，形成发展新动能。党的二十大明确指出，要建设现代化产业体系，完善科技创新体系，开辟发展新领域新赛道，不断塑造发展新动能新优势。抢抓未来产业发展先机，既是我国进入新时期新发展阶段、加快构建新发展格局的客观需要，更是抢占全球科技产业竞争制高点的必然选择。

未来产业本身就是技术与技术、技术与产业、产业与产业之间深度融合创新的产物。从技术与技术融合的视角看，新一轮科技和产业革命的方向不会仅仅依赖于一两类学科或某种单一技术，而是多学科、多技术领域的高度交叉和深度融合。信息技术、生物技术、新能源技术、新材料技术等的交叉融合，正在推动未来产业从单点技术和单一产品创新加速向多技术、系统化、集成化创新转变，将创造出集成多领域先进技术的新产品。从技术与产业融合的视角看，5G、工业互联网、元宇宙、通用人工智能等数字技术推动经济社会各领域数字化、网络化、智能化转型不断深化，在赋能传统产业变革跃升的过程中可能产生新的未来产业。从产业与产业融合的视角看，通过促进未来产业与优势传统产业深度融合，实现产业链上下游协同联动，以点带面锻长板、补短板，从而不断催生新兴领域。

从过往历史经验来看，世界经济危机都会催生新的技术革命，推动新兴产业、企业群体和企业家的诞生和发展，带动整体经济步入新的繁荣。当前百年变局和世纪疫情交织叠加，全球经济复苏遭遇阻力，各国都在寻找新的经济增长点。随着新一轮科技革命和产业变革深入推进，以新一代信息技术、新能源、新材料、深海空天、生物医药等为代表的未来产业将有望成为全球经济增长的新动能和新引擎。对正处在经济结构调整重要阶段的我国而言，更应借助培育未来产业加快经济转型步伐，为经济高质量发展培育新动能。

当前，新一轮科技革命和产业变革正在全球范围内加速演进，各个发达国家纷纷把握先机，对未来制造、未来信息、未来能源等领域进行深度布局。这些未来产业的崛起和发展，已然成为衡量一个国家科技创新实力和综合竞争力的关键指标。业界普遍认为，布局未来产业是我国实现创新驱动和经济内生增长的重要驱动力，也是传统产业转型升级和培育发展新动能的重要途径。

为跟踪把握未来产业的发展动向，研判产业发展重点和趋势，赛迪智库未来产业研究中心（无线电管理研究所）组织编撰了《2022—2023年中国未来产业发展蓝皮书》。本书在总结全球及中国未来产业发展基本情况的基础上，从政策环境、行业发展、重点区域、特色园区、企业运营、高校动态、前沿机构等多个维度对中国未来产业发展进行总结和剖析，并对中国未来产业发展趋势进行展望。全书分为综合篇、政策篇、热点篇、领域篇、区域篇、园区篇、企业篇、学院篇、机构篇和展望篇 10 个部分。

综合篇，对未来产业创新与竞争态势、全球重点国家未来产业发展基本情况、中国未来产业发展基本情况作出分析总结。

政策篇，对我国未来产业的政策环境进行分析，对《新产业标准化领航工程实施方案（2023—2035 年）》《科技部 教育部关于批复未来产业科技园建设试点的函》《关键数字技术专利分类体系（2023）》《生成式人工智能服务管理暂行办法》等重点政策文件进行解析。

热点篇，总结论述未来产业领域内的热点事件，选取“美国 OpenAI 公司发布人工智能大语言模型 ChatGPT”“中国国产大飞机 C919 圆满完成商业首航”等热点事件分别进行事件回顾和事件分析。

领域篇，重点选取新一代移动通信、人工智能、量子信息、卫星互联网和仿生机器人五大细分领域进行专题分析，对各领域的发展情况进行回顾，并从结构、市场、技术等角度总结发展特点。

区域篇，对京津冀地区、长三角地区、珠三角地区、成渝地区、中部地区进行专题研究，分析各区域未来产业的整体发展情况、发展特点和重点城市及地区情况。

园区篇，选取中关村国家自主创新示范区、深圳高新技术产业园区、上海张江高新技术产业开发区、苏州工业园区、成都高新技术产业开发区等代表性未来产业园区进行专题研究，总结分析各个园区的概况和重点产业布局。

企业篇，选取新一代移动通信、人工智能、量子信息、卫星互联网和仿生机器人五大细分领域的代表性骨干企业，分析其总体情况和发展策略。

学院篇，选取北京大学未来技术学院、北京航空航天大学未来空天技术学院等 12 个未来产业学院，介绍未来产业相关学科建设情况。

机构篇，选取之江实验室、鹏城实验室、IDEA 研究院等 9 所新型研发机构，介绍其概况和研究方向。

展望篇，在对主要研究机构的预测性观点进行综述的基础上，展望中国未来产业整体发展趋势及部分重点行业发展趋势。

赛迪智库未来产业研究中心（无线电管理研究所）重点聚焦信息领域未来产业的相关研究，从未来产业创新与竞争态势、国内外未来产业发展基本情况梳理和总结切入，注重研究国内外未来产业的发展动态和趋势，持续强化对政府机构的智力支撑，着力提升对区域、园区、企业、人才和研发机构等未来产业发展核心要素的服务能力。希望通过我们的不懈努力，进一步明晰未来产业的内涵与外延，深入研究未来产业发展的模式和路径，把握未来产业发展的核心脉络，旨在对各级领导部门及地方相关机构起到决策支撑作用，为未来产业发展和选择提供重要参考。

目录

综　合　篇

政　策　篇

热　点　篇

领　域　篇

区　域　篇

园 区 篇

企　业　篇

学　院　篇

机　构　篇

展　望　篇

综　合　篇

第一章

未来产业创新与竞争态势

第一节　前沿导向、战略导向、市场导向的三大类基础研究不断催生未来产业新发展方向

未来产业是代表未来科技和产业发展新方向且具有前瞻性和先导性的产业，市场潜力大，带动作用强，前瞻谋划未来产业已是大势所趋，世界主要国家和地区正纷纷加速研究与布局。基础研究作为支撑未来产业发展的关键，正在经历新的变革。前沿导向的探索性基础研究、战略导向的体系化基础研究，以及市场导向的应用型基础研究，这三大类的基础研究正在孕育新的科学、研究和技术范式，推动众多前沿科技取得重大突破和进步。

一、前沿导向的探索性基础研究取得了突破性进展

在基本粒子研究领域，费米国家实验室和我国科学家联合进行的缪子反常磁矩实验，以前所未有的测量精度揭示出缪子的行为与标准模型理论预测不相符，为新物理的存在提供了强有力的证据。在量子领域，美国国家标准与技术研究院（NIST）利用微波脉冲实现两张小的铝片膜量子纠缠，找到了宏观物体量子纠缠的直接证据，这有助于发展量子网络、研究暗物质和引力波。在新材料领域，美国研发出一种含纳米颗粒的新型碳纤维增强复合材料 ZT-CFRP，比传统铝制结构轻，比钢更坚固，也比传统碳纤维复合材料更抗机械冲击，应用前景广阔。这些成果

表明基础研究正在向着更前沿的方向推进。

二、战略导向的体系化基础研究取得了跨越式发展

在宇宙探索领域，我国“祝融号”火星车的巡视雷达成功揭示了火星乌托邦平原浅表分层结构，为火星表面的地质结构和水冰分布提供了重要数据，这为未来的火星探索提供了有力的科学支持；FAST 天文望远镜通过精细刻画活跃重复快速射电暴，为理解宇宙中的极端物理过程提供了新的视角，同时也展现了我国在射电天文学领域的重要研究能力。在新能源领域，全新的原理被应用于海水直接电解制氢技术，这为未来绿色能源的发展打开了新的可能。在生命健康领域，我国科学家在新冠病毒突变和免疫逃逸机制方面取得了突破，这对全球疫情防控和未来疫苗研发具有重要意义。在新材料领域，南京大学的团队成功开发了效率极高的全钙钛矿叠层太阳能电池和组件，为大规模应用薄膜太阳能电池展现出重要前景。这一系列重大科研成果为国家的长期科技发展和全球科学技术的进步作出了积极贡献。

三、市场导向的应用型基础研究取得了丰厚成果

在生物计算领域，美国国家标准与技术研究院研发出以 RNA 为核心的可长时间在细胞内存活的生物计算机，为疾病治疗带来划时代的改变。在基因研究领域，德国科学家通过对拟南芥的研究揭示了基因突变可能并非随机产生，为生物学界的基因突变认知研究提供了新的视角。在神经网络研究领域，柏林工业大学的团队采用多层前馈深度神经网络（DNN）完全折叠的方法创造了一个神经网络，有望超越人脑，成为世界上最强大的神经网络。在量子计算领域，以芬兰为首的多国团队研制了新型超导量子比特“独角兽”，并利用“独角兽”实现了量子逻辑门，为构建商用量子计算机奠定了基础。在新材料和可穿戴电子设备领域，韩国成功开发了基于液态金属颗粒组装网络的复合电极，为可穿戴和植入式电子设备的开发和商业化提供了强有力的支持。在生物信息学和生物学领域，美国研究人员利用人工智能（AI）和进化分析，构建了真核生物蛋白相互作用的三维模型，实现了生物信息学和生物学的深度融合。在通信技术和空间网络领域，截至 2022 年 5 月，“星链”（Starlink）

计划已完成2600颗“星链”卫星的发射入轨，实现了四大洲、32个国家和地区的覆盖，使天地一体化信息网络的发展进入新阶段。在量子模拟领域，哈佛大学和麻省理工学院开发了可编程量子模拟器，运行256个量子比特，为材料科学和通信技术等领域实现重大突破提供了强有力的技术支持。这一系列创新成果产业化前景可观，为落地应用提供了坚实基础。

第二节　未来产业作为经济高质量发展的重要动力已崭露头角，加快推动经济社会多领域创新发展

未来产业的快速发展推动经济社会多领域创新发展，引领世界经济社会发展范式的深刻变革。以未来制造、未来信息、未来材料、未来空间、未来能源、未来健康六大领域为代表的未来产业，以其高度创新性，推动传统产业转型升级，成为经济高质量发展的重要引擎，对经济高质量发展的推动作用日益凸显。

一、重点领域快速创新推动未来产业加快发展

在全球化和数字化的双重驱动下，未来产业相关重点领域发展迅速，成为新的经济增长点。以人工智能为例，以ChatGPT为代表的通用人工智能大模型正引领生成式人工智能（AIGC，也称生成式AI）快速创新，使得金融、教育、无人驾驶、智能家居等新兴领域蓬勃发展，对经济增长起到了重要推动作用。算法、算力和数据是人工智能发展的核心驱动要素，随着超大规模预训练模型的不断成熟、单点算力的持续提升，以及数据规模化、精细化和定制化的深入发展，人工智能产业不断发展壮大，为未来产业提供技术底座支撑。

二、未来产业与传统产业深度融合，推动产业链和创新链整体升级

一方面，未来产业以其高新技术，赋能和改造传统产业，推动传统

产业向智能化、绿色化方向转型；另一方面，传统产业也在不断调整优化产业结构，与未来产业形成良性互动。具体来看，新一代信息技术与传统制造业深度融合，推动智能制造和数字化工厂建设，传统制造业正在实现智能化升级。新材料、新能源技术与传统交通运输业融合，推动交通工具向环保、智能、互联方向转型创新。移动互联网、虚拟现实、远程医疗等未来信息技术与医疗健康行业融合，推进医疗服务模式转型。同时，传统产业也在进行结构调整与技术改造，加快淘汰落后产能，开发适应未来产业发展的新技术、新产品、新业态，与之实现良性互动。未来产业与传统产业深度融合，必将推动更多产业链、创新链实现整体性升级，引领经济高质量发展。

三、未来产业正孕育着巨大的市场需求，催生出新的消费增长点

新技术、新产品和新业态激发消费热点，带来潜在市场空间。智能网联汽车以环保和智能特点在全球市场受到关注。人形机器人在公共安全、应急处置等领域发挥重要作用，如在危险环境中进行搜索和救援，以及识别有害物质。元宇宙技术以虚拟元宇宙娱乐场景和工业元宇宙为切入点，逐步展现了在文化、娱乐和互联网社交平台领域的创新应用。绿色制造、生物制造、共享制造和增材制造等领域的创新预示着巨大的消费市场和持续增长动力。生物制造运用生物科学和工程学成果，以可再生生物质资源为原料，大规模生产化学品和高分子材料。共享制造作为共享经济在制造领域的应用创新，集中利用分散和闲置的生产资源，涵盖制造资源、创新资源和服务资源的共享。增材制造则以逐层添加材料的方式构建三维物体，常见于3D打印技术，适用于小批量定制和复杂几何结构的生产。未来制造业发展推动传统产业转型升级，孕育新产品形态和商业模式。

第三节　美国积极推进“脱钩断链”和“低端锁定”，大国博弈态势日趋激烈

未来产业面临日趋激烈的大国博弈，博弈深刻地影响着全球产业链的重构和国际合作的未来方向。贸易保护主义和地缘政治博弈的火花，

点燃了全球产业链和供应链变革的导火索。各国在产业链和供应链布局上的转变，反映了从以成本、效率、科技为侧重向以安全、稳定、政治为侧重的战略重塑。

一、美国积极推进“脱钩断链”和“低端锁定”策略，国际贸易和技术交流的格局呈现新的变化

美国通过滥施单边制裁、滥用“长臂管辖”，试图刺激本国产业与我国“脱钩”，并通过推动制造业回流来违逆全球产业分工的大势。这些行为不仅增加了生产和经营成本，而且会削弱美国的产业竞争力，从而拖累其经济发展和增长潜力。美国的“脱钩断链”和“低端锁定”策略的本质是想通过构建针对我国的“小院高墙”来保持其在世界经济中的领导地位，并确保美国的科技领先地位。这种策略旨在遏制我国的发展，将我国锁定在产业链的低端。

二、大国博弈态势日趋激烈，影响着全球产业链的重构和国际合作的未来方向

随着贸易保护主义和地缘政治博弈的持续加剧，全球产业链和供应链正在经历深刻的变革。各国在产业链和供应链布局上从以成本、效率、科技为侧重转向以安全、稳定、政治为侧重，展现出多元化、区域化等演进特征。在全球产业链重构的大背景下，某些国家开始推动制造业回流，以国家安全为名，采取“友岸外包”等政策，全球产业链朝着本土化、区域化和多元化的方向发展。趋势显示，全球产业正在从我国向美、欧、日等发达国家和地区及东南亚等的发展中国家转移。全球产业链的重构不仅改变了国际贸易和技术交流的格局，也为各国的经济社会发展带来了新的机遇和挑战。

三、在“脱钩断链”和“低端锁定”策略下，各国应如何保护自身利益，同时寻找新的合作机遇，成为国际社会关注的焦点

各国应当强化产业链和供应链的自主性和多元化，降低对单一市场

的依赖，以提高产业链和供应链的稳定性和抵御风险的能力。各国应积极推动技术创新和研发，以提高自身的技术竞争力和产业附加值；同时，加强国际技术和产业合作，通过共享技术和市场资源来共同应对外部压力，拓宽国际合作的渠道和领域。此外，各国应当积极参与多边贸易和投资协定的谈判和实施，以推动建立更加公正、开放和透明的国际贸易和投资规则体系；同时，通过推进区域经济一体化，促进区域内的贸易和投资自由化与便利化，以保护各国的经济利益和推动区域经济的共同发展。

第四节　未来产业涌现新安全问题，治理体系亟需优化健全

未来产业面临的安全风险和挑战不容忽视。随着人工智能和大数据技术的快速发展，现有的数据保护和隐私保护法律法规往往难以满足快速变化的需求，这导致个人和企业在法律保护方面的缺失。与此同时，5G 和物联网等新技术的普及加剧了网络安全和信息安全的风险，现有的网络安全管理和监管机制面临重大挑战。未来产业的安全问题不仅局限于技术层面，更涉及制度和治理层面。优化和完善现有治理体系，应对未来产业的新安全问题成为一项迫切任务。

一、未来产业的快速发展和技术创新衍生出新的安全问题和挑战

未来产业（如人工智能、量子计算、5G 和生物技术等）虽然为社会经济发展打开了新的可能，但同时也带来了诸多安全问题。人工智能的发展可能会导致个人隐私泄露、数据滥用和安全威胁。量子计算的快速进步可能对现有的加密管理体系构成挑战。5G 的广泛应用可能会增加网络安全风险。生物技术的创新可能会带来生物安全和伦理问题。此外，随着未来产业的跨国发展，国际技术交流和合作变得更加频繁，也使得国际安全形势更加复杂。对于这些新的安全问题和挑战，现有的治理体系显然已经难以适应。传统的安全治理机制往往侧重于应对已知和

可预见的安全威胁，而在面对未来产业快速变化和不断涌现的新技术时，往往显得力不从心。现有的数据保护和隐私保护法律法规往往难以满足新的技术场景和应用需求，而传统的网络安全和信息安全管理体系也难以完全应对新的安全威胁和挑战。

二、现有的治理体系亟需优化和完善

首先，需要加强对未来产业安全风险的研究和评估，以确保治理体系的政策和措施能够及时应对新技术带来的安全威胁。其次，需要完善和更新相关的法律法规，以确保法律体系能够为未来产业的安全发展提供有力的法律支持。加强对人工智能、生物技术、网络安全等领域法律法规的研究和制定，以填补现有法律体系的空白。再次，需要加强对未来产业安全风险的监管，包括完善安全监管机制、强化安全监管能力和加大安全监管力度等，以确保未来产业的安全和稳定发展。最后，未来产业的安全治理也需要多方的参与和合作，不仅需要政府、监管机构和行业组织的共同努力，还需要企业、研究机构和公众的积极参与。通过多方合作和交流，共同探讨未来产业安全治理的最佳实践和解决方案，促进未来产业的安全、可信和可持续发展。

三、共同构建安全的全球治理体系是未来产业开放合作的内在需求

随着全球化深入发展，未来产业安全问题已成为全球性的挑战，它不再是单一国家或地区能够独立解决的问题。全球产业链和供应链的日益紧密使得任何一个环节的安全问题都可能影响到整个产业链的稳定。因此，构建有效的全球治理体系对于保障未来产业的安全和稳定发展至关重要。一方面，国际社会需要达成共识，认识到未来产业安全问题的重要性和紧迫性，并在此基础上推动国际合作和交流。通过国际会议、研讨会和技术交流活动，各国共同探讨解决方案和构建最佳实践的平台，加强对未来产业安全风险的研究和评估，以提高国际社会的应对能力。另一方面，推动构建未来产业安全的全球治理体系，需要加强国际法律法规和标准的研究与制定。具有普遍性共识的国际治理标准体系，可为未来产业的国际合作和安全治理提供有力的制度保障。

第二章

全球重点国家未来产业发展基本情况

全球重点国家未来产业举措和布局具有一些共性特点，均从顶层设计、资金投入、人才引培方面加大支持力度，聚焦重点赛道，加快重点领域布局。从战略举措看，主要国家首先以一系列面向未来技术和产业的法案、战略规划、报告、政策性文件等顶层设计对未来产业发展提供前瞻性的指导、针对性的扶持、规范性的监督和普遍性的要素保障；其次，基于政府研发投入、政府补助、企业投入、风险投资、银行信贷、社会捐赠等，逐步构建多元化资金投入机制；再次，主要国家均在加强STEM（科学、技术、工程和数学）基础教育、引进优秀人才，以及加强对员工培训等方面完善人才队伍建设；最后，部分国家还推出了开展早期的技术预见和技术调查、设立未来产业专门机构、建立产业动态监测和调整等创新举措。从布局赛道看，制造和信息领域是各国未来产业的布局重点，包括先进制造、量子信息、先进通信、通用人工智能等；部分国家结合本国发展需求，面向未来重点布局其他细分赛道，如开展氢能、核能等新型能源应用，进行新结构、新功能的智能仿生，开展太空、深海、极地等新型空间技术创新，培育太空、远洋等经济新动能。

第一节　美国

为重振科技创新实力和全球领导力，美国对未来产业进行了长期持续的研究和布局。2022 年 8 月 9 日，美国总统拜登签署《芯片与科学法案》，在未来10年内拨款约2000亿美元来促进美国在半导体和先进计算、先进通信、先进能源、量子信息和生物技术等领域的科学研究和生产制造。美国除了在半导体领域全力遏制中国的崛起，还着眼于长远从未来科技和产业发展的角度出发，试图长期占据全球未来产业的制高点。

一、高度重视理念超越和超前布局，将未来产业作为一项国家战略进行推动发展

美国在2022年2月发布的《关键和新兴技术清单》中明确和更新了高级计算、先进计算、人工智能、量子信息、生物技术、超音速等19项关键与新兴技术清单，以确保其全球领导地位和技术领先。现阶段，美国尤其加大了对人工智能等数字领域未来产业的投资。2022年4月发布的《未来产业法案报告》显示，美国2022年预算优先加大了对网络、信息技术（包括人工智能研发）和量子技术等关键领域的投资，总金额超过86亿美元。同时，美国通过国家科学基金会（NSF）启动关键领域资助项目、设立新型研发机构等，加强基础研究和STEM教育来强化对未来产业的支持。

二、以新建创新载体、增加高额投资、加快标准化制定多措并举推动未来产业发展

《芯片与科学法案》授权美国国家科学基金会新建“技术、创新和伙伴关系理事会”，投资200亿美元专注于人工智能、量子计算、先进制造、6G先进通信、生物技术、新能源和新材料等战略前沿科学的研究，并支持可能产生颠覆性技术的早期基础性研究；授权美国商务部技术中心将100亿美元用于投资美国各地的共20个区域创新和技术中心，以加强地方政府、高校及企业在技术创新和制造方面的合作；此外，支持美国国家标准与技术研究院推进包括量子信息、人工智能、先进通信和半导体等在内的未来产业的关键技术研究和标准开发，通过促进机构间的协调和信息交流活动，支持私营部门的参与，提升制定国际标准的竞争力。美国政府牵头和支持的持续性、大规模、高风险的研发投入偏向基础研究和应用研究领域，对于战略技术突破将起到重要作用，还将

带动科技企业研发投入和社会资本“进场”，进而加速科技创新成果转化，形成相应的科技标准并进行国际化，从而提升美国的科技创新竞争力。

三、将人才教育纳入战略优先事项，通过强化 STEM 教育、移民政策和激励机制吸引和留住人才

2022 年 2 月，美国参议院提出《保持 STEM 人才法案 2022》，通过免除 STEM 高级学位人才的绿卡限制，允许国际学生在美国建立自己的职业生涯，加大留美吸引力度。美国智库战略与国际研究中心（CSIS）提出，针对芯片等未来产业缺乏高端科技人才问题，美国不仅需要改革签证政策和移民政策，更需要制定长期的人才资源政策，进而强化对 STEM 领域人才的吸引和培育计划。《芯片与科学法案》授权为大学生、研究员和实习生的 STEM 教育培训提供 130 亿美元的资金，在未来科技领域培养劳动力。美国增加对全国大学、农村学校、少数族裔服务机构和新兴研究机构的科学研究资助，设立 13 亿美元的人工智能“奖学金换服务”和全国微电子教育网络等政产学研项目。此外，美国还要求禁止相关研究人员参与外国的人才招聘。由于移民政策和制造业外迁的问题，美国的 STEM 人才一直处于短缺状态。美国将对 STEM 人才的培养资助扩展至早期教育和各类人员，力图逆转 STEM 人才短缺与外流的状况，解决科技制造“用工荒”。

第二节 德国

德国率先提出了基于国家中长期发展目标的《德国高科技战略》，确立了生命医学、太空技术、纳米技术和新型材料技术等 17 个具备未来发展潜力的高尖端科技创新发展方向。此后，为了应对气候变暖、自然环境变化等全球性资源挑战，德国开始注重将科技发展与社会需求相结合，将原有的 17 个单纯技术领域调整为气候/能源、健康/营养、交通、安全和通信五大需求领域，并提出“十大未来项目”，为发展未来产业奠定基础。

一、持续优化顶层设计和战略布局

德国政府通过了《高科技战略 2025》，确定德国未来在研发与技术创新政策方面的主要任务、目标，以及在微电子、新材料研发与生物科技、人工智能等先进领域的科技发展目标。在人工智能领域，德国工程院和联邦数字事务与交通部（BMDV）提出基于人工智能向数据经济转型的国家倡议，重点关注“为跨数据库的数据交换开发组织和技术基础，协调不同数据库的必要网络并开发第一个应用程序；为提高人工智能算法的质量和可验证性，创建一个质量和创新中心作为公共联络点；在市场上实现人工智能创新，改善人工智能创新企业的成长条件”3 个方向。在先进能源领域，德国联邦经济事务和气候行动部（BMWK）为全方位加速可再生能源发展，先后发布《德国光伏战略》和《陆上风能战略》，提出推进光伏和陆上风电产业发展的行动举措。在先进制造领域，为提高工业全球竞争力，德国政府在《国家工业战略 2030》中明确指出，将钢铁铜铝、化工、机械、汽车、光学、医疗器械、绿色科技、国防、航空航天和 3D 打印 10 个工业领域列为“关键工业部门”，并给予相关企业优惠的能源供给和税收制度。

二、以“未来计划”为重要抓手，大力投资未来产业

在生物医药方面，德国计划提供 40 亿欧元用于改善医院数字基础设施和医疗设备；德国联邦教研部将设立药品创新机构，并将在未来 4 年投资约 40 亿欧元用于药物的创新研发。在氢能源（可简称氢能）方面，德国政府将通过“未来计划”投入 90 亿欧元以促进氢能源的规模化利用，从而促进德国能源转型；此外，德国政府还将进一步投资 6.75 亿欧元用以支持氢能技术的研发和创新，包括氢气的航运和海运等。在人工智能和量子技术方面，到 2025 年德国在人工智能领域的资金投入将由 30 亿欧元增加至 50 亿欧元，用来打造超级计算机，弥补其在大数据提供和信息实时应用方面的不足；此外，德国政府还计划投资 20 亿欧元建造两台量子计算机，以强化德国在量子密码领域的全球竞争力。

三、不断探索国际创新合作新模式

一是搭建未来产业创新联合体。德国与俄罗斯、波兰等国家共同建立联合实验室和合作研发中心，在极地与海洋研究、多功能纳米结构材料、集成激光制造等领域开展技术研发和项目合作。二是持续优化合作模式。德国持续与日本、埃及、以色列、俄罗斯和巴西等国开展“科技年”活动，将国际科技营销活动作为促进前沿领域尖端科技合作和成果转移的有效手段；高度重视中小创新企业在国际合作中的推动作用，深化与土耳其、印度等国家的中小企业的合作，在基因诊断、能源环境、生物技术等领域开展项目合作，进一步激发创新活力。三是强化人才交流合作。德国与法国、土耳其、埃及、约旦等国家共建联合大学，并以此作为合作纽带，深化创新型人才的交流与培养。

第三节　日本

日本近年来在氢能源、量子信息、生物技术和人工智能等诸多未来产业领域频频发力，且成效显著。日本建立了开放包容的创新环境，在国家战略特区开展先行先试和事后监管创新，推进规制改革，加大培育“社会 5.0”所必需的基础技术和跨领域科技人才，强化公私合作，并与产业界合力推进未来产业发展，实现超智慧社会变革行动。

一、通过技术预见调查为未来产业发展奠定基础

日本在 2017 年至 2022 年总计开展技术预见调查 11 次，面向 2050 年科技与社会未来愿景进行研究，提出 16 个特定科技发展领域。日本技术预见通过地平线扫描法跟踪科技社会发展趋势，通过德尔菲法及结合需求调查、引文分析、情景分析和愿景调查等方法对未来产业技术进行研判，提出新方向和新目标。

二、通过顶层设计推动诸多未来产业细分赛道发展

在氢能源方面，日本将氢能源作为新一代能源战略的主体，制定《氢能基本战略》《第六次能源基本计划》等战略文件，面向 2030 年乃至

2050 年加快布局可再生能源、核能、火力发电、电力系统改革、氢能和氨能、资源和燃料供应等新赛道。在生物技术方面，为持续保持全球生物技术强国地位，日本围绕 2030 年实现全球最先进的生物经济社会等目标，制定《生物战略 2020》《统合创新战略 2020》等文件，部署高功能生物材料、生物医药、再生医疗、细胞治疗、基因治疗等赛道。在人工智能方面，日本运用人工智能技术强化产业竞争力，发布《人工智能战略 2022》《月球报告》等文件，加快突破大规模语言模型、分布式处理、多模态联合和跨模态的人工智能、自然语言处理等技术。在量子信息方面，日本逐步由量子科学向量子科技转变，日本科技政策研究所（NISTEP）的《2021 科技创新白皮书》将传感器技术、量子技术等作为重点布局方向；《量子未来社会愿景》提出将大力支持量子计算机、量子软件、量子安全与量子网络、量子测量与传感四大核心领域的发展，并在 4 个地方建立量子技术研究和支持基地。在深海空天开发方面，日本的新版《防卫计划大纲》《宇宙基本计划》《海洋基本计划》等进一步明确了水下无人显像器、太空、网空和电磁空间等赛道，并提出在海洋资源开发、海洋环境保护、海上运输、海洋科技、海洋安全等方面开展具体布局。

三、“社会 5.0”愿景为未来产业发展指明方向

日本在 2016 年首次提出“社会 5.0”（Society 5.0）概念，指出要最大限度地应用现代通信技术，通过虚拟与现实空间的高度融合，解决经济社会问题，拥有一个“超智能社会”。此后，围绕“社会 5.0”愿景，日本先后发布《未来投资战略 2017：为实现“社会 5.0”的改革》《新产业结构蓝图》《未来投资战略 2018——迈向社会 5.0 和数据驱动型社会的变革》《集成创新战略》《统合创新战略 2020》《科学技术白皮书》等一系列政策措施，内容涉及生命健康、人工智能、生物技术、量子技术、尖端材料制造、能源与环境、自动驾驶汽车等未来产业的系统布局。在“社会 5.0”愿景的牵引下，日本通过推动前沿技术创新与未来产业发展来满足社会需求。

四、多元资金投入保障未来产业持续发展

从整体投入看，日本的科技研发投入占 GDP 的比重一直保持在 3% 以上，稳定支撑未来产业技术创新。2021 年公布的《第六期科学技术创新基本计划》提出，未来 5 年日本政府研发投资额为 30 万亿日元，官民研发投资额为 120 万亿日元，以提升研究创新能力，解决数字化发展迟缓问题。从领域投入看，在氢能领域，2019 年日本在应对全球变暖的官民国际会议上表示，未来 10 年官民将共同投资 30 万亿日元用于氢能等环境技术的研究和开发。在生物技术领域，日本的研发投入一直稳定在每年 3 万亿日元左右。在量子科技领域，过去 20 年间，日本政府投资达到 2.5 亿美元，产业端资助大约为 3 亿美元。在人工智能领域，日本政府联合各大企业推出“机器人计划”，投入 1000 亿日元用于人工智能研发；东京大学和软银公司投资 200 亿日元共同打造世界顶尖的人工智能研究所。

第四节　韩国

韩国政府于 2022 年制定《国家战略技术培育方案》《数字国家战略》《半导体超级强国战略》等 5 项重点战略，以官民合作、公私合作及强化人才培养等，重构以任务为导向的灵活变化的国家创新体系，持续推进企业需求的半导体/显示器、航空航天、人工智能、下一代网络通信、尖端生物、氢能、量子技术等 10 项未来产业核心技术，并通过公私合作寻求投资未来 10～20 年的下一代未来新兴技术。

一、利用民意调查在未来产业领域形成共识

民意调查（简称民调）现已成为韩国政治生态中影响民众认知的重要工具，也是引导舆论和建构话语权的重要手段。2022 年韩国知识产权局（KIPO）发布未来战略产业技术民意调查结果，公布了民众选出的“改变韩国未来的十大发明技术”，以确定民众在培育未来韩国战略产业技术领域的统一共识。调查结果显示，排名前 10 位的技术领域分别是：人工智能（投票占比为 15.1%）、机器人（13.8%）、未来汽车

（10.4%）、氢气（8.3%）、能源（8.1%）、生物科学（7.5%）、宇宙航天（6.3%）、新材料（6.1%）、电池（5.5%）和半导体（5.2%）。据悉，韩国将根据调查结果大力发展相关产业。例如，韩国政府已选定人工智能作为未来战略产业技术领域之一，选定机器人作为中长期展望的技术领域，同时，韩国也为确保其在未来汽车核心领域的标准专利而积极提供支持。

二、政策与投资双管齐下促进未来产业发展

在半导体领域，韩国连续发布《半导体强国建设战略规划》《半导体超级强国战略》《半导体未来技术路线图》等战略文件，重点布局半导体与显示器、新型存储器和下一代设备的开发、电力及汽车领域的芯片设计原创技术、超微芯片和先进封装的原创技术等。在2022年预算案中，韩国政府拿出2400亿韩元用于功率半导体、新一代感应器和人工智能半导体等领域的研究；韩国产业通商资源部还将安排200亿韩元的预算，用于新一代智能型半导体技术的开发。在人工智能领域，《人工智能国家战略》明确提出要提升在人工智能芯片、新一代人工智能、人工智能基础领域研究、脑机能、认知科学、机械学习等领域的竞争力。在先进通信领域，2023年韩国科技信息通信部发布“K-NETWORK 2030”战略，明确开发世界级的6G并率先商用，同时在先进网络安全等方面开展布局。在未来汽车领域，2022年韩国政府在“未来汽车国家愿景”发布会上明确了“2030未来汽车产业发展战略”的主要内容：加速发展环境友好型汽车，积极进军国际市场；2024年在全球率先建成无人驾驶体系及公路；逐渐转型为基于民间投资（60万亿韩元）的开放型未来汽车生态系统。其中，无人驾驶是未来产业的一个重要分支，韩国汽车企业在无人驾驶技术领域连续发力，努力抢占未来智能出行产业发展带来的红利。在生物健康领域，韩国政府2022年预算案对生物健康产业给予了创纪录的资金支持，规模达到2.5万亿韩元，占到三大新产业总预算投入的40%。

三、政产学研多方共同培育未来产业人才

一是基于企业需求培养人才。韩国产业部表示，今后将基于企业实

际需求为其自主培养人才营造良好环境，推出需求企业事先参与项目，并制订灵活及时的支援计划推动项目重组，还将持续发掘制造、服务融合型人才等新的培养项目。二是增加多层次人才培养配额。韩国产业部计划扩大大学配额，并提供对学士、硕士、博士教育及实践教育的支持。例如，韩国政府计划在 10 年内培训 36 000 名半导体行业人才。三是加强多方合作培育创新人才。例如，2021 年韩国启动了由韩国半导体产业协会主管，6 所大学、41 家中小企业、中坚企业和协会参与的半导体产业人才培养工程，计划 5 年内培养 300 名高级研发人员。同时，韩国产业部还与韩国产业技术振兴院、韩国电子信息通信产业振兴会、韩国汽车产业协会和韩国汽车研究院等 6 家机构签署合作协议，培育未来汽车创新人才。

第五节　法国

法国经济与工业部颁布"新工业法国"计划的升级版——"未来工业"计划，以新能源开发、智慧城市、环保汽车、未来交通、未来医药、数字经济、智能互联、数字安全、健康食品 9 个新兴产业为优先扶持重点，取代老"三大件"一统天下的传统工业政策投放格局，用资本与技术联姻、政府为企业提供服务、以培训解冻劳动力市场、窗口化国际合作 4 项新举措，取代政府给实体经济输血的单一化扶持模式。

一、构建需求导向型的发展优先级调整机制

从 2013 年 9 月初法国首次提出"新工业法国"计划至今，法国推动新兴产业的顶层设计经历了"三步走"。具体来看，2013 年 9 月到 2015 年初为第一阶段。在"新工业法国"计划框架下，法国政府确定了新一代高速列车、电动飞机等 34 个优先发展的工业项目。2015 年 5 月至 2021 年 10 月为第二阶段。在此期间，法国经济部宣布"新工业法国"计划进入第二期，将原先的 34 个优先发展的工业项目改组为以"未来工业"为核心，以新资源开发、可持续发展城市、环保汽车、网络技术、新型医药等 9 个新兴领域为支柱的布局。2021 年 10 月至今为第三阶段。法国总统马克龙推出 300 亿欧元的"法国 2030"创新投资计划，旨在使

法国从现在起到2030年"重新成为一个伟大的创新民族"。该计划旨在"找到通往独立的道路"和"夺回法国与欧洲的命运"。"法国2030"创新投资计划重点关注的优先领域为能源和经济脱碳、交通、健康、农业和食品、电子和机器人技术等所需零部件供应、战略原材料供应、初创企业、针对战略部门的创新培训、文化、太空和海底。

二、完善多层级科技决策咨询协同工作机制

法国政府自20世纪80年代初期以来，相继成立了包括战略指导委员会（COS）、国家科学理事会（CNS）和科技最高理事会（HCST）在内的国家级科技决策咨询机构。在组建新科技决策咨询机构时，法国政府既没有撤销也没有合并成立较早的机构（CSRT和OPECST），5家机构并行运转的局面一直维持到2013年。此后在《高等教育与研究法案》关于推动国家高等教育体系和科学研究体系融合发展战略的驱动下，法国政府正式将服务于各部门的四大科技决策咨询机构整合为战略研究委员会（CSR）。从角色定位看，OPECST是法国国家最高的科技决策咨询机构，主要服务于议会两院；CSR主要服务于总理及其他政府部门。

三、强调立法对科技政策可持续性的保障作用

法国于2006年重新制定了《科研指导法》，将其作为法国政府统筹科技发展的基础和法律依据，对国家科研创新体系进行全面改革，重点强化不同研究主体之间的合作，加强公共研究部门和私人研究部门之间的联系，并加快实施融入欧洲研究区与全球创新体系等促进协同创新的措施。2012年，法国教研部开启自下而上、多层次的全国高等教育与研究大讨论，重新确定高教与科研相关政策，并修订《大学自由与责任法》及《科研指导法》。法国通过制定相关法律来指导科研发展方向和优先领域选择，规范科研活动，保护知识产权，为科技计划的编制和实施提供法律保障。

第三章

中国未来产业发展基本情况

2022年以来，中国未来产业发展开始进入“加速区”，国家层面的整体布局日益清晰，地方层面新的创新政策和试点探索不断涌现，量子、新能源、新材料、生物技术等领域新技术融合创新不断加速，政府和社会对未来产业的投融资关注持续增加，越来越多的新型研发机构和实验室涌入这一新赛道。

第一节　产业布局日益清晰

随着未来产业研究的持续深入，相关概念与体系、内涵与外延、技术与生态日益清晰，谋划布局未来产业已成为国家和地方培育经济发展新动能、推动经济实现高质量发展的共识，国家层面加速出台了相关布局和指导意见，地方层面则结合地方优势加快抢占关键新赛道。

一、国家加速出台相关布局的指导意见

习近平总书记在参加十四届全国人大一次会议江苏代表团审议时指出，加快实现高水平科技自立自强，是推动高质量发展的必由之路。在激烈的国际竞争中，我们要开辟发展新领域新赛道、塑造发展新动能新优势，从根本上说，还是要依靠科技创新。习近平总书记在黑龙江考察时强调，要整合科技创新资源，引领发展战略性新兴产业和未来产业，加快形成新质生产力。这些论述用“科技创新”和“新质生产力”指明了未来产业的关键内涵。

二、领先地区纷纷抢占未来发展新赛道

未来产业已成为多个领先省份及城市群在“十四五”时期重点布局的领域，领先地区在细分领域、重点方向等方面抢先占位。例如，浙江明确优先发展未来网络、元宇宙、空天信息、仿生机器人、合成生物、未来医疗、氢能与储能、前沿新材料、柔性电子 9 个产业，探索发展量子信息、脑科学与类脑智能、深地深海、可控核聚变及核技术应用、低成本碳捕集利用与封存、智能仿生与超材料 6 个产业。安徽提出实施“3+*N*”未来产业培育工程，前瞻布局量子科技、生物制造、先进核能等产业。山西提出重点培育未来数字、未来材料、未来能源、未来装备、未来生活五大未来产业重点领域。上海提出打造未来健康、未来智能、未来能源、未来空间、未来材料五大产业集群。《长三角 G60 科创走廊建设方案》提出加快培育布局量子信息、类脑芯片、第三代半导体、基因编辑等一批未来产业。

三、多地启动未来产业先行先试的探索

浙江、上海等地已开始以未来产业“先导区”“核心承载区”等先行先试的模式，探索“自下而上”的路径，从未来产业本身或趋势演变方面着手，尝试构建未来产业发展萌芽期蓝图。例如，浙江提出率先打造未来产业先导区，统筹部署建设区域集聚、网络协同两种类型的未来产业先导区。上海提出将建设约 15 个未来产业先导区，攻关一批核心部件，推出一批高端产品，形成一批“中国标准”。河南提出到 2025 年在全省布局建设 20 个左右未来产业先导区。深圳提出“6+5”核心承载区，根据资源禀赋与产业创新基础，合理规划 5～10 年内和 10～15 年内有望成长为战略性新兴产业的两类未来产业的发展。

第二节　政策力度持续加强

在未来产业重点领域，国家和地方层面相继出台了一系列发展规划、行动计划、实施方案等产业政策，并且政策密度和力度呈现不断加大的趋势，未来产业发展的政策环境日益优化。

一、国家层面出台多层级未来产业相关政策

国家高度重视未来产业发展，陆续出台了与未来产业相关的一系列政策，从国家部委、多部委联合到中共中央、国务院，政策层级逐步提升，未来产业发展迎来重大机遇。2023 年 8 月，工业和信息化部联合科技部、国家能源局、国家标准化管理委员会等部门制定形成《新产业标准化领航工程实施方案（2023—2035 年）》，主要聚焦新兴产业与未来产业标准化工作，形成“8+9”的新产业标准化重点领域。2023 年 8 月，工业和信息化部办公厅、教育部办公厅、文化和旅游部办公厅、国务院国资委办公厅、国家广播电视总局办公厅联合印发《元宇宙产业创新发展三年行动计划（2023—2025 年）》，按照长远布局和分步落地思路，对元宇宙作了系统谋划和战略部署。2022 年底，科技部、教育部公布未来产业科技园建设试点及培育名单，来自 8 个省（直辖市）的共 10 家未来产业科技园成为首批建设试点。2022 年 3 月，中共中央办公厅、国务院办公厅出台《关于加强科技伦理治理的意见》，制定了生命科学、人工智能等未来产业重点领域的科技伦理规范、指南等。2022 年 12 月，中共中央、国务院印发《扩大内需战略规划纲要（2022—2035 年）》，明确在前沿科技和产业变革领域组织实施未来产业孵化与加速计划，前瞻谋划未来产业。

二、地方政府密集出台未来产业相关政策

据不完全统计，截至 2023 年 10 月，北京、上海、浙江、江西、山西、河南 6 个省（直辖市）已发布未来产业政策文件，深圳、南京、苏州、福州等 28 个城市发布了专项文件。总体来看，出台未来产业相关政策的省、市主要集中在东南沿海和中部地区。部分省份呈现较好的省市联动性，也有部分地市结合实际情况先于省级政府出台相关政策。山西、浙江和河南率先出台省级未来产业相关政策，诸多地市依据省级政策和当地实际情况相继制定未来产业发展规划，进一步落实上级政府的部署要求，开展未来产业培育发展的相关工作。江苏、广东、河北等地在省级政府未有实质行动的情况下，其部分城市已率先尝试、大胆探索，力图抢抓未来产业发展的关键机遇期。例如，深圳在 2022 年 6 月发布

《深圳市人民政府关于发展壮大战略性新兴产业集群和培育发展未来产业的意见》及《深圳市培育发展未来产业行动计划（2022—2025 年）》，南京在 2022 年 9 月发布《南京市加快培育新赛道发展未来产业行动计划》。此外，南京在市工业和信息化部门设立了专门的未来产业职能机构“未来产业处”，积极谋划新赛道，发掘产业新机会。总体而言，各地方政府为把握未来产业发展的时间窗口，密集出台了一系列政策，给未来产业发展营造了较好的发展环境。

第三节　技术创新不断突破

当前，我国在类脑智能、先进通信、量子信息、人工智能、卫星互联网、深海空天等未来产业重点领域超前布局，加快技术创新攻关，核心技术多点开花，接连取得重大突破。

一、未来信息技术创新持续保持高度活跃

在类脑智能领域，我国研究人员在 *Nature* 杂志上发表了关于人类大脑皮层功能连接图谱的研究成果。在先进通信领域，目前我国 6G 超大规模 MIMO、太赫兹通信、通信感知一体化、内生 AI 通信、确定性网络、星地一体化网络等关键技术已进入测试验证阶段。在量子信息领域，我国研究机构和科技公司已取得多项世界水平的研究成果，量子通信处于国际领先水平；2023 年 10 月我国成功构建 255 个光子的量子计算原型机“九章三号”，再度刷新光量子信息技术世界纪录。在人工智能领域，各个研究方向不断取得新的研究成果，成熟的人工智能技术逐渐向代码库、平台和系统发展，推动人工智能发展迈向新的阶段；机器学习、自然语言处理、计算机视觉等技术不断催生出新算法、新模型、新范式，为人工智能产业发展提供了更多的可能性；人工智能框架正向着全场景支持、超大规模人工智能、安全可信等技术特性深化探索，不断实现新的突破。在卫星互联网领域，2023 年 7 月 9 日我国成功将卫星互联网技术试验卫星送入预定轨道，这是我国低轨通信星座建设向太空迈出的重要一步，意味着星网快速建设的大幕已开启。

二、未来空间、能源、制造、健康等领域取得重大突破

在深海空天领域，2022 年 11 月中国空间站梦天实验舱与天和核心舱顺利实现交会对接，中国空间站三舱主体结构就此组装完成，2023 年我国神舟十六号航天员乘组与神舟十七号航天员乘组先后成功入驻，标志着我国载人航天工程进入空间站应用与发展新阶段。在未来健康领域，在抗击新冠疫情中，我国成功研制出多种疫苗和药物，并在基因诊疗、干细胞治疗、免疫细胞治疗、生物育种等领域取得了一系列重要成果。在未来能源领域，2023 年 8 月我国新一代人造太阳“中国环流三号”首次实现 100 万安培等离子体电流下的高约束模式运行，标志着我国磁约束核聚变研究向高性能聚变等离子体运行迈出重要一步。在生物制造领域，我国在新型基因编辑器、酶蛋白理性设计、高通量筛选等底层生物技术，以及在细胞工厂创制、多酶分子机器构建、生物过程智能控制等核心技术方面取得了重要进展和突破，构建了氨基酸、有机酸、抗生素、维生素等现代发酵产品，以及大宗化学品、医药中间体、精细化学品等近百种细胞工厂，有力支撑了生物制造产业的发展。

第四节　融资环境日益完善

未来产业具有风险大、投入大、周期长的特点，需要包容审慎监管、鼓励创新发展的投融资环境，充分调动政策性金融、商业投资机构、社会资本等各类金融主体的投资积极性，搭建多元化融资平台，创新企业融资方式和金融服务模式。2022 年以来，我国出台了一系列减轻企业负担、支持企业专精特新发展的金融政策，未来产业投融资规模持续扩大，企业整体融资环境进一步改善。

一、国家及地方出台系列财税金融优惠政策

一是将涉及小微企业和个体工商户的到期税费优惠政策统一延续到 2027 年底，进一步降低中小企业税负。例如，延续小规模纳税人增值税减免政策至 2027 年 12 月 31 日，对增值税小规模纳税人、小型微利企业和个体工商户减半征收资源税（不含水资源税）、城市维护建设

税、房产税、城镇土地使用税、印花税（不含证券交易印花税）、耕地占用税和教育费附加、地方教育附加等。二是支持中小企业专精特新发展。2023 年 8 月，财政部发布《关于加强财税支持政策落实 促进中小企业高质量发展的通知》，中央财政继续通过中小企业发展专项资金支持国家级专精特新“小巨人”企业发展，选择部分城市开展中小企业数字化转型城市试点工作，并给予定额奖补，国家中小企业发展基金将继续支持种子期、初创期成长型中小企业发展。三是落实政府采购、稳岗就业等扶持政策，助力中小企业加快发展。进一步扩大中小企业采购份额。超过 400 万元的工程采购项目中适宜由中小企业提供的，预留份额由 30%以上阶段性提高至 40%以上的政策延续至 2025 年底。这些措施将有助于释放和激发全社会创新活力，为未来产业发展提供更多资本支持。

二、未来产业投融资规模持续维持高水平

2022 年，全球科技产业融资总金额达到 4852 亿美元，深圳以 52 亿美元的融资水平入选全球融资水平前十大城市，且是前十大城市中少有的与 2021 年融资水平持平的城市。人工智能的投资正在迅速增加，据火石产业大脑数据，2022 年全国人工智能版块共发生 971 起融资事件，融资项目主要分布在北京、上海和广东，累计金额超过 1096.35 亿元，融资金额超过亿元的事件有 326 起，合计融资金额高达 1023.57 亿元，占 2022 年融资总金额的 93.36%。据国外风投数据分析公司 PitchBook 的数据，2023 年上半年全球人工智能领域共计发生融资事件 1387 起，筹集融资金额 255 亿美元，平均融资金额达到 2605 万美元。2022 年全球量子企业发生融资事件 77 起，合计 21.29 亿美元，是 2020 年和 2021 年相关融资金额的总和。其中，量子计算是最受关注、投资最多的量子信息产业，中国本源量子公司 B 轮融资就高达 1.48 亿美元。据国际咨询机构 ICV 发布的数据，2023 年第一季度全球量子企业发生融资事件 19 起，融资总金额约为 8.97 亿美元，涉及量子计算的融资事件有 17 起。在元宇宙领域，2023 年上半年国内元宇宙领域发生融资事件 221 起，较 2022 年同期增长 194%；已披露的元宇宙领域融资总金额达到 158.6 亿元，较 2022 年同期增长 213%。

第五节　平台载体建设提速

未来产业的发展成熟度相对较低，需要持续完善基础科技创新合作及产业化新模式，建立政府、投资机构、学术界、企业等多元主体参与的未来产业联合创新平台和载体。我国资源优势突出的高校、科研院所、企业等纷纷设立未来技术研发机构、未来产业实验室等全国重点实验室和新型研发机构，探索建设了一批跨领域、跨机构、贯通创新链的未来产业创新联合体，打造各类创新资源融会贯通的未来范式。

一、新型研发机构成为发展未来产业的生力军

新型研发机构是聚焦科技创新需求，主要从事科学研究、技术创新和研发服务，投资主体多元化、管理制度现代化、运行机制市场化、用人机制灵活的独立法人机构。目前，我国的新型研发机构主要分布在广东、江苏、上海、北京、武汉、成都等经济发达的省或中心城市，在集聚高质量人才、为企业提供有效技术供给、促进科技成果产业化、促进协同创新、人才吸引、科研合作、前沿技术增量供给等方面作用显著。据科技部火炬中心最新发布的《2022 年新型研发机构发展报告》，我国新型研发机构已超过 2400 家。未来产业相关的部分新型研发机构如表 3-1 所示。

表 3-1　未来产业相关的部分新型研发机构

机构名称	研究方向
之江实验室	主攻智能感知、人工智能、智能网络、智能计算和智能系统五大科研方向
中国科学院广州生物医药与健康研究院	主要从事干细胞与再生医学、化学生物学、感染与免疫、公共健康、科研装备研制等领域的研究
广东粤港澳大湾区黄埔材料研究院	以飞行起降动力学大装置、芯片化学材料为核心，推动新材料拥有产业化
汉江实验室	主要从事人工智能、机器学习、自然语言处理等领域的研究
湖北省光纤光缆先进制造与应用产业技术创新联合体	开展新一代光纤光缆及应用关键核心技术攻关，承担重大科技任务

续表

机构名称	研究方向
中国科学院深圳先进技术研究院	研究内容包括光纤通信、量子通信、微波毫米波通信、无线传感器网络、认知无线电等
鹏城实验室	以网络通信、网络空间和网络智能为主要研究方向，开展领域内战略性、前瞻性、基础性重大科学问题和关键核心技术的研究
姑苏实验室	主要研究领域包括电子信息材料、能源环境材料、生命健康材料等，目前已在电子信息材料领域逐步开始重点布局
图灵人工智能研究院	专注于 AI 交叉领域重大科技创新、AI+传统产业转型升级技术服务等
紫金山实验室	面向网络通信与安全领域的国家重大战略需求，以引领全球信息科技的发展方向、解决行业重大科技问题为使命
清华大学合肥公共安全研究院	专注于公共安全科技和产业创新
中国科学院合肥技术创新工程院	开展数字经济、生命健康、新材料三大领域产业链关键技术研发
合肥市智能机器人研究院	研究内容涵盖智能核心部件、机器人本体、机器人系统的“智能机器人”技术及产品体系
北京智源人工智能研究院	勇闯人工智能科技前沿“无人区”，挑战推动人工智能理论、方法、工具、系统和应用取得变革性、颠覆性突破
北京量子信息科学研究院	开展量子理论、材料、器件、通信与计算及精密测量等基础研究
上海量子科学研究中心	研究内容包括量子信息核心器件和设备、量子计算与模拟、量子通信与网络、量子精密测量与传感等
北京脑科学与类脑研究中心	重点围绕共性技术平台和资源库建设、认知障碍相关重大疾病、类脑计算与脑机智能、儿童青少年脑智发育、脑认知原理解析 5 个方面开展攻关，实现前沿技术突破
山东未来网络研究院	打造立足山东、服务国家、面向世界的工业互联网重大科技创新平台，为山东制造业转型升级、加快新旧动能转换、实现高质量发展提供有力支撑
清华四川能源互联网研究院	主攻清洁能源生产与消纳、能源与信息深度融合、大规模储能与氢能利用、能源战略与市场机制等研究方向
成都先进金属材料产业技术研究院股份有限公司	开展特钢与钒钛新材料开发、材料应用技术研究、成果孵化转化和检验检测服务
重庆国际免疫研究院	开展免疫学基础研究及技术转化
重庆金康赛力斯新能源汽车设计院有限公司	开展新能源汽车及燃油汽车研发、整车智能及安全技术研发、整车互联网技术研发等

（资料来源：赛迪智库整理）

二、全国重点实验室建设步伐明显加快

作为我国未来产业科技创新的核心力量，国家重大科研平台的建设是重中之重。为加快战略科技力量的重塑，2022 年 2 月科技部办公厅印发《关于贯彻落实<重组国家重点实验室体系方案>的通知》，提出《全国重点实验室建设标准（试行）》，正式开启全国重点实验室建设。2022 年 7 月，科技部遴选出首批 20 个标杆全国重点实验室批准建设。据不完全统计，目前已有超过 100 个全国重点实验室获批或重组完成，超过 50 所高校为依托单位或共建单位。未来产业相关的部分全国重点实验室如表 3-2 所示。

表 3-2　未来产业相关的部分全国重点实验室

实验室名称	依托单位
微纳电子器件与集成技术全国重点实验室	北京大学
高端装备界面科学与技术全国重点实验室	清华大学
虚拟现实技术与系统全国重点实验室	北京航空航天大学
自主智能无人系统全国重点实验室	北京理工大学、同济大学
高性能精密制造全国重点实验室	大连理工大学
机器人技术与系统全国重点实验室	哈尔滨工业大学
电子薄膜与集成器件全国重点实验室	电子科技大学
毫米波全国重点实验室	东南大学
集成芯片与系统全国重点实验室	复旦大学
多谱信息智能处理技术全国重点实验室	华中科技大学
多肽药物及临床转化全国重点实验室	兰州大学
智能系统与控制全国重点实验室	南京理工大学
空天地一体化综合业务网全国重点实验室	西安电子科技大学
人机混合增强智能全国重点实验室	西安交通大学
脑机智能全国重点实验室	浙江大学
可控核聚变物理前沿全国重点实验室	中国科学技术大学
集成电路材料全国重点实验室	中国科学院上海微系统与信息技术研究所
多模态人工智能系统全国重点实验室	中国科学院自动化研究所
能源催化转化全国重点实验室	中国科学院大连化学物理研究所

续表

实验室名称	依 托 单 位
无线移动通信全国重点实验室	中国信息通信科技集团有限公司
传播内容认知全国重点实验室	人民网
信息光子学与光通信全国重点实验室	华为技术有限公司、北京邮电大学
认知智能全国重点实验室	中国科学技术大学、科大讯飞股份有限公司
镍钴共伴生资源开发与综合利用全国重点实验室	金川集团股份有限公司

（资料来源：赛迪智库整理）

政 策 篇

第四章

未来产业相关政策

第一节 《新产业标准化领航工程实施方案（2023—2035 年）》

一、政策背景

新产业是指应用新技术发展壮大的新兴产业和未来产业，具有创新活跃、技术密集、发展前景广阔等特征，关系国民经济社会发展和产业结构优化升级全局。标准化在推进新产业发展中发挥着基础性、引领性作用。实施新产业标准化领航工程，对于推动新产业高质量发展、加快建设现代化产业体系具有深远意义。为深入贯彻落实《国家标准化发展纲要》部署要求，持续完善新兴产业标准体系，前瞻布局未来产业标准研究，充分发挥标准的行业指导作用，系统提升标准的经济效益、社会效益、生态效益，引领新产业高质量发展，2023 年 8 月工业和信息化部联合科技部、国家能源局、国家标准化管理委员会印发《新产业标准化领航工程实施方案（2023—2035 年）》。

二、主要内容

（一）元宇宙

开展元宇宙标准化路线图研究。加快研制元宇宙术语、分类、标识等基础通用标准，元宇宙身份体系、数字内容生成、跨域互操作、技术集成等关键技术标准，虚拟数字人、数字资产流转、数字内容确权、数据资产保护等服务标准。开展工业元宇宙、城市元宇宙、商业元宇宙、文娱元宇宙等应用标准研究。开展隐私保护、内容监管、数据安全等标准预研。

（二）脑机接口

开展脑机接口标准化路线图研究。加快研制脑机接口术语、参考架构等基础共性标准。开展脑信息读取与写入等输入输出接口标准，数据格式、传输、存储、表示及预处理标准，脑信息编解码算法标准研究。开展制造、医疗健康、教育、娱乐等行业应用及安全伦理标准预研。

（三）量子信息

开展量子信息技术标准化路线图研究。加快研制量子信息术语定义、功能模型、参考架构、基准测评等基础共性标准。聚焦量子计算领域，研制量子计算处理器、量子编译器、量子计算机操作系统、量子云平台、量子人工智能、量子优化、量子仿真等标准。聚焦量子通信领域，研制量子通信器件、系统、网络、协议、运维、服务、测试等标准。聚焦量子测量领域，研制量子超高精度定位、量子导航和授时、量子高灵敏度探测与目标识别等标准。

（四）人形机器人

研制人形机器人术语、通用本体、整机结构、社会伦理等基础标准。开展人形机器人专用结构零部件、驱动部件、机电系统零部件、控制器、高性能计算芯片及模组、能源供给组件等基础标准预研。研制人形机器人感知系统、定位导航、人机交互、自主决策、集群控制等智能感知决策和控制标准。开展人形机器人运动、操作、交互、智能能力分级分类与性能评估等系统评测标准预研。开展机电系统、人机交互、数据隐私等安全标准预研。面向工业、家庭服务、公共服务、特种作业等场景，开展人形机器人应用标准预研。

（五）生成式人工智能

围绕多模态和跨模态数据集，研制视频、图像、语言、语音等数据集和语料库的标注要求、质量评价、管理能力、开源共享、交易流通等基础标准。围绕大模型关键技术领域，研制通用技术要求、能力评价指标、参考架构，以及训练、推理、部署、接口等技术标准。围绕基于生成式人工智能（AIGC）的应用及服务，面向应用平台、数据接入、服务质量及应用可信等重点方向，研制 AIGC 模型能力、服务平台技术要求、应用生态框架、服务能力成熟度评估、生成内容评价等应用标准。在工业、医疗、金融、交通等重点行业开展 AIGC 产品及服务的风险管理、伦理符合等标准预研。

（六）生物制造

研制传感器等关键元器件、生物反应器等生产设备、生产技术规范等工艺标准。优化完善生物制造食品、药品、精细化学品等应用领域的产品、检测和评价方法等标准。

（七）未来显示

开展量子点显示、全息显示、视网膜显示等先进技术标准预研。研制 Micro-LED 显示、激光显示、印刷显示等关键技术标准，新一代显示材料、专用设备、工艺器件等关键产品标准，以及面向智慧城市、智能家居、智能终端等场景的应用标准。

（八）未来网络

开展 6G 基础理论、愿景需求、典型应用、关键能力等标准预研。面向下一代互联网升级演进，构建“IPv6+”技术标准体系，开展分段路由（SRv6）、应用感知网络（APN6）、随路检测（iFit）等核心技术标准研制。面向产业数字化转型紧迫需求，加快确定性网络、数字孪生网络、算网融合/算力网络、自智网络、网络内生安全等关键网络技术标准研制。面向海空天地一体化、高通量全息通信、海量人机物通信等新场景，开展新型网络体系结构、路由协议、智能管控等标准预研。开展 Web3.0 相关标准预研。研制术语、参考架构等基础类标准，跨链技术要求、分布式数字身份分发等技术类标准，以及面向数据资产交易、数字身份认证、数字藏品管理等场景的应用类标准。

（九）新型储能

聚焦锂离子电池领域，研制电池碳足迹、溯源管理等基础通用标准，正负极材料、保护器件等关键原材料及零部件标准，以及回收利用标准。面向钠离子电池、氢储能/氢燃料电池、固态电池等新型储能技术发展趋势，加快研究术语定义、运输安全等基础通用标准，便携式、小型动力、储能等电池产品标准。

第二节　《科技部 教育部关于批复未来产业科技园建设试点的函》

一、政策背景

未来产业科技园是高水平国家级产学研平台，以服务国家战略需求、服务经济社会发展为最高建设目标。建设未来产业科技园是我国前瞻布局未来产业的重要举措。按照《关于依托国家大学科技园开展未来产业科技园建设试点工作的通知》（国科发区〔2021〕375 号）有关工作安排，科技部会同教育部组织专家对建设方案进行了认真研究与咨询评议，同意空天科技未来产业科技园等 10 家作为未来产业科技园建设试点，量子信息未来产业科技园作为建设试点培育。2022 年 11 月，科技部、教育部联合印发《科技部 教育部关于批复未来产业科技园建设试点的函》。

二、主要内容

各有关高校要进一步深化相关体制机制改革，实施有组织的科研，提高科技成果转化和产业化水平，加快推进赋予科研人员职务科技成果所有权或长期使用权、科技成果评价、高校专业化国家技术转移机构建设、科技成果转化单列管理等改革试点，发挥未来产业科技园建设试点牵头主体作用。

各试点未来产业科技园要建立大学、地方政府（或国家高新区）、科技领军企业共商共建共有的机制，将引进和培养科技领军人才和创新团队作为重要任务，把构建未来产业创新创业生态作为科技园建设的核心，积极探索多学科交叉融合，从基础研究、技术开发到成果转化与孵化的融合创新体制机制，加快突破一批未来产业重点方向关键核心技术，孵化一批具有未来产业特征的高成长性科技型中小企业，培育一批多学科交叉融合的未来产业创新创业人才。

未来产业科技园建设试点及培育名单如表4-1所示。

表4-1 未来产业科技园建设试点及培育名单

序号	名　　称	建设单位	推荐单位
未来产业科技园建设试点			
1	空天科技未来产业科技园	北京航空航天大学、中关村科学城管理委员会、沙河高教园区管理委员会	北京市人民政府
2	国防与信息安全未来产业科技园	北京理工大学、北京市房山区良乡大学城管理委员会、中关村科学城管理委员会	
3	未来能源与智能机器人未来产业科技园	上海交通大学、上海市闵行区人民政府、宁德时代未来能源（上海）研究院有限公司	上海市人民政府
4	自主智能未来产业科技园	同济大学、上海市杨浦区人民政府、上海市嘉定区人民政府	
5	未来网络未来产业科技园	东南大学、南京江宁经济技术开发区管理委员会	江苏省人民政府
6	光电与医疗装备未来产业科技园	华中科技大学、武汉东湖新技术开发区	湖北省人民政府
7	生物医药与新型移动出行未来产业科技园	中山大学、广州市人民政府、广州汽车集团股份有限公司、广州医药集团有限公司	广东省人民政府
8	未来轨道交通未来产业科技园	西南交通大学、成都市人民政府	四川省人民政府
9	空天动力未来产业科技园	西北工业大学、西安市人民政府、陕西空天动力研究院有限公司	陕西省人民政府

续表

序号	名　　称	建 设 单 位	推 荐 单 位
10	航天高端装备未来产业科技园	哈尔滨工业大学、哈尔滨市人民政府、哈尔滨高新区、哈尔滨电气集团	黑龙江省人民政府
未来产业科技园建设试点培育			
11	量子信息未来产业科技园	中国科学技术大学、合肥国家高新技术产业开发区	安徽省人民政府

（资料来源：赛迪智库整理）

第三节　《关键数字技术专利分类体系（2023）》

一、政策背景

为贯彻落实党的二十大关于加快发展数字经济相关部署要求，加强对关键数字技术专利规模、结构、质量的统计监测，助力数字经济关键核心技术攻关，推动数字技术成果转化，促进数字经济和实体经济深度融合，2023 年 9 月国家知识产权局办公室印发《关键数字技术专利分类体系（2023）》。该分类体系适用于对关键数字技术专利发展状况进行宏观统计监测，适用于各地方有关部门和社会各界结合实际需要开展相关产业专利统计分析工作。

二、主要内容

数字技术是数字经济发展的核心驱动力，加快突破关键数字技术，是推动数字经济健康发展的根基。该分类体系瞄准新兴数字产业和前沿技术领域，重点选取人工智能、高端芯片、量子信息、物联网、区块链、工业互联网和元宇宙七大类关键数字技术，明确技术边界，并采用线分类法将关键数字技术划分为 3 级至 5 级技术分支，构建技术分支与国际专利分类的参照关系。

（一）人工智能技术分支架构

人工智能包括人工智能硬件平台、人工智能通用技术、人工智能关键技术3个一级技术分支，下设智能芯片、机器学习、知识图谱、类脑智能计算、量子智能计算、模式识别、群体智能、混合智能、自然语言处理、智能语音、计算机视觉、生物特征识别、增强现实（AR）/虚拟现实（VR）、人机交互14个二级技术分支及27个三级技术分支，共计44个。

（二）高端芯片技术分支架构

高端芯片包括半导体设备、半导体材料、芯片制造、封装测试、芯片设计5个一级技术分支，下设光刻机、离子注入机、刻蚀设备、原子层沉积（ALD）设备、CMP 抛光机、量检测设备、大硅片、第四代半导体材料、光刻材料、CMP 抛光材料、湿电子化学品、电子特种气体、封装基板、引线框架、逻辑芯片、射频芯片、高端存储器、倒装封装（Flip-Chip）技术、芯粒（Chiplet）封装技术、EDA 工具等31个二级技术分支及49个三级技术分支，共计85个。

（三）量子信息技术分支架构

量子信息包括量子测量、量子计算、量子通信3个一级技术分支，下设重力、旋转和加速度测量，时频基准，磁场测量，化学检测，目标识别，量子计算处理器，量子软件与算法，量子模拟，量子密钥分发（QKD），量子隐形传态（QT），抗量子计算破解加密（PQC）算法，量子随机数发生器（QRNG），量子态检测13个二级技术分支及26个三级技术分支，共计42个。

（四）物联网技术分支架构

物联网包括感知、通信、计算、安全4个一级技术分支，下设物联网芯片、智能传感器、高精度定位、近距离无线通信、非授权频谱无线广域通信、蜂窝移动物联网、卫星通信、IPv6 技术、网络功能虚拟化（NFV）、软件定义网络（SDN）、物联网操作系统、边缘计算、数字孪生、终端安全、传输安全、平台安全、安全管理17个二级技术分支，34个三级技术分支，15个四级技术分支，共计70个。

（五）区块链技术分支架构

区块链包括核心技术和增强技术 2 个一级技术分支，下设数据存储、密码算法、对等网络、共识机制、智能合约、隐私计算、跨链技术 7 个二级技术分支，26 个三级技术分支，3 个四级技术分支，共计 38 个。

（六）工业互联网技术分支架构

工业互联网包括网络层、平台层、安全层 3 个一级技术分支，下设关键设备、网络服务、标识解析体系、工业大数据、云平台、数字孪生、工业 App、研发设计类软件、生产控制类软件、运维服务类软件、设备安全、网络安全、数据安全、应用安全、控制安全 15 个二级技术分支，54 个三级技术分支，40 个四级技术分支，共计 112 个。

（七）元宇宙技术分支架构

元宇宙包括沉浸式计算、Web3.0、新型基础设施 3 个一级技术分支，下设交互技术、3D 重建、视频处理、空间计算、区块链、去中心化金融（DeFi)、非同质化通证（NFT)、分布式数字身份（DID)、人工智能、未来网络、先进计算、海量存储、安全可信 13 个二级技术分支，45 个三级技术分支，79 个四级技术分支，54 个五级技术分支，共计 194 个。

第四节　《生成式人工智能服务管理暂行办法》

一、政策背景

近年来，生成式人工智能技术快速发展，为经济社会发展带来新机遇的同时，也产生了传播虚假信息、侵害个人信息权益、数据安全和偏见歧视等问题，如何统筹生成式人工智能发展和安全引起各方关注。2023 年 7 月，国家网信办联合国家发展改革委、教育部、科技部、工业和信息化部、公安部、国家广播电视总局公布《生成式人工智能服务管理暂行办法》（本节以下简称《办法》)。《办法》既是促进生成式人工智能健康发展的重要要求，也是防范生成式人工智能服务风险的现实需要。

二、主要内容

（一）确定分类分级监管原则

《办法》第二条提出监管范围包括“提供生成文本、图片、音频、视频等内容的服务”，并特别指出“国家对利用生成式人工智能服务从事新闻出版、影视制作、文艺创作等活动另有规定的，从其规定”。与此相呼应，《办法》第十六条对“网信、发展改革、教育、科技、工业和信息化、公安、广播电视、新闻出版等部门”提出应“依据各自职责依法加强对生成式人工智能服务的管理”，并要求国家有关主管部门“制定相应的分类分级监管规则或者指引”。就行业特点而言，新闻出版、影视制作、文艺创作的过程需要大量文本、图片、音频、视频等，因此这些领域也就成为目前生成式人工智能的主要应用场景。

（二）明确服务提供者的义务和责任

《办法》明确提出，在内容管理方面，提供者作为网络信息内容生产者，应当履行网络信息安全义务；涉及个人信息时，提供者还应当依法承担个人信息处理者责任，履行个人信息保护义务。在训练数据方面，提供者具有处理合法性、满足质量要求、进行内容标识及算法纠偏与报告义务，以增强训练数据的真实性、准确性、客观性、多样性。在与使用者的权利义务关系中，提供者具有制定服务协议、构建合理使用与防沉迷机制、保证服务稳定性义务及构建投诉举报处理机制的义务，以确保使用者能够有效使用生成式人工智能服务。另外，提供者还具有进行安全评估与算法备案、算法披露等监管义务。

（三）加强内容合规评估与风险管理

提供者应当按照《互联网信息服务深度合成管理规定》对生成的图片、视频等内容进行标识，制定符合要求的清晰、具体、可操作的标注规则；开展数据标注质量评估，抽样核验标注内容的准确性；对标注人员进行必要培训，提升尊法守法意识，监督指导标注人员规范开展标注工作。对使用其服务生成或者编辑的信息内容，应当采取技术措施添加不影响用户使用的标识，并依法依规保存日志信息。提供智能对话、合成人声、人脸生成、沉浸式拟真场景等具有生成或者显著改变信息内容功能服务的，应当在生成或者编辑的信息内容的合理位置、区域进行显著标识；提供非前述深度合成服务的，应当提供显著标识功能，并提示使用者可以进行显著标识。

（四）注重用户信息权益保护

建立切实可行的个人信息保护机制：服务提供者对使用者的输入信息和使用记录应当依法履行保护义务，不得收集非必要个人信息，不得非法留存能够识别使用者身份的输入信息和使用记录，不得非法向他人提供使用者的输入信息和使用记录；提供者应当依法及时受理和处理个人关于查阅、复制、更正、补充、删除其个人信息等的请求。设置未成年人用户防沉迷机制：提供者应当明确并公开其服务的适用人群、场合、用途，指导使用者科学理性认识和依法使用生成式人工智能技术，采取有效措施防范未成年人用户过度依赖或者沉迷生成式人工智能服务。设置用户投诉举报通道：提供者应当建立健全投诉举报机制，设置便捷的投诉举报入口，公布处理流程和反馈时限，及时受理、处理公众投诉举报并反馈处理结果。

（五）积极配合监管机构落实合规义务

建立违规行为响应与报告机制：提供者发现违法内容的，应当及时采取停止生成、停止传输、消除等处置措施，采取模型优化训练等措施进行整改，并向有关主管部门报告；同时，提供者发现使用者利用生成式人工智能服务从事违法活动的，应当依法依约采取警示、限制功能、暂停或者终止向其提供服务等处置措施，保存有关记录，并向有关主管部门报告。配合监管机构的监督检查：有关主管部门依据职责对生成式人工智能服务开展监督检查，提供者应当依法予以配合，按要求对训练数据来源、规模、类型、标注规则、算法机制机理等予以说明，并提供必要的技术、数据等支持和协助。

第五节 《元宇宙产业创新发展三年行动计划（2023—2025 年）》

一、政策背景

党的二十大报告指出，推动战略性新兴产业融合集群发展，构建一批新的增长引擎。元宇宙是人工智能、区块链、5G、物联网、虚拟现实等新一代信息技术的集大成应用，是具有广阔空间和巨大潜力的未来产业。发展元宇宙产业将极大开辟数字经济的新场景、新应用、新生态，培育经济新动能。特别是发展虚实融合互促的工业元宇宙，将进一步加速制造业高端化、智能化、绿色化升级，是新型工业化建设的重要发力点之一。当前，新一轮科技革命和产业变革正在向纵深演进，全球元宇宙产业加速发展，各国持续加强政策支持和资源投入。我国制造业体系全、场景多、市场大，数字经济蓬勃发展，具备发展元宇宙产业的坚实基础，但在关键技术、产业生态、领军企业、标准治理等方面仍存在短板弱项。为加速凝聚业界共识，集聚资源推动关键技术创新，构筑协同发展产业生态，形成推动元宇宙产业发展合力，2023 年 8 月工业和信息化部办公厅、教育部办公厅、文化和旅游部办公厅、国务院国资委办公厅、国家广播电视总局办公厅联合印发《元宇宙产业创新发展三年行动计划（2023—2025 年）》。

二、主要内容

（一）构建先进元宇宙技术和产业体系

1. 加强关键技术集成创新

强化人工智能、区块链、云计算、虚拟现实等新一代信息技术在元宇宙中的集成突破，推动智能生成算法、分布式身份认证、数据资产流通等元宇宙关键技术在国家重大科技项目中的布局。

2. 丰富元宇宙产品供给

拓展元宇宙入口，加速 XR 头显、裸眼 3D 等沉浸显示终端的规模化推广，丰富基于手机、计算机、电视机等终端的元宇宙应用，支持脑机接口等前沿产品研发。

3. 构筑协同发展产业生态

着力培育元宇宙龙头企业和专精特新中小企业，打造产业创新联合体，构建大中小企业融通发展、产业链上下游协同创新的生态体系。

（二）培育三维交互的工业元宇宙

1. 探索推动工业关键流程的元宇宙化改造

建设工业元宇宙基础通用模型数据库，打造高精度、可交互的工业虚拟映射空间。

2. 加快重点行业工业元宇宙布局

针对家电、汽车、船舶、航空航天、重大技术装备、电子信息制造等离散型制造业，加速实现基于工业元宇宙的跨行业协同。

3. 探索工业元宇宙创新应用模式

建设工业元宇宙数字身份管理平台，构建全链路可信识别服务体系。加快推动工业数据要素资产化，打造工业数据资产服务平台，探索工业数据确权、定价、交易和流通机制。探索供应链金融应用模式，围绕资产设备、订单数据等开展供应链金融服务。

（三）打造沉浸交互数字生活应用

1. 推广沉浸交互的生活消费场景

建设文旅元宇宙，围绕文化场馆、旅游景区和街区、节事活动等应用场景，提供数字藏品、数字人讲解、XR 导览等产品和服务。

2. 打造虚实融合的公共服务场景

加快数字人客服、实景导航等在政务服务中应用，构建面向公众的一体化元宇宙政务服务体系。

3. 支撑智慧安全的应急保障场景

推动元宇宙与自然灾害预警预报、高危企业园区监管执法、灾害事故预测推演、应急救援处置等应急管理领域的创新融合，探索建设虚实一体的数字洪区、虚拟危化园区、数字矿山、灾害事故模拟推演等场景应用，为精准监测、智能预警、精细管控、科学救援提供支撑。

（四）构建系统完备产业支撑

1. 完善产业标准体系

开展元宇宙标准化路线图研究，建设元宇宙产业标准规范体系，全面梳理元宇宙产业链标准化需求，分级分类推动标准规范制定。

2. 提升创新支撑能力

支持建设元宇宙重点实验室、制造业创新中心、内容制作基地等载体，加强基础技术研究，加快共性技术突破。

3. 打造一流基础设施

建设5G-A/6G、千兆光网/万兆光网、FTTR、卫星互联网等新型网络，满足元宇宙高速率、低时延、全域立体覆盖的应用需求。建设云边一体、算网一体、智能调度、绿色低碳的新型算力，为元宇宙超高内容拟真度、实时交互自由度提供算力保障。

（五）构建安全可信产业治理体系

1. 完善元宇宙协同治理机制

持续完善元宇宙政策法规，加强元宇宙风险跟踪研判，打造部门协同、社会参与的治理体系。

2. 强化安全保障能力建设

加强元宇宙安全技术研究，常态化开展安全风险评估，建立安全风险事件处置机制。指导元宇宙企业加强信息安全管理，建立健全违法信息监测、识别和处置机制，遏制虚假有害信息传播，切实防范网络诈骗等违法活动。建立元宇宙数据治理框架，加强数据安全和出境管理，规范对用户信息的收集、存储、使用等行为，提升数据安全治理能力和个人信息的保护水平。

第六节 《北京市促进未来产业创新发展实施方案》

一、政策背景

北京发展未来产业优势明显，依托科技创新资源集聚禀赋聚焦高精尖产业，培育形成了新一代信息技术和科技服务业两个万亿级产业集群，医药健康、智能装备、人工智能、节能环保、集成电路 5 个千亿级产业集群，产业基础坚实可靠。“十四五”时期及今后一段时期是北京全方位推进高质量发展的重大战略机遇期，加快谋划布局未来产业，对推动北京产业结构持续优化、发展质效稳步提升具有重要意义。为更好地服务新时代首都高质量发展，根据《北京市国民经济和社会发展第十四个五年规划和二〇三五年远景目标纲要》，2023 年 9 月北京市人民政府办公厅印发《北京市促进未来产业创新发展实施方案》。

二、主要内容

（一）未来信息

面向未来信息通信和先进计算需求，在海淀、朝阳、石景山、通州、北京经济技术开发区（本节以下简称经开区）等区域，重点发展通用人工智能、第六代移动通信（6G）、元宇宙、量子信息、光电子等细分产业。在通用人工智能方向，围绕人工智能算力算法数据和通用人工智能布局，推动以人为中心的人机物三元融合。在第六代移动通信方向，开展 6G 网络架构、太赫兹通信、网络覆盖扩展与天地融合、芯片及配套软硬件等关键核心技术攻关。在元宇宙方向，聚焦突破纳米结构超透镜、虚拟化身、真 3D 显示、高性能算力芯片、虚拟现实操作系统等元宇宙前沿底层技术，确定互联网 3.0 发展路线。在量子信息方向，重点面向量子物态科学、量子通信、量子计算、量子网络、量子传感等方向，开展量子材料工艺、核心器件和测控系统、量子密码等核心技术攻关。在光电子方向，攻关光子矩阵计算、片上光网络和片间光网络等核心技术，推进高性能光子计算芯片在数据中心、金融交易、生物医药等应用场景的示范应用。

（二）未来健康

面向未来生命健康和医疗需求，在海淀、石景山、通州、昌平、大兴、平谷、密云、经开区等区域，重点发展基因技术、细胞治疗与再生医学、脑科学与脑机接口、合成生物等细分产业。在基因技术方向，加强高通量基因测序、单分子测序等基因测序技术创新。在细胞治疗与再生医学方向，强化体细胞重编程、人工组织器官构建、类器官等技术研发，支持干细胞修复病理损伤、组织器官再生等细胞技术临床应用。在脑科学与脑机接口方向，开展脑科学与类脑前沿研究，加快类脑认知与神经计算、类脑多模态感知与信息处理、类脑芯片与系统技术研发，推动脑疾病医疗新技术/新器械、脑疾病药物应用。在合成生物方向，加快合成生物底层技术、定量合成生物技术、生物创制等技术突破，打造人造生物及人工生物器件研究平台，推动人工生命元器件、生物体系设计再造等前沿合成生物关键技术研发及产业化应用。

（三）未来制造

面向未来制造高端化、智能化、绿色化和融合化需求，在石景山、房山、顺义、昌平、经开区等区域，重点发展类人机器人、智慧出行等细分产业。在类人机器人方向，重点支持机器人技术与多模态大模型融合发展，推动机器人从“仿人”向“类人”演进，通过类人机器人感知认知一体化，实现自主修复、自我迭代能力，突破面向新环境新任务的自主适应和推理决策能力发展，抢先布局具身智能研究领域。在智慧出行方向，聚焦新能源飞行汽车载运工具及无人化驾驶技术，支持智能网联汽车、通用航空及无人驾驶航空器等产业技术融合；研究基于车路云一体化系统的多车协同技术，聚焦城市交通关键路口、主干道连续路口、快速路匝道等重点场景，实现缓解交通拥堵、提高交通安全、减少碳排放的多重优化目标。

（四）未来能源

围绕新型能源系统建设需求，在房山、通州、昌平、大兴、怀柔、延庆、经开区等区域，重点发展氢能、新型储能、碳捕集封存利用等细分产业。在氢能方向，加强先进氢能技术、材料和装备研发，攻关氢能制备、储存、运输、加注、氢燃料电堆及系统集成核心技术；推动质子交换膜电解制氢、固体氧化物燃料电池等一批前瞻性技术突破。在新型储能方向，加强先进储能技术、材料和装备研发，发展新型液流电池储能、先进压缩空气储能等关键环节核心技术及系统集成技术，突破超导储能、液态金属储能等一批前瞻性技术，实现新型储能在发电侧、电网侧和需求侧全场景推广应用。在碳捕集封存利用方向，加快高性能吸收剂、吸附剂及膜材料等碳捕集关键材料开发，推动生物质能碳捕集与封存、直接空气碳捕集与封存等负碳技术研发，推动在京津冀区域火电、钢铁、化工、水泥等行业示范应用。

（五）未来材料

面向前沿新材料需求，在海淀、房山、顺义、大兴、经开区等区域，重点发展石墨烯材料、超导材料、超宽禁带半导体材料、新一代生物医用材料等细分产业。在石墨烯材料方向，推进石墨烯柔性电子器件制造、光电子探测、射频、电磁屏蔽等关键技术突破，发展石墨烯医疗器械及石墨烯材料在药物及基因传递、生物成像、电化学传感器、肿瘤光热治疗等领域应用的关键技术。在超导材料方向，实现高性能超导线材结构设计及批量化加工控制技术突破，推动超导磁体在加速器、单晶硅制造等领域的推广应用。在超宽禁带半导体材料方向，加大以氧化镓为代表的超宽禁带（第四代）半导体材料制备技术研发攻关力度，重点突破单晶生长、切割打磨、同质外延及载流子调控等关键技术。在新一代生物医用材料方向，发展新型骨科、口腔和心脑血管等方面的修复与材料制造技术，研制出新一代骨植入材料、牙齿修复材料、人造血管和人工心脏系统，开发具有调控干细胞功能、诱导定向分化、可控因子释放性能的组织器官再生生物活性材料。

（六）未来空间

面向未来太空探索需求，在海淀、丰台、石景山、大兴、经开区等区域，重点发展商业航天、卫星网络等细分产业。在商业航天方向，加快开展捆绑式中大型商业火箭、3D 打印火箭、大推力可重复使用全流量补燃循环发动机等研发生产，突破火箭垂直回收、载人亚轨道旅行、空间碎片清理等关键技术和产业化应用；重点推动火箭发动机、火箭控制系统关键部件、可重复回收火箭总装总测等项目及通用化、标准化测试平台建设；开展临近空间高超声速、超长航时飞行器技术研究与应用。在卫星网络方向，研制商业化中继测控通信卫星、平板式卫星、软件定义卫星和标准化卫星平台，实现星地异构网络互联融合和激光通信组件、高精度雷达和光学成像器件、低成本相控阵天线、多模手持终端等组件研发的技术攻关；推动高精度、快重访、全覆盖的光学及雷达遥感星座、低轨物联网星座、低轨导航增强星座建设，有效提升卫星应用服务能力。

第七节 《上海打造未来产业创新高地发展壮大未来产业集群行动方案》

一、政策背景

未来产业是由重大科技创新推动、代表未来科技和产业发展方向、对经济社会具有支撑引领作用、当前处于萌芽或产业化初期的前瞻性新兴产业。发展壮大未来产业是抢占新一轮科技革命和产业变革制高点的有效途径，是落实创新驱动发展战略、培育壮大新增长点的重要抓手，是构建未来国际竞争新优势的主要手段。前瞻谋划未来产业发展，是上海贯彻落实习近平总书记提出的强化“四大功能”要求，特别是强化科技创新策源功能和强化高端产业引领功能的关键举措，是打造世界级产业创新高地和具有全球影响力的科技创新中心的重要路径。为贯彻落实创新驱动发展战略，落实国家未来产业战略部署，全力做强创新引擎，培育发展新动能，2022 年 9 月上海市人民政府印发《上海打造未来产业创新高地发展壮大未来产业集群行动方案》。

二、主要内容

（一）未来技术“筑基计划”

筹划组建一批未来技术学院，加强高校学科建设和人才培养。发挥中国工程院院士专家成果展示与转化中心作用，集聚各类创新资源，建设未来产业研究院。发展创新联合体，组建一批未来产业创新中心，加强前沿技术多路径探索、交叉融合和颠覆性技术供给。完善未来产业全球创新网络，加强国际创新协作，布局一批海外技术转移转化网络节点、国际技术转移和创新合作中心。

（二）未来布局“领跑计划”

谋划未来产业先导区，聚焦临港、张江、紫竹等，集聚创新要素，推动创新链和产业链深度融合。建设未来产业加速园，遴选若干特色产业园区前瞻布局，发挥未来产业科技园作用，建设一批推动创新成果转化的加速器。打造未来产业试验场，建设未来社区、未来工厂、未来医院、未来商业、未来农业等标杆示范场景。

（三）未来伙伴“携手计划”

培育产业生态主导型企业，鼓励国有企业加强未来产业布局，加大企业创新开放力度，纳入企业年度创新考核。引进培育一批创新型企业，发布硬核科技百强榜单，形成一批在细分领域引领的“未来之星”计划。依托“浦江之星”，构建“科学家+企业家+投资家”整合的项目挖掘与甄别机制。

（四）未来场景“开源计划”

发布早期验证场景，研究未来技术可行性，加速“0—1”的创新突破。发布融合试验场景，支持企业和科研院所联合建设中试基地和验证平台，实施跨界融合示范工程，推动“1—100”产业加速孵化。发布综合推广场景，以大规模示范推动“100—100 万”的爆发式增长，加速应用迭代与产业化。

（五）未来人才“雁阵计划”

推出一批面向全球的“揭榜挂帅”项目，充分赋予科学家自主权和决策权，营造自由探索的良好氛围。引进全球顶尖人才、科研团队和创新型企业，建立以市场化为导向的利益风险分担机制，推动研发活动产业化。发挥院士（专家）工作站、博士后科研工作站等平台功能，跟踪未来技术创新成果，培育未来产业创新人才，支持申报各类人才计划。

（六）未来生态“雨林计划”

探索设立市场化主导的未来产业引导基金，鼓励金融机构开展产品和服务创新。推动国际性行业组织落户，支持企业参与制定未来产业标准规范。建立未来产业知识产权保护体系，注重数据安全、产业安全和伦理制度建设。放大世界顶尖科学家论坛、世界人工智能大会等溢出效应，搭建未来产业合作交流平台。联动“海聚英才”全球创新创业大赛，举办未来产业大赛。

第八节 《浙江省人民政府办公厅关于培育发展未来产业的指导意见》

一、政策背景

未来产业是由重大科技创新推动、当前处于萌芽或产业化初期的新兴产业，有望形成一批支柱型产业，支撑经济社会高质量发展。2020年3月，习近平总书记在考察浙江时指出“抓紧布局数字经济、生命健康、新材料等战略性新兴产业、未来产业，大力推进科技创新，着力壮大新增长点、形成发展新动能”，为浙江培育发展未来产业指明了战略方向。为加快构建未来产业体系和竞争新优势，抢占未来发展制高点，2023年2月浙江省人民政府办公厅印发《浙江省人民政府办公厅关于培育发展未来产业的指导意见》。

二、主要内容

（一）发展方向

重点围绕“三大科创高地”建设，优先发展9个创新基础良好、成长速度较快的未来产业，探索发展6个力量尚在集聚、远期潜力巨大的未来产业，加快培育“396”领域产业。优先发展的9个未来产业包括未来网络、元宇宙、空天信息、仿生机器人、合成生物、未来医疗、氢能与储能、前沿新材料、柔性电子，探索发展的6个未来产业包括量子信息、脑科学与类脑智能、深地深海、可控核聚变及核技术应用、低成本碳捕集利用与封存、智能仿生与超材料。

（二）重大平台

聚焦打造高能级平台。一是着力构筑未来技术创新平台。重点推进国家重大科技基础设施、新型实验室体系、科创走廊、技术（产业/制造业）创新中心体系、国家未来产业研究中心等建设。二是提升发展“万亩千亿”新产业平台。以“万亩千亿”新产业平台为主阵地，大力发展重量级未来产业，积极招引标杆企业和重大项目，推动现有产业链向前沿领域延伸，打造未来产业发展引领高地。三是争创国家未来产业先导区。重点支持在科教资源优势突出、产业基础雄厚区域布局建设未来产业先导区，积极争创国家未来产业先导区，加强高水平创新创业综合载体建设。

（三）重点举措

一是加强科技创新攻关。深化前沿基础理论研究和颠覆性技术攻关，组织实施一批研发攻关计划项目，完善未来产业全球创新网络，发挥长三角科技创新合作机制。二是推动成果加速转化。加快应用场景孵化和新技术落地，构建国际化开源生态，建设新型孵化机构，实施未来产业专利导航和标准引领计划。三是打造融合应用场景。实施产业跨界融合工程，加大未来技术跨学科、跨领域拓展应用，打造若干未来技术应用和未来产业融合场景。四是强化企业梯队培育。深化科技企业“双倍增”行动，鼓励未来产业领域创新创业，探索开展产业培育“赛马制”，培育科技中介服务机构。五是完善人才引育体系。支持高校建立未来产业特色学院，深入实施省海外高层次人才引进计划、省高层次人才特殊支持计划等重点人才工程，加强未来产业领域高层次制造人才引育。六是营造良好发展生态。加强未来产业制度性保护，按照鼓励创新的原则实行包容审慎监管，发挥财政资金引导作用，强化产业和项目的资金支持，加大公共数据、行业数据向未来产业开放共享力度。七是加强组织推进。细化制定重点发展领域的未来产业行动计划，建立健全与创新相适应的长周期考核和监管机制，引导各方力量参与未来产业的培育发展。

第九节 《河南省加快未来产业谋篇布局行动方案》

一、政策背景

河南作为中国重要的工业大省，一直致力于推动经济高质量发展和产业转型升级。为了适应新时代的发展需求，加快未来产业的谋篇布局成为河南的重要任务。2022 年 1 月，河南省人民政府办公厅印发《河南省加快未来产业谋篇布局行动方案》，旨在培育增长新动能，打造竞争新优势，促进经济社会高质量发展。通过加快未来产业的发展，河南希望推动传统产业的转型升级，实现产业结构的优化和经济发展的转型升级。

二、主要内容

（一）探索发展量子信息产业

加强中国人民解放军战略支援部队信息工程大学河南省量子信息与量子密码重点实验室、河南国科量子通信技术应用研究院等机构建设，积极参与国际、国内量子信息领域标准制定，集中突破量子通信、量子计算、量子精密测量方向核心器件和装置制备关键技术。开展“经典+量子”超融合计算系统关键技术及应用研究，研发量子计算机，与国家超级计算郑州中心开展协同计算，打造国内领先的新型高性能计算平台。建设国家广域量子保密通信骨干网络河南段及郑州量子通信城域网，建设智能能源网络、空中交通管制、银行和医疗保健行业等量子保密通信接入网，推广量子+智慧城市、工业互联网、金融服务等，打造量子通信应用示范区。

（二）加快壮大氢能与储能产业

依托郑州大学、河南大学、河南科技大学、河南理工大学、河南农业大学、河南师范大学等高校，开展节能高效催化产氢、光催化水分解制氢、光合生物制氢技术和镁基储氢材料、光电储能材料、氢燃料电池关键材料等研发。发挥河南化工、煤焦化产业优势，加快开封、洛阳、新乡、焦作、平顶山、鹤壁、安阳、驻马店、濮阳等地氢制备产业布局，建设新乡、濮阳、焦作氢能产业园等，打造低成本氢能源生产基地。推动氢能与储能产业试点示范，打造规模化、商业化终端应用场景，为新装备、新技术提供实验验证场所。

（三）积极培育类脑智能产业

发挥河南数据资源优势，建设行业大数据训练库和标准测试数据集，构建提供知识图谱、算法训练、产品优化、安全可控等共性服务的开放性云平台。加强与国内知名研究机构战略合作，推动类脑芯片与系统、类脑计算机、类脑智能机器人、脑控设备、智能假体等研发和产业化。依托智慧城市建设，推动类脑智能技术和设备在医疗、教育、交通、物流、金融、文化、旅游、安防、灾害预警等领域应用，提升公共服务和社会治理智能化水平，支持郑州、洛阳、新乡等地创建国家级人工智能创新应用先导区。

（四）超前布局未来网络产业

与国内知名研究机构开展对接合作，聚焦 6G、卫星互联网、区块链等重点领域，推动太赫兹通信、通信感知一体化、通信与人工智能融合、安全隐私计算、链上链下高效协同、跨链互联互通等关键核心技术研发。支持基础电信运营商、信息服务企业、电子信息制造企业超前谋划，探索和储备基于 6G 的网络基础设施、智能终端、电子元器件等技术。聚焦感知互联网、智慧车联网、工业互联网、空天智联网、全息通信等应用场景，支持基础电信运营商、信息服务企业、制造业企业开展前瞻性合作，探索现有设备和系统向未来网络升级路径。

（五）大力发展生命健康产业

加快建设郑州大学第一附属医院、河南省人民医院等健康领域应用基础研究重大平台，开展基因细胞、疫苗、高性能影像设备、精准快诊试剂及临床治疗新技术研发，提升临床研究水平和医疗技术临床应用试验能力。加强医疗机构、临床医学研究中心、医药企业等协作联动，聚焦恶性肿瘤、重大传染性疾病、心脑血管疾病、神经精神疾病、慢性病等领域防治需求，推动细胞技术临床应用、细胞工厂建设和合成生物学技术工业应用。支持医药企业、医疗机构合作建设产品应用示范基地，组织实施重大产业创新项目和应用示范工程，形成“示范应用—临床评价—技术创新—辐射推广”的良性循环。

（六）重点突破前沿新材料产业

依托郑州磨料磨具磨削研究所、郑州机械研究所、郑州金属制品研究院等，构建产学研用相结合的创新技术转化平台。依托河南资源禀赋及煤化工、焦化产业基础，重点发展煤焦油碳基材料、煤沥青制针状焦、石墨烯及石墨烯复合材料、超高功率电极、超级电容活性炭、特种石墨等高端碳材料，打造洛阳、平顶山、鹤壁、焦作等地碳基新材料产业集群。积极参与国家新材料测试评价体系建设，为前沿新材料研发和推广应用提供可靠的技术质量鉴定和应用评价。

第十节　《江西省未来产业发展中长期规划（2023—2035年）》

一、政策背景

未来产业代表新一轮科技革命和产业变革的发展方向，是引领经济社会发展的变革力量，是江西加快高质量跨越式发展、推进现代化建设、赢取未来发展主动权的关键所在。根据《江西省国民经济和社会发展第十四个五年规划和二〇三五年远景目标纲要》和《江西省“十四五”制造业高质量发展规划》等，结合发展实际，为加快布局未来产业发展，培育增长新动能，下好发展先手棋，构筑竞争新优势，2023 年 1 月江西省人民政府印发《江西省未来产业发展中长期规划（2023—2035 年）》。

二、主要内容

（一）主要任务

把握未来产业变革趋势，突出“有中生新”和“无中生有”，以延伸、裂变、融合等产业发展模式，创新突破未来信息通信、未来新材料和未来新能源产业，做大做强未来生产制造、未来交通和未来健康产业，打造“3+3”未来产业链群。

1. 创新突破三大赋能型未来产业

紧跟国内外最新前沿技术、颠覆性技术的发展趋势，加快新技术产业化进程，在未来信息通信、未来新材料和未来新能源领域布局发展一批未来产业，以跨界融合的方式，助力全省产业抢占全国乃至全球未来产业制高点。

2. 做大做强三大先导型未来产业

以技术引领、产业规模快速扩大为核心，在未来生产制造、未来交通和未来健康产业细分领域抢滩换道，打造新赛道，释放新潜能，筑牢新优势。

（二）重点工程

1. 技术攻关及成果转化突破工程

加强关键共性技术供给。实行关键共性技术“清单制”。围绕产业链部署创新链，面向未来产业链群，瞄准世界前沿技术，分行业、分领域、分层级动态发布重点产业链关键核心技术需求清单。高标准推进区域协同创新。围绕未来产业发展重点领域，鼓励加强与国内科技资源丰富地区的创新协同，深入推进高校之间、校企之间、产学研之间的科技交流与合作，加强区域科技创新共同体建设。促进技术创新成果高效转移转化。打造科技成果转移转化示范区，发挥中国科学院赣江研究院等大院大所作用，主动对接发达地区科技创新资源和科教中心城市，推进科技创新成果源头对接，强化前沿技术测试验证和演示体验功能，建设公共服务平台和中试基地。

2. 数字赋能及产业能级突破工程

打造智能化综合性数字信息基础设施。加大政策支持力度，加快建设先进泛在的网络基础设施。开展场景示范及模式融合赋能。支持未来产业各细分领域的专精特新“小巨人”、独角兽、人工智能初创企业等开展工业大脑、机器人协助制造、机器视觉工业检测、设备互联管理等场景创新，参与城市、产业场景建设，通过场景创新实现业务成长。

3. 先导试验区培育突破工程

建设传统产业裂变生长先导试验区。围绕有色金属、石化、建材、纺织、钢铁、船舶等传统产业转型升级，以高端化、智能化、绿色化、融合化、服务化为导向，推动人工智能、工业互联网、二氧化碳捕集、利用与封存等赋能型未来产业（技术）与传统产业的融合，重塑传统产业发展新优势。建设新兴产业接续衍伸先导试验区。深化发展数字经济，加快新兴产业关键核心（共性）技术创新转化应用，支持多技术路线平行探索和交叉融合，聚焦航空、电子信息、装备制造、医药、新能源、新材料等优势领域，着力构建引领发展的新兴产业生态，开启“技术催生新需求”和“需求引导新技术”双向通道，培育壮大产业发展新动能。建设未来技术孵化培育先导试验区。加强省级及以上专业类科技企业孵化器、专业化众创空间等科技孵化机构建设，推广“投资+孵化”模式，推动未来技术孵化，做强做优做大先进制造业集群。

4. 重点要素政策集成提升工程

加强重点要素支撑保障。推进要素市场化配置，加大人才、资金、数据、土地等支持力度。加强政策集成扶持。系统性、整体性综合集成不同产业政策工具，省市县上下联动、部门统筹协调促进政策资源向重点发展的未来产业倾斜，形成工作合力。建立新政策实施“观察期”和老政策退出“过渡期”制度，强化政策实施效果评估，保持政策的稳定性、连续性。

5. 高水平开放合作提升工程

强化国际交流合作。充分依托世界VR产业大会、世界赣商大会等重要平台，深化与国际一流科研机构、著名大学、高端企业的合作交流，推动科技园区、国际技术转移中心、联合实验室和产业化基地等平台建设。深化区域合作对接。高标准建设江西内陆开放型经济试验区，深度融入粤港澳大湾区、长三角一体化等区域战略，建立省际创新成果转移统筹协调机制、重大承接项目促进服务机制等，探索跨区域协同创新模式。

第十一节　《深圳市培育发展未来产业行动计划（2022—2025年）》

一、政策背景

为深入贯彻习近平总书记对广东、深圳系列重要讲话、重要指示批示精神，全面落实广东省第十三次党代会和深圳市第七次党代会决策部署，落实《深圳市人民政府关于发展壮大战略性新兴产业集群和培育发展未来产业的意见》，坚持把创新作为城市发展主导战略，持续发挥全过程创新生态链优势，推动构建面向未来的现代产业体系，2022年6月深圳出台《深圳市培育发展未来产业行动计划（2022—2025 年）》。该行动计划立足深圳实际，前瞻谋划、培育发展未来产业，推动深圳产业链、创新链、人才链、教育链“四链”深度融合，培育新动能，提升新势能，对加快建设具有全球影响力的科技和产业创新高地具有重大意义。

二、主要内容

（一）发展重点

1. 5～10年内有望成长为战略性新兴产业

围绕合成生物、区块链、细胞与基因、空天技术4个未来产业，强化前沿技术研究和技术应用，突破一批关键核心技术、前沿引领技术和颠覆性技术，推动一批重大科技成果产业化，培育壮大产业新增长点。合成生物产业重点发展合成生物底层技术、定量合成生物技术、生物创制等。区块链产业重点发展底层平台技术、区块链+金融、区块链+智能制造、区块链+供应链等。细胞与基因产业重点发展细胞技术、基因技术、细胞与基因治疗技术、生物育种技术等。空天技术产业重点发展空天信息技术、先进遥感技术、导航定位技术、空天装备制造等。

2. 10～15年内有望成长为战略性新兴产业

围绕脑科学与类脑智能、深地深海、可见光通信与光计算、量子信息 4 个未来产业，加强基础研究和应用基础研究，开展重大科学问题研究和前沿技术研发，取得一批重大科技成果，为产业发展集聚创新能量。脑科学与类脑智能产业重点发展脑图谱技术、脑诊治技术、类脑智能等。深地深海产业重点发展深地矿产和地热资源开发利用、城市地下空间开发利用、深海高端装备、深海智能感知、深海信息技术等。可见光通信与光计算产业重点发展可见光通信技术、光计算技术等。量子信息产业重点发展量子计算、量子通信、量子测量等。

（二）重点任务

1. 基础研究强基工程

把握世界科技前沿发展趋势，大力开展基础研究与应用基础研究，实施基础研究专项，重点开展产业需求导向的科学问题研究，加强基础学科之间、基础科学与前沿技术的交叉融合，为产业发展提供源头供给，提升从“0 到 1”原始创新能力。聚焦未来产业，布局建设一批创新载体，打造未来产业策源地。

2. 技术攻关突破工程

探索央地协同新型举国体制深圳路径，积极承担国家和省重大项目，组织实施技术攻关专项，建立“企业界出题、科技界答题”新机制，抢占未来产业发展制高点。按照“理技融合、研用结合”，支持龙头企业牵头组建“创新联合体”，探索产学研协同攻关和产业链上下游联合攻关，建立“一产一策、一技一策、一企一策”工作机制。

3. 成果产业化加速工程

支持企业与高校、科研机构成立联合实验室，布局建设一批概念验证中心、中小试基地、公共技术服务平台、众创空间和孵化器。聚焦未来产业，搭建一批应用场景，支持企业开展新技术新产品应用示范推广。依托重大科技基础设施，建立科技成果“沿途下蛋、就地转化”机制。建设全国性的知识产权和科技成果产权交易中心，推动成果评价、市场定价、技术交易等信息互联互通。举办颠覆性技术创新大赛，发现遴选一批颠覆性技术项目，开辟全新技术赛道。

4. 科技金融融合工程

建立市科技研发资金与政府引导基金、天使投资引导基金等金融资本的联动机制，支持科技项目成果加速产业化。依托国家技术转移南方中心、南方创投网投资联盟等机构，以企业融资及项目合作需求为导向，完善科技成果常态化路演机制，实现评估、咨询、融资等全链条对接，为未来产业高科技成果项目提供全方位、全流程专业咨询与融资服务。建立覆盖种子期投资、天使投资、风险投资、并购重组投资未来产业的基金体系，引导社会资本投资未来产业科技创新类项目。鼓励信贷机构根据未来产业研发投入特点，创新金融产品，支持企业采用“风险投资+知识产权+研发服务”模式，加快产品开发与应用。

5. 创新人才汇聚工程

探索“学校+重大科技基础设施”“学校+大型科研院所”“学校+龙头企业”，开展“新理科”“新工科”“新医科”建设，实施优秀科技创新人才培养专项，面向未来产业培养拔尖创新人才。建立人才跟踪培养机制，长期稳定支持一批取得突出成绩且具有明显创新潜力的青年人才。建立以创新价值、能力、贡献为导向，有利于科技人才潜心研究和创新的评价体系，加大青年科技奖奖励力度，实行提名制，激励和释放科研人才创造力和创新力。

第十二节 《南京市加快培育新赛道发展未来产业行动计划》

一、政策背景

未来产业是重大科技创新产业化后形成的前沿产业，虽然成熟度较低，但后续动能强劲，已成为各大城市经济发展的逐鹿热点。南京作为中国的重要城市和经济中心，具备良好的产业基础和创新环境。为了进一步提升南京的产业竞争力和创新能力，加快培育新的产业赛道，南京率先在南京市工业和信息化局设立全国首个未来产业职能机构——未来产业处，通过提前谋划和深耕细作，积极抢占未来产业发展先机。2022 年 9 月，南京出台《南京市加快培育新赛道发展未来产业行动计划》，旨在加强南京未来产业的发展，推动新一代人工智能、第三代半导体、基因与细胞、元宇宙、未来网络与先进通信、储能与氢能六大领域的发展。

二、主要内容

（一）新一代人工智能

加强全栈自主可控人工智能新型基础设施的建设与应用，开展类脑计算、群体智能、通用人工智能、可解释学习认知、量子智能计算等前沿基础理论研究，推动类脑计算芯片与系统、智能自主无人系统、自主机器学习、混合现实与人机交互、人工智能科学计算、超大规模算法模型等关键技术的研发和产业化，重点在工业制造、医疗健康、智能交通、城市治理等重点领域应用推广。

（二）第三代半导体

针对第三代半导体电子技术高能效、低功耗、高极端性能和耐恶劣环境的不可替代性优势，在电力电子、射频电子、光电子、第三代和超宽禁带半导体材料领域，突破一批关键核心技术和产业技术瓶颈。持续提升第三代半导体产品的技术性能，降低生产成本，促进第三代半导体产品在新能源汽车、智能电网、5G通信、轨道交通、智慧照明、光通信等产业领域应用。

（三）基因与细胞

聚焦基因组学新技术、新一代基因测序、基因编辑、基因和细胞治疗等重点领域，围绕共性关键技术开展攻关，重点突破基因测序、基因编辑、基因治疗、细胞治疗等核心技术，在关键工艺、上下游核心材料、产品开发方面形成产业集聚和协同，推动基因和细胞技术的应用和产业化发展，形成全国领先的基因与细胞全产业链布局。

（四）元宇宙

围绕AR/VR（增强现实/虚拟现实）、NFT（非同质化通证）、沉浸影音、数字人、空间计算、区块链等元宇宙重点关键技术布局重大科技专项，积极争取国家、省元宇宙重大科技成果在南京率先应用和产业化转化，重点在工业制造、文旅、教育、商贸、城市治理等领域打造元宇宙场景应用。

（五）未来网络与先进通信

聚焦确定性网络、算网操作系统、物联网搜索引擎、E级高性能计算、面向物端的边缘计算、6G、卫星互联网、量子通信等技术，打造全链条、高端化的未来网络与先进通信产业体系，推动新技术在工业互联网、车联网、算力调度网等领域的示范应用。

（六）储能与氢能

推进电化学储能、压缩空气储能等新型储能技术应用，发展电网侧、用户侧、电源侧储能项目，推动储能系统耦合光伏、火电发展，支持储能电站参与深度调峰和备用应急等电力辅助服务。在数据中心实施电化学储能电池替代传统UPS电源，推动新能源汽车动力电池循环利用。支持开展化工副产氢提纯、可再生能源制氢、高安全性低成本储氢、运氢与加氢、氢燃料电池关键材料、燃料汽车系统集成、分布式发电系统集成等一批氢能领域关键技术攻关，加大储能与氢能技术应用示范推广力度，推进氢燃料电池汽车配套加氢基础设施建设，促进储能与氢能产业兴起。

第十三节　苏州《市政府关于加快培育未来产业的工作意见》

一、政策背景

近年来，苏州始终坚持把创新作为引领发展的第一动力，引导制造业转型升级，汇聚全球高端资源要素，培育壮大战略性新兴产业，连续两年规模以上工业总产值突破4万亿元，稳居全国前列。2022年，全社会研发投入占地区生产总值的比重达到4%。生物医药入选首批国家级战略性新兴产业集群发展工程，生物医药及高端医疗器械、高端纺织、纳米新材料入选国家先进制造业集群，先进材料入选首批省级战略性新兴产业融合集群发展示范。依托战略性新兴产业集聚优势和技术积累，苏州已具备抢抓未来产业的先机和能力。为贯彻落实创新驱动发展战略，高质量推进产业创新集群融合发展，加强科技创新和产业创新对接，前瞻谋划、培育发展未来产业对苏州提升城市竞争新优势、构建现代化产业体系、打造具有全球影响力的产业科技创新中心主承载区具有重大意义。2023 年 9 月，苏州市人民政府出台《市政府关于加快培育未来产业的工作意见》。

二、主要内容

（一）前沿新材料

加快推动第三代半导体等宽禁带半导体材料、3D 打印及粉末冶金先进结构材料、高性能碳纤维及复合材料、纳米材料、高温超导材料等前沿新材料产业化进程。加强材料合成、表征公共仪器平台建设。支持科研机构利用材料大数据提升材料基因组研究能力，搭建虚拟与实验结合的前沿新材料产业创新体系。加速从材料研发、中试到量产等各环节的技术突破。

（二）光子芯片与光器件

重点开发制造应用于光制造、光通信、光传感、光医学、光显示等领域的光子芯片，以及基于光学材料生产制造的无源和有源光学元器件。高定位打造太湖光子中心，加快建成系列基础工艺平台。

（三）元宇宙

开展类脑智能、新型显示、虚拟数字人、沉浸式人机交互、AR/VR、图像渲染引擎、智能算法、三维化、虚实融合沉浸影音等产业关键技术研究。重点引进和培育核心软件、智能芯片、传感设备、脑机接口等领域链主企业，加速近眼显示、交互终端、数字工具、系统集成方案等重点产品开发。不断深化工业元宇宙、消费元宇宙、教育元宇宙、医疗元宇宙、治理元宇宙等场景深度应用。

（四）氢能

重点突破低成本高效绿氢制备、高压气态和低温液态氢能储输、加氢站建设运维、大功率长寿命氢燃料电池电堆及其核心材料等产业链重点、难点环节。支持重点研发机构加强创新成果产业化和产业人才梯队建设。稳步推进氢能在交通、储能、发电等领域的多元化应用示范。

（五）数字金融

加快推动区块链等数字技术在金融领域的产业化运用，重点加强数据安全保障。发挥苏州数字人民币试点先发优势，建设数字人民币管理研发体系。围绕数字人民币、金融科技、数字征信、金融大数据、金融制造业等领域集聚数字金融生态圈企业，培育壮大数字金融产业新增长点。

（六）细胞和基因诊疗

聚焦基因组学新技术、新一代基因测序、基因细胞治疗等领域，重点发展高通量基因测序、全基因组合成物、细胞治疗等细分赛道，培育相关创新药物和高端医疗器械上下游产业。加快细胞和基因诊疗相关伦理与法律研究，加强创新成果转化和产品推广应用。

（七）空天开发

围绕新一代重型运载火箭、载人航天、深空探测、国产大飞机、无人机等重大工程，开展前沿技术和应用基础研究。着力突破航空航天领域关键技术，积极引进培育商业卫星和运载火箭等航空航天创新型企业及研发机构，推动空天开发应用示范。围绕先进遥感、空天信息服务等领域，加快卫星互联网等基础设施建设及产业化应用。强化低轨卫星、中继卫星等关键产品研发制造，发展微型通信系统、卫星应急通信系统、卫星应用终端及卫星遥感应用等，打造星链产业高地。

（八）量子技术

开展高性能量子计算机、超导量子芯片、量子-电子协同算力网产业化探索，搭建量子计算云服务平台，强化图形化编程和量子任务管理，推广量子计算算力服务，打造量子计算产业体系。围绕高成码率、高集成度、超远安全传输距离、量子共纤传输等量子通信重点方向，开发量子随机数发生器、量子路由器、量子交换机等关键核心设备，推动量子通信在金融、政务、能源等领域的广泛应用。

热　点　篇

第五章

未来产业十大热点

第一节　美国 OpenAI 公司发布人工智能大语言模型 ChatGPT

一、事件回顾

美国 OpenAI 公司于 2022 年 11 月 30 日发布超级对话模型 ChatGPT。该模型是基于 GPT-3.5 架构的大语言模型。自发布以来，ChatGPT 凭借其能够进行自然对话和处理复杂语言任务的能力迅速获得关注。该模型和 OpenAI 在 2022 年 1 月推出的自然语言处理（NLP）预训练模型 InstructGPT 同属于 GPT-3.5 模型，都是 GPT-3 模型的衍生产品。据介绍，OpenAI 公司使用一种名为从人类反馈中强化学习（RLHF）的方式对 ChatGPT 进行训练，加入了更多的人工监督微调。相比于 GPT-3，ChatGPT 的主要提升点在于记忆能力，可实现连续对话，极大地提升了对话交互模式下的用户体验，训练参数也攀升至 1750 亿个。ChatGPT 的多元全面的能力使其作为一个通用 AI 助手参与交互，其在辅助编程领域表现卓越。

二、事件评析

ChatGPT 在 GPT-3.5 大语言模型（LLM，也称大型语言模型）的基础上，加入基于人类反馈的强化学习来不断微调预训练大语言模型，使得大语言模型学会理解不同类型的指令，并通过多重标准合理判断基于给定的输入指令，输出的是否为优质信息。判断的标准包括富含信息、内容丰富、对用户有帮助、无害、不包含歧视信息等。ChatGPT 能够结合行业特点和需求，构建自动应答系统，为用户提供快速、准确的问题解答。在传媒、娱乐、设计和影视领域，ChatGPT 能够协助完成一些较低层次的任务，包括文稿生成、采访助手、摘要总结等。

ChatGPT 新加入的训练方式被称为“从人类反馈中强化学习”。这一训练方式加强了人类对模型输出结果的演示，并且对结果进行了排序。在具体操作上，人工智能训练者扮演对话的双方，即用户和人工智能助手，提供对话样本。在人类扮演聊天机器人时，会让模型生成一些建议辅助训练师撰写回复，训练师会对回复打分排名，将更好的结果输回到模型中，通过以上奖励策略对模型进行微调并持续迭代。在此基础上完成训练，ChatGPT 可以比 GPT-3 更好地理解和完成人类指令，展现卓越的模仿人类语言，提供连贯的、有风格与逻辑的、符合对话主题的文段信息的能力。

相比于 GPT-3，ChatGPT 的主要提升点在于记忆能力。ChatGPT 可以存储对话信息，延续上下文，从而实现连续对话，这在对话场景中至关重要，极大地提升了对话交互模式下的用户体验。此外，ChatGPT 相比于前辈模型具有以下特征：①ChatGPT 可以承认错误，若用户指出其错误，ChatGPT 会听取意见并优化答案；②ChatGPT 可以质疑不正确的前提，减少虚假描述，如当被询问“哥伦布 2015 年来到美国的情景”的问题时，ChatGPT 会说明哥伦布不属于这一时代并调整输出结果；③因为采用了注重道德水平的训练方式，ChatGPT 在减少有害和不真实的回复上改善显著，如拒绝回答寻求霸凌他人方案的问题，指出其不正义性。

相比于以前的模型，ChatGPT 已具备较强的自然语言处理能力，但在精准性、真实性、重复率和依赖性等问题上还尚待改善。例如，由于技术有限，ChatGPT 有时会给出听起来很有道理但实则离谱的答案；在较长的会话中，由于训练数据的偏差和过度修正，ChatGPT 会过度强调某些短语或句子，导致短语或句子重复率高的问题；ChatGPT 的强大能力依赖语料库、数据量的抓取和复杂的训练过程。

第二节　中国国产大飞机 C919 圆满完成商业首航

一、事件回顾

2023 年 5 月 28 日，由 C919 大型客机执飞的东方航空 MU9191 航班从上海虹桥国际机场起飞，经历大约两小时的飞行后，平稳降落在北京首都国际机场，穿过象征民航最高礼仪的“水门”。这标志着该机型圆满完成首个商业航班飞行，正式进入民航市场，开启市场化运营、产业化发展的新征程。

二、事件评析

作为我国首次按照国际通行适航标准自行研制、具有自主知识产权的喷气式干线客机，也是我国继运-10 之后研制的最大型商用客机，C919 大型客机于 2007 年立项，2017 年首飞，2022 年 9 月 29 日取得中国民用航空局颁布的型号合格证（TC 证）。2022 年 12 月 9 日，中国东方航空（简称东航）作为 C919 的全球首发用户，正式从中国商用飞机有限责任公司接收编号为 B-919A 的全球首架交付飞机。在完成首次商业载客飞行后，从 5 月 29 日开始，东航首架 C919 大型客机将在上海虹桥—成都天府航线上实行常态化商业运行。东航 C919 的公务舱、经济舱均选用完全自主研发的新一代国产客舱座椅。其中，8 个公务舱的座椅为全铝合金框架结构，采用摇篮式设计，后靠可达到 120 度，前后座椅间距超过 1 米；156 个经济舱的设计采用 3-3 布局；C919 客舱拥有 2.25 米的过道高度，旅客能感受到令人舒适的顶部和前方视觉空间。

评判国家科技发展水平和综合实力的一个重要标准，是应用型科研成果能否成功转化为服务社会、助力社会发展的科技产品。民航客机是无数高新科技的集成产品，对一个国家的科技实力和工业水平有着极高要求。C919 大型客机从研制、投产、交付到最终商用，意味着我国在工业制造业领域实现了新的突破。C919 大型客机成功完成商业首飞，打破空客和波音对客机市场的长期垄断，开启了我国航空工业和民航业的新篇章。我国由此实现了民机技术集群式突破，具备了大型客机发展核心能力。

此外，C919 大型客机是全球化合作的产物，也是我国改革开放成果的最新展现。民航客机制造全球化是必然趋势，也是最优选择，没有任何一个国家或国家共同体能够独立发展航空制造业。C919 大型客机首航成功，将助力我国进一步加深与世界各国的科技合作，从而实现互利共赢。在经济逆全球化浪潮不断涌现和世界经济整体复苏乏力的当下，这也将为全球化合作发展注入信心。

第三节　美国发布《人工智能风险管理框架》

一、事件回顾

2023 年 1 月 26 日，美国国家标准与技术研究院（NIST）为加强对人工智能相关个人、组织和社会风险的管理，通过与私营和公共部门合作，制定并发布《人工智能风险管理框架》。该框架将可信度考量纳入设计、开发、使用和评估 AI 产品、服务和系统中，并基于其他机构的 AI 风险管理工作，确保制定过程的公开、透明。

二、事件评析

虽然有无数标准和实践可以帮助组织降低传统软件或信息系统的风险，但是 AI 系统所引发的风险具有独特性。例如，AI 系统可以利用跟随时间变化的数据进行训练，这些训练数据有时会发生重大变化，影响系统的功能和可信度，而 AI 系统及其应用环境通常十分复杂，在故障发生时很难检测和处理故障。AI 技术在本质上属于社会技术，容易受到社会动态和人类行为的影响。技术和社会因素相互作用，产生 AI 风险和机遇。

AI 风险管理关乎负责任地开发和使用 AI 系统。负责任的 AI 实践有助于将设计、开发和使用 AI 系统与预期目标相结合。负责任的 AI 实践的核心理念强调以人为本、社会责任和可持续发展。AI 风险管理可以敦促 AI 设计、开发和部署组织及其内部团队更加批判地思考环境及其潜在的正面或负面影响，推动 AI 参与者负责任地使用 AI 技术。理解和管理 AI 系统风险有助于增强可信度，进而提升公信力。

《人工智能风险管理框架》分为两部分：第一部分是组织如何构建

与AI相关的风险及其目标受众，分析了AI的风险和可信度，概述了可信的AI系统的特征，包括有效、可靠、安全、灵活、负责、透明、可解释、保护隐私、公平和有害偏见可控；第二部分是该框架的核心，概述了4个具体功能，即治理、映射、衡量和管理，帮助组织在实践中化解AI系统的风险。除此之外，与该框架相关的其他资源包含在AI风险管理行动手册中。

《人工智能风险管理框架》旨在为AI参与者提供提高AI系统可信度的方法，并促进AI参与者负责任地设计、开发、部署和使用AI系统。该框架本着实用的原则，适用AI技术不断发展的AI格局，由能力不同的组织实施，使社会在享受AI福利的同时，也免受其伤害。随着技术的不断发展，世界各地的标准不断更新，基于AI社群积累的经验和反馈，该框架和支持资源将不断更新、扩展和改进。NIST将继续使《人工智能风险管理框架》和相关指南与适用的国际标准、指南和实践保持一致。随着《人工智能风险管理框架》被投入使用，AI参与者将吸取更多的经验教训，以便不断更新。

第四节　中国研究团队开发的酵母微纳生物机器人可实现远程精准递药

一、事件回顾

2023年2月23日，中国科学院深圳先进技术研究院医药所纳米医疗与技术研究中心的科研人员开发出一款双引擎自适应的酵母微纳生物机器人——TBY-robot。该机器人能够像“快递员”一样，通过生物酶与巨噬细胞引擎的切换穿透人体多重生理屏障，将药物精准递送到远程炎症病灶。在小鼠结肠炎模型和胃炎模型中的结果显示，TBY-robot能将药物的富集提高约1000倍，极大地减少了炎症反应并缓解了疾病症状。

二、事件评析

酵母微纳生物机器人是能够将周围环境中的化学能或物理刺激转化为自身动能的小型化、智能化生物装置。其具有在现有医疗器械难以企及的微观领域进行自驱运动和导航的能力，有望实现疾病的精准诊疗。由于人体内存在多重生理屏障，开发能够适应微环境的变化，并将药物精准递送到远程病灶的微纳生物机器人仍然具有挑战性。不仅如此，微纳生物机器人必须具备超高的安全性，才能运用在人体环境中。开发一款自适应的、能够穿透多重生理屏障并进行远程递药和治疗的酵母微纳生物机器人成为研究人员的目标。

据介绍，生物酶驱动的酵母微纳生物机器人以体内的生物相容性底物（如葡萄糖、尿素）为燃料，在药物递送领域应用前景广阔。酵母微囊是可食用酵母益生菌的细胞壁成分，可以靶向巨噬细胞，具有炎症趋化性的巨噬细胞也是一种天然的细胞引擎。研究人员发现，酵母微囊经口服后，可以被肠道内的巨噬细胞内吞，此时肠道内的葡萄糖浓度梯度可以用作提示研究人员利用级联驱动机器人运动的信号。基于以上研究，研究人员以酵母微囊为活性材料，通过将葡萄糖氧化酶和过氧化氢酶偶联在包裹纳米药物的酵母微囊表面，制备了具有不对称结构的酵母微纳生物机器人。

酵母微纳生物机器人具有优良的生物相容性，并且可以作为天然的纳米药仓，将不同形式的药物精准地递送到炎症病灶。该研究成果为胃肠道炎症的治疗提供了新的技术手段，也为治疗其他炎症疾病提供了全新的思路。

第五节　IBM 制造出世界最大的量子计算机

一、事件回顾

2022 年 11 月，国际商业机器公司（IBM）制造出迄今为止最大的量子计算机。这台名为“鱼鹰”（Osprey）的计算机包含 433 个量子比特，是该公司此前打破纪录的 127 个量子比特计算机的 3 倍多，是谷歌包含 53 个量子比特的“西克莫”计算机的 8 倍多。

二、事件评析

量子科技正处于从实验室研发到生产实践的关键期，5 年内将有一批量子科技产品实现商业和军事应用。量子科技的理论基础经历百余年的发展已经成熟、完善。利用量子物理特性突破电子计算机和电子传感器的物理极限，大幅提升人类获取、传输、处理信息的能力在理论上完全可行。自 20 世纪 80 年代量子计算机的理论模型被提出之后，量子科技的应用研究取得了重大进展，演化出量子计算、量子通信和量子传感测量 3 个主要应用领域，其中小部分成果已经足够成熟，开始迈向商业化和产业化阶段。

量子传感测量是应用场景最丰富，也最接近商业化和产业化的领域，预计 5 年内可实现商业和军事应用。量子传感测量利用量子物理特性实现对时间、加速度、电磁场、重力场的超高精度测量，在民用和军事领域均有广泛和清晰的应用前景。在民用领域，量子传感器可以大幅提升资源勘探、地震预测、磁共振成像（MRI）、正电子发射体层成像（PET）等的精度和效率。此外，量子时钟可提供高频金融交易、电子支付、5G 通信、智能电网的动态控制等应用所必需的精准计时。在军事领域，量子传感器可以测量电子传感器无法精确探测的电磁场和重力场的变化，从而实现在水下、建筑物等无外部信号环境中的精确定位和导航。英国国防实验室的研究表明，基于量子技术的导航系统可以将潜艇的定位精度提升 1000 倍。美国陆军实验室提出“鬼成像”（Ghost Imaging）技术，其可以实现复杂战场情况下的远距离高清成像。美国国防部、英国国家量子科技项目、欧洲量子旗舰项目等机构一致认为，量子传感测量将在未来 5 年内实现商业和军事应用。

量子计算是最具颠覆潜力，同时也是难度最大的应用领域。通用量子计算以量子比特代替电子比特进行计算，根据物理机制可以分为超导量子、光量子、离子阱、量子点和拓扑量子 5 类。由于量子态的特性，构建量子计算机具有极高的技术难度，尚无法确定哪类技术会成为最终解决方案。目前，超导量子和光量子是最为成熟的技术路径。研究人员已经开发出可以快速解决特定数学问题的原型机，实现了远超传统电子计算的“量子霸权”，但这一超越仅限于非常特殊的个别数学问题。通用量子计算的简化版本“量子退火”和“量子模拟”具备清晰的应用场景，特别是前者可求解函数组合优化问题，已于 2011 年实现首次商业应用。业界普遍认为，5 年内有实际应用价值的量子计算将首先在生物化学和材料科学领域得到应用，并随着量子计算软硬件的继续成熟在10至20年内全面被应用于人工智能、自动驾驶、保密通信等众多领域。

量子通信的第一代应用“量子密钥分配”（QKD）已经完成小规模部署，第二代应用“量子传态”仍处于技术研发阶段。2007年前后，中国和欧洲分别实现了第一代量子通信应用QKD的短距离数据传输试运行。2017年，瑞士构建了连接电信数据中心、银行和政府的光纤QKD数据传输线路。同年，中国建立了全球第一条长距离量子保密通信干线——“京沪干线”，并通过卫星QKD首次实现了跨洲视频通信。2020年，日本东芝成功使用光纤 QKD 传送了数百 GB 的基因组数据，首次实现QKD的大数据传输。虽然第一代量子通信应用已有小规模的商用案例，但其安全性、可靠性和效率仍无法满足大多数的商业用途和军事用途。因此，第二代量子通信应用“量子传态”被寄予厚望。目前，该技术还处于实验室研发阶段，预计10年左右可以进入商业化阶段，最终目标是建立由量子通信网络将各种终端设备连接在一起的“量子互联网”（Quantum Internet）。

第六节　国际能源署发布《全球氢能观察2022》

一、事件回顾

2022年10月，国际能源署（IEA）发布《全球氢能观察2022》。该报告从氢能需求、氢能生产、氢能基础设施、氢能贸易、氢能政策、氢能投资与创新等对截至2022年6月的氢能数据进行了回顾、阐述、总结，提供了氢能部门转型的最新进展，旨在让能源部门的利益相关者了解氢气技术的现状和未来前景。

二、事件评析

全球氢能需求正在增长，在关键应用中释放积极信号。预计到2030年氢能需求可能达到1.15亿吨，尽管新应用不到200万吨。相比之下，全球各国政府迄今提出的现有气候承诺需要1.3亿吨氢能（25%来自新用途），到2030年氢能应用需要近2亿吨才能在2050年实现净零排放。

氢能贸易还处于萌芽阶段，但大量预期的出口正在增加。2022 年 2 月，世界上第一批液化氢从澳大利亚被运送到日本，成为国际氢能市场发展的重要里程碑。根据正在开发的出口导向型项目，计划到 2026 年投产 260 万吨氢能，预计到 2030 年每年可出口 1200 万吨氢能。项目开发商和投资者在新兴市场中面临着高度的不确定性，许多政府尚未实施具体的氢能贸易政策，而这是项目成功开发所必需的。国际合作对于促进结盟和识别可能减缓氢能市场发展的障碍至关重要，各国政府仍需要将氢能产业视为能源战略发展的支柱产业。

此外，全球能源危机表明，通过制定政策，可使能源安全需求与气候目标达成一致。氢能可以减少对化石燃料的依赖，甚至取代化石燃料，或者将化石燃料生产转向可再生氢，从而促进能源安全。国际氢能市场的发展还可以增加潜在能源供应商的多样性，特别是加强能源进口国的能源安全。如果各国政府通过实施政策实现其气候承诺，到 2030 年氢能可以替代每年 140 亿立方米的天然气使用、每年 2000 万吨的煤炭和每日 36 万桶的石油使用。重工业、重型公路运输和航运为利用氢能节省化石燃料和减少碳排放提供了很大的机会。

第七节　俄罗斯成功发射首颗“球体”项目卫星

一、事件回顾

2022 年 10 月 22 日，“联盟-2.1b”运载火箭从俄罗斯东方航天发射场升空，将首颗“球体”项目卫星“斯基泰人-D”和 3 颗“信使-M”卫星顺利送入预定轨道。俄罗斯《消息报》称，“斯基泰人-D”卫星属于“球体”卫星星座的首颗实验卫星，负责测试俄罗斯未来宽带互联网卫星技术。报道称，俄罗斯副总理兼工业和贸易部部长丹尼斯·曼图罗夫表示，整个“球体”卫星星座将由 600 多颗卫星组成，其功能与“星链”、OneWeb 等别国互联网卫星类似。“球体”项目的主要目标是通过创造新的太空技术、系统和产品来确保俄罗斯的高质量空间服务，以实现经济的有效数字化转型，并确保俄罗斯的安全。

二、事件评析

美国“星链”卫星星座分3期建成，总规模接近4.2万颗卫星，主要轨道高度为300～400千米，通过围绕全球的卫星网络提供高速网络服务，从而摆脱地面基站的束缚。截至2022年9月，近地轨道上共有2300颗正在运转的“星链”卫星。“星链”卫星星座采用模块化设计，理论上可以通过更换任务模块执行对地观测或反导预警等任务。“星链”卫星星座庞大的卫星数量，使得其被干扰或被破坏功能的难度加大。

相比之下，俄罗斯的“球体”卫星星座拥有的卫星数量少得多，只有600多颗，不过它们的功能更为复杂。据相关工作人员描述，“球体”卫星星座包括运行在不同高度的多种卫星，具备卫星通信服务、对地观测等不同功能，从而让俄罗斯拥有现代化的太空通信和监控系统。

由于俄罗斯宽带互联网卫星星座运行的轨道高度为870千米，高于美国“星链”卫星星座的运行高度，并且主要服务对象集中在俄罗斯附近，因此只需要288颗卫星就足以确保“完全覆盖地球表面”，并可以为俄罗斯周边，尤其是地面通信设施稀少的北极航道沿线提供宽带互联网接入和通信服务。此外，“球体”卫星星座还包括用于物联网的“马拉松”系列卫星。物联网设备对网络连接有着大带宽和低时延的苛刻要求，因此“马拉松”系列卫星的运行轨道高度最低。除了种类多样的通信卫星，“球体”卫星星座还包括“检阅”地球遥感卫星和“金雕”对地观测卫星。据介绍，这些卫星配备了雷达和光学传感器，可使研究人员在夜间和透过云雾看到地面情况。因此，“球体”卫星星座的功能远比“星链”卫星星座复杂，而且带有明显的军事用途。

第八节　神舟十六号载人飞船发射圆满成功，并成功对接“天宫”空间站

一、事件回顾

2023年5月30日9时31分，搭载神舟十六号载人飞船的长征二号F遥十六运载火箭在酒泉卫星发射中心发射。约10分钟后，神舟十

六号载人飞船与火箭成功分离，进入预定轨道，航天员乘组状态良好，发射取得圆满成功。飞船在入轨后，于16时29分成功对接空间站天和核心舱径向端口，整个对接过程历时约6.5小时。18时22分，神舟十六号航天员乘组入驻“天宫”空间站，与神舟十五号航天员乘组成功会师。在空间站工作生活期间，神舟十六号航天员乘组进行出舱活动，开展空间科学实（试）验，完成舱内外设备安装、调试、维护维修等各项任务。此次任务是我国载人航天工程进入空间站应用与发展阶段的首次载人飞行任务，是工程立项实施以来的第29次发射任务，也是长征系列运载火箭的第475次飞行。

二、事件评析

从中国载人航天工程正式立项，到中国空间站全面建成，再到空间站进入应用与发展阶段，在不到31年的时间里，中国载人航天就实现了“造船为建站、建站为应用”这个几代航天人的浪漫梦想。2022年11月30日，神舟十五号航天员乘组与神舟十四号航天员乘组首次实现“太空会师”，我国首次有6名航天员同时在轨飞行——中国空间站长期有人驻留的时代由此开始。“新乘组先上去，老乘组再下来”的轮换模式已经成为常态，这对于空间站长期在轨运营和开展科学实验与技术试验等都有着重要意义。为了促进我国空间科学、空间应用、空间技术全面发展，面对更大规模的空间科学实验与技术试验，航天员乘组分工更加精细化，“让专业的人做专业的事”是一种必然趋势，神舟十六号航天员乘组中首次出现了“航天驾驶员、航天飞行工程师、载荷专家”的全新组合。此次神舟十六号载人飞行任务是空间站应用与发展阶段的首次载人飞行任务，也是我国第三批航天员首次执行飞行任务。2023年6月4日，与前来“接班”的神舟十六号航天员乘组共同工作生活5天后，神舟十五号航天员乘组依依作别中国空间站，梦圆载誉而归。当天6时33分，神舟十五号载人飞船返回舱在巴丹吉林沙漠腹地的东风着陆场平安着陆，神舟十五号载人飞行任务取得圆满成功，至此我国第一批、第二批现役航天员全部成功完成飞行任务。

此外，我国载人月球探测工程登月阶段任务已启动实施，计划在2030年前实现中国人首次登陆月球。中国载人航天工程办公室已经全面启动各项研制和建设工作，包括研制新一代载人运载火箭（长征十号）、新一代载人飞船、月面着陆器和登月服等飞行产品，以及新建发射场和相关测试发射设施设备等。

第九节　中国研究团队推出全新AI蛋白质侧链预测算法

一、事件回顾

2023 年 5 月 30 日，我国分子之心的研究团队推出一种新的 AI 蛋白质侧链预测算法 AttnPacker。该算法在速度、内存效率和整体精度方面取得大幅提升，是目前已知的最优侧链结构预测算法，也是全球首创的可同时进行侧链预测和蛋白质序列设计的 AI 算法。相关论文被发表在世界著名的学术刊物《美国国家科学院院刊》上。为推进该算法的发展和应用，分子之心的研究团队已将 AttnPacker 的预训练模型、源代码和推理脚本在 GitHub 上开源。

二、事件评析

蛋白质由数个氨基酸折叠而成，其结构分为主链和侧链。侧链的差异性对蛋白质的结构与功能有巨大影响，尤其是生物活性。基于对侧链结构的清晰认知，科学家们能够更精准地测定蛋白质的三维结构，解析蛋白质与蛋白质之间的相互作用，并进行理性蛋白设计。精准的蛋白质侧链预测（PSCP）算法是解决蛋白质结构预测和蛋白质设计难题的关键一环。将该算法应用到药物设计领域，科学家们能够更快、更准确地找到适合药物与受体的结合点位，甚至根据需要优化或设计结合点位；将该算法应用到酶优化领域，科学家们可以通过对蛋白质序列的优化改造，让多个侧链参与催化反应，实现更高效、特异性更高的催化效果。侧链结构预测与设计的局限成为制约蛋白质设计技术在创新药研发、合成生物学等领域广泛应用的因素之一。

尽管大多数蛋白质主链的三维结构已经可以被预测得很好，但蛋白质侧链结构的预测未被完全突破。不论是 AlphaFold2 等热门蛋白质结构预测算法，还是 DLPacker、RosettaPacker 等专注于侧链结构预测的算法，其准确度或速度都不尽如人意，这在一定程度上限制了蛋白质设计技术的发展。

AttnPacker 是一种端到端的预测蛋白质侧链坐标的深度学习算法。它联合模拟了侧链相互作用，直接预测的侧链结构在物理上更可行，具有更少的原子碰撞、更理想的键长和角度。具体而言，AttnPacker 引入了一种利用 PSCP 的几何和关系方面的深度图转换器架构。受 AlphaFold2 启发，分子之心的研究团队提出了位置感知三角形更新，以使用基于图形的框架来计算三角形注意力和乘法更新，从而优化成对特征。通过这种方法，AttnPacker 的内存显著减少，并拥有更大容量的模型。此外，分子之心的研究团队还探索了几种 SE(3)等变注意力机制，并提出了一种用于从 3D 点学习的等变变换器架构。

除了效果和效率惊人，AttnPaker 还有一个非常实用的价值——非常易用。AttnPaker 只需要一个蛋白质的结构文件即可运行。

第十节　瑞士 Terra Quantum 公司通过结合经典计算机与量子计算机改进机器学习模型的训练

一、事件回顾

据 IEEE Spectrum 2023 年 11 月 15 日消息，瑞士 Terra Quantum 公司通过结合经典计算机与量子计算机改进机器学习模型的训练。经典计算机和量子计算机都可以用来训练机器学习模型，这本质上意味着在高维空间中求解方程。经典计算机可以求解复杂模型在高维数学空间中控制锯齿状区域的方程，但它们只能通过使用逐步函数来近似计算弯曲区域；而量子计算机受波函数控制，非常适合求解多维空间中的曲线，但在解决锯齿状边缘区域方面效率低下。基于这一状况，Terra Quantum 公司的研究人员开发出一种名为并行混合网络的技术，利用神经网络技术将训练机器学习模型的工作分解到不同的软件模块上，每个模块从数据集中学习不同的特征，并将它们组合在一起形成完整的神经网络模型。

二、事件评析

复杂模型在高维数学空间中既包含弯曲区域，也包含锯齿状区域。经典计算机可以求解控制锯齿状区域的方程，但它们只能通过使用逐步函数来近似计算弯曲区域。

量子计算机可以比经典计算机更快地执行优化任务，这意味着量子机器学习算法可以更有效地训练和评估机器学习模型。这有可能显著减少开发机器学习系统所需的时间和资源，从而有可能解决以前过于复杂或耗时而无法解决的问题。量子机器学习的另一个优势是它能够执行特征工程，这是从可用于训练机器学习模型的原始数据中提取和构建特征的过程。量子计算机可以比经典计算机更快、更准确地执行特征工程任务，这意味着量子机器学习算法可以从数据集中提取更有价值和相关的特征。这可以提高机器学习模型的性能和准确性，以及解决更大、更复杂的数据集问题的能力。

这项研究的一个关键成就是，为经典计算机和量子计算机提供相同的数据集并允许它们并行训练模型，由两者组合组成的最终模型可以取得更好的结果。

领 域 篇

第六章

新一代移动通信

新一代移动通信产业是指 6G 通信元器件、设备的研发，基础设施建设，应用和服务能力拓展等关联产业。6G 是以无线通信为代表的信息技术及应用系统的新兴前沿领域，能够突破 5G 网络的限制，为智能社会、数字经济、网络安全等提供创新支撑。目前，我国的 5G 产业已形成一定的发展能力和规模，在全球具备一定的优势地位，并且市场应用需求广阔。我国 6G 产业处于研究实验阶段，但在较多技术领域展现出国际领先优势，未来发展前景和机遇广阔，已成为我国未来信息通信和网络技术发展的重要方向之一。随着“数字中国”的加快推进和“宽带中国”的深入实施，新一代移动通信等新兴业态得到长足发展。围绕我国经济、科技和社会发展的需求，加快发展新一代移动通信产业，将促进我国数字经济的高质量发展和其全球优势地位的巩固。

第一节　发展情况

一、国家从组织机制和政策制定方面持续支持

在国家战略层面,我国早在 2019 年就建立了完善的 6G 推进组织：由工业和信息化部牵头成立中国 IMT-2030(6G)推进组，为产业界、研究机构、基础运营商等搭建产学研用平台，加强国际合作交流和技术研发；由科技部会同有关部门成立国家 6G 技术研发推进工作组、国家 6G 技术研发总体专家组。IMT-2030(6G)推进组在前期愿景与关键技术研究的基础上，就典型场景和关键技术开展进一步深入研究，发

布《6G典型场景和关键能力》白皮书和《6G前沿关键技术研究报告》《智能全息无线电技术研究报告》《6G沉浸式多媒体业务需求及关键技术研究报告》《6G区块链技术场景和需求研究》等近20份场景需求与关键技术研究成果，相关研究成果已被输入国际电信联盟（ITU）技术报告。

政府前瞻谋划6G发展。2021年，《中华人民共和国国民经济和社会发展第十四个五年规划和2035年远景目标纲要》《"十四五"信息通信行业发展规划》《"十四五"国家信息化规划》等均提出要布局6G技术研发。2022年，国务院出台《"十四五"数字经济发展规划》，提出前瞻布局6G网络技术储备，加大6G技术研发支持力度，积极参与推动6G国际标准化工作。2023年6月，工业和信息化部部长金壮龙在第31届中国国际信息通信展览会上表示，全面推进6G技术研发。"前瞻布局6G技术"在各级政府层面达成共识。北京、上海、广东、江苏、浙江等省市已在政策中明确提出超前布局6G技术，6G前沿技术研究成为各省市"十四五"期间的重要布局方向之一。北京更是将"推进6G技术研发"写入2023年北京市政府工作报告。

二、国家战略科技力量开展了大量6G相关的技术研究

在学术界层面，东南大学、北京邮电大学、电子科技大学、紫金山实验室、中国航天科工二院等国家战略科技力量开展了大量6G相关的技术研究，并取得一系列关键使能技术的研究成果。2022年6月，在中国移动主办的2022年科技周暨移动信息产业链创新大会上，北京邮电大学-中国移动研究院联合创新中心发布6G通用原型验证系统和面向6G的多频段信道测量平台。11月，电子科技大学研发的6G试验卫星"电子科技大学号"顺利发射升空，进入预定轨道，这是全球首颗6G试验卫星。2023年4月，中国航天科工二院25所完成了国内首次太赫兹轨道角动量的实时无线传输通信实验，这一成果被认为是我国6G通信技术发展的重要保障和支撑，为未来高速数据传输提供了巨大的可能性。

三、运营商和设备商及产业链相关企业紧跟国家发展布局发力 6G

在产业界层面，我国电信运营商和华为、中兴通讯等主流设备商及产业链相关企业也紧跟国家发展布局，积极探索 6G 愿景需求、潜在技术方向、应用场景，通过组建研发团队、开展技术交流、搭建产业合作平台、参与国际组织研究项目等方式推动 6G 关键技术、标准研究和技术测试及实验验证。一方面，我国运营商依托各自技术优势开展 6G 技术、标准预研。中国移动围绕 6G 关键技术与网络架构，体系化布局服务化 RAN（无线电接入网）、智慧内生、弹性至简网络、数字孪生网络、通感算融合等关键技术，累计申请 6G 技术专利 500 余项，发布 6G 技术白皮书/研究报告 10 余本。中国联通牵头组织智能超表面产业联盟、高频通信联合创新实验室、毫米波太赫兹联合创新中心等创新载体，并与华为、银河航天在 6G 领域联手布局空天地一体化。中国电信提出分布式 6G 网络架构 P-RAN，牵头多项国家重点 6G 专项研究，其自主建设的 6G 系统仿真平台和智能管理平台等均达到业界先进水平。另一方面，主流设备商纷纷加快 6G 研发步伐。华为发布 6G 相关白皮书，从技术角度对 6G 无线网络的潜在应用、需求及支撑技术进行全面剖析。中兴通讯已成立专门团队研发 6G 关键技术，与业界同行开展交流合作，多项 6G 潜在候选技术已成功完成原型验证测试。中国信科承担、参与国家重大科技专项中多项 6G 课题并通过 6G 关键网络技术验证。

四、6G 专利占比延续 5G 以来的全球领先优势

根据 2021 年 4 月发布的《6G 通信技术专利发展状况报告》中数据，6G 关键技术的全球专利申请量已经达到 3.8 万项，中国专利申请量占比达到 35%，位居全球第一。同时，根据日本权威研究机构的数据，我国同样以占比为 40.3%的 6G 专利申请量高居榜首，美国以 35.2%的占比紧随其后，日本以 9.9%的占比排名第三，其次是欧洲（占比为 8.9%）和韩国（占比为 4.2%）。

第二节　发展特点

一、6G技术创新取得重要进展

目前，我国6G超大规模MIMO、太赫兹通信、通信感知一体化、内生AI通信、确定性网络、星地一体化网络等关键技术已进入测试验证阶段。在太赫兹通信技术测试方面，在带宽为13.6 GHz、4×4MIMO的条件下，峰值传输速率可达到230 Gbps。通信感知一体化技术针对定位、成像和感知模式3类场景开展测试，感知距离精度一般可达到分米级，毫米波及太赫兹大带宽（2 GHz）情况下可达到厘米级。智能超表面技术重点针对覆盖增强场景开展测试，在室内走廊、室内办公、室外等场景均验证了可重构智能超表面（RIS）带来的性能增益。算力网络技术测试不同场景下的算力网络技术功能，包括算力注册/去注册、算网感知、算网应用、算力路由等。分布式自治网络重点测试样机分布式功能、智能化水平、可编程能力、意图驱动、数字孪生等基本功能。

二、融合应用空间广阔，6G市场规模巨大

从连接数看，据IMT-2030(6G)推进组发布的《6G典型场景和关键能力》白皮书预测，到2040年，也就是6G技术商业应用10年后，终端连接数将达到1216亿台，连接数占比将超过90%，月均流量将达到58 550亿GB，基于XR设备、全息设备等新型终端设备的沉浸式业务有望贡献超过一半的月均流量，最终为6G带来“千亿级终端连接数、万亿级GB月均流量”的广阔市场，5G时代服务企业的趋势在6G时代可以得到大幅度加强。从产业市场规模看，据市场研究机构Market Research Future预计，2040年全球6G市场规模将超过3400亿美元，复合年均增长率将达到58.1%，未来中国将是全球最大的6G市场之一。

三、6G产业发展基础将延续5G优势

我国移动通信产业经历了“2G跟跑—3G突破—4G并跑—5G领跑”的发展历程。当前，我国已成为全球5G发展的领军力量，取得“三个

第一、两个引领”的显著发展成就，即建网规模、用户数量、标准必要专利取得全球第一，行业应用和产业生态在全球具有领先优势。展望6G时代，我国移动通信产业将以前所未有的速度迈向新高度。

四、6G研发环境优化，研发领域聚焦

工业和信息化部在2023年提出“全面推进6G技术研发”，国家部委及北京、上海、广东、江苏等省市将进一步加大对6G领域科研创新的支持力度，支持6G关键技术、共性技术研发，更多省市将启动6G前瞻技术布局，并从政策、项目等多个层面推进6G发展。“EAGLE 6G”“6G TKμ 极致连接无线传输试验平台”“6G云化无线网络开放试验平台”等6G测试验证平台及开放测试环境逐步向更多高校与企业开放。龙头企业的6G原型样机研发加速6G潜在关键技术的测试与验证进程。随着6G潜在技术性能测试的不断深入，6G关键技术体系将逐步收敛，6G关键技术研究从单点技术向端到端整体设计演进。

第七章

人工智能

第一节 发展情况

2022 年，我国人工智能产业发展整体平稳向好，迎来大模型产业化和生成式人工智能应用元年，国内已发布的各类大模型数量超过 100 个，呈现“百模大战”的态势。大模型已成为许多上层应用的技术底座，并引领着 AI 步入通用人工智能阶段。

一、我国人工智能产业发展整体平稳向好，大模型市场规模增速明显

2022 年，我国人工智能产业规模达到 1958 亿元，预计到 2027 年将达到 6122 亿元，整体平稳向好，2020—2027 年的复合年均增长率（CAGR）约为 25.6%，如图 7-1 所示。根据速途元宇宙研究院发布的《人工智能大模型产业创新价值研究报告》，预计我国大模型市场规模到 2028 年将达到 1179 亿元，如图 7-2 所示，增速高于全球平均水平。

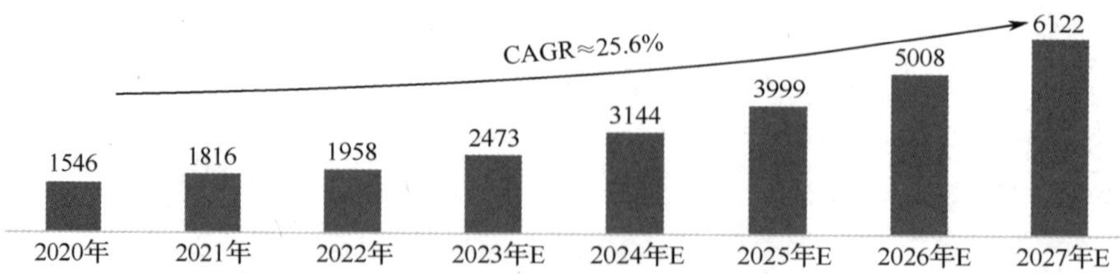

图 7-1 2020—2027 年中国人工智能产业规模（单位：亿元）

（数据来源：赛迪智库整理）

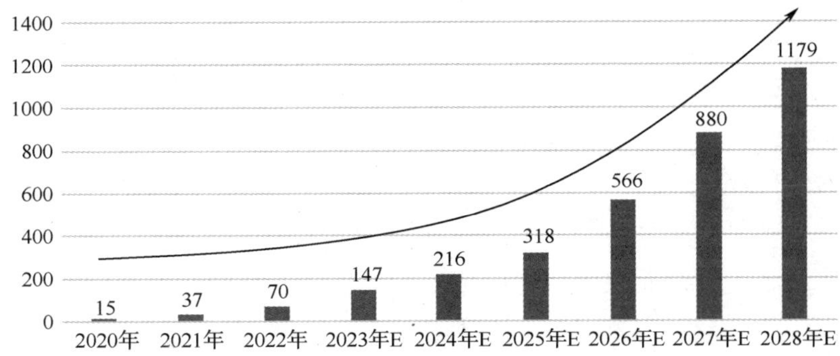

图 7-2 2020—2028 年中国大模型市场规模（单位：亿元）
（数据来源：赛迪智库整理）

二、我国人工智能产业主要涵盖 AI 应用软件、硬件及服务

我国人工智能产业主要包括 AI 芯片、智能机器人（商用）、AI 基础数据服务、面向 AI 的数据治理、计算机视觉、智能语音与人机交互、机器学习、知识图谱和自然语言处理等核心产业。2022 年的业务增长主要依靠智算中心建设及大模型训练等应用需求拉动的 AI 芯片市场、无接触服务需求拉动的智能机器人及对话式 AI 市场。目前，我国的大型企业基本都已在持续规划并实施人工智能项目。未来随着中小型企业的普遍尝试和大型企业的稳健部署，在 AI 成为数字经济时代核心生产力的背景下，AI 芯片、自动驾驶及车联网视觉解决方案、智能机器人、智能制造、决策智能应用等细分领域增长强劲。

三、从人工智能产业结构来看，我国人工智能领域有基础层、技术层、应用层三大类企业

第一类企业致力于人工智能基础层，以硬件为主，为人工智能应用提供数据和算力，代表企业有华为海思、寒武纪、阿里云等。2022 年 5 月，华为海思发布一款基于 7 nm 制造工艺的 AI 芯片——昇龙 980，这是全球首款 7 nm FinFET NVIDIA（GPU 渲染引擎）架构的 AI 芯片，并于第四季度量产。在 2022 年 4 月权威 AI 基准评测组织 MLPerf 发布的推理性能榜单中，阿里云联合平头哥、达摩院等在数据中心、边缘计算、物联网领域斩获多项第一。第二类企业致力于人工智能技术层，以软件

为主，为人工智能应用提供高效、灵活的算法、框架、平台，代表企业有旷世科技、科大讯飞、百度等。2023 年 3 月中旬，百度发布大语言模型“文心一言”。4 月 7 日，阿里云发布首个超大规模语言模型“通义千问”。第三类企业致力于人工智能应用层，面向各类应用场景开发相应的智能服务产品和解决方案。应用层的产品涉及最广、商机最多，不论是消费终端，还是行业应用，均催生出一大批本土企业，代表企业有京东、地平线、旗瀚科技、智位科技、科沃斯、大疆等，驱动着人们生产生活的数字化转型。2022 年，百度 Apollo 的自动驾驶测试里程已经超过 4000 万千米，商业化收费运营从园区接驳应用到公众日常出行服务。

四、自 2022 年底 OpenAI 发布 ChatGPT 后，国内产投研各方均加快大模型布局步伐

从 2023 年 3 月起，国内多家科技龙头企业密集发布多个自研大模型，截至 2023 年 7 月，我国累计已经有 130 个大模型问世。从地区分布来看，我国大模型的地域集中度相对较高，国产大模型的分布主要集中在经济发达地区。其中，北京是我国大模型发布最多的地区，大模型发布数量为 55 个；其次是上海、广东和浙江三地，发布的大模型数量均在 15 个以上。2019 年至 2023 年 7 月国产大模型发布数量及区域分布情况如图 7-3 所示。

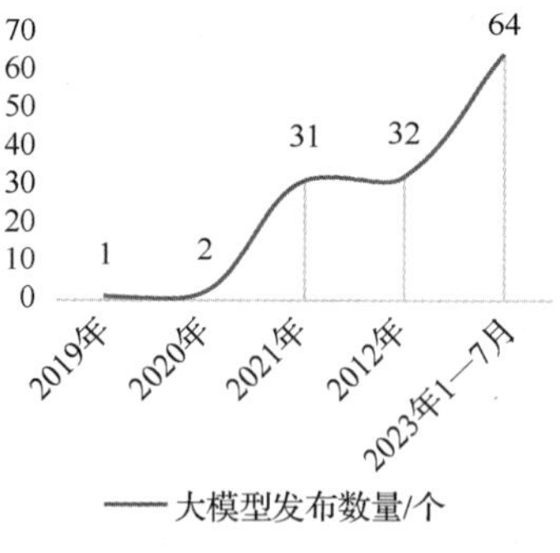

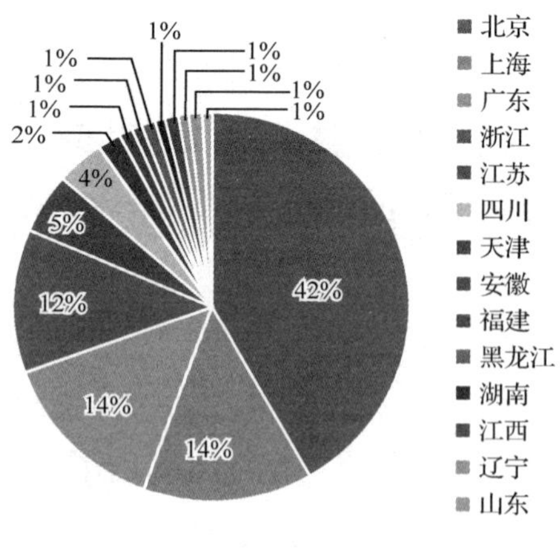

图 7-3　2019 年至 2023 年 7 月国产大模型发布数量及区域分布情况

（数据来源：赛迪智库整理）

第二节　发展特点

一、人工智能产业投资热度仍在，投资标的更加丰富

在全球经济连受冲击、不确定性加剧的大背景下，全球融资环境收紧，2022 年人工智能产业投融资事件的数量和投资总金额与 2021 年相比有所减少，但整体产业投资热度仍在。

（一）融资向中后期过渡，计算机视觉赛道上市浪潮涌动

统计数据显示，Pre-A～A+轮人工智能产业创投轮次为数量最多的轮次；整体而言，Pre-B～B+轮及以后轮次的人工智能产业创投数量逐渐增长，资本流向稳定发展企业，融资逐渐向中后期过渡。继 2021 年底商汤科技上市后，格灵深瞳、云从科技、创新奇智等在 2022 年也实现了上市目标，部分计算机视觉赛道上的企业已完成交表动作。

（二）相比于 2021 年，2022 年我国人工智能产业资本市场的投资金额整体缩水，但投资标的更加丰富

孵化出生成式人工智能（AIGC）、元宇宙、虚拟数字人等新投资赛道，认知与决策智能类企业也得到更多关注，智能机器人、自动驾驶两类无人系统是融资的热门赛道。

二、全球迎来生成式人工智能爆发期，商业应用规模快速增长

（一）人工智能产业正在逐渐从传统分析型人工智能走向生成式人工智能

人工智能在经历前期技术积累和迭代后，逐渐突破传统分析型人工智能领域，迎来生成式人工智能的爆发期。根据 Gartner《2021 年预测：人工智能对人类和社会的影响》给出的积极预测，到 2025 年生成式人工智能产生的数据将占所有数据的 10%。

（二）生成式人工智能市场前景广阔，赛道上诞生了多家独角兽企业

波士顿咨询预测，到 2025 年生成式人工智能的市场规模将达到 600 亿美元，而其中大约 30%的人工智能应用将来自广义的生成式人工智能技术。随着生成式人工智能模型的进一步完善，自主创作和内容生产的门槛将大大降低。市场响应该领域的巨大需求，2019—2022 年共有 7 家独角兽企业诞生。截至 2023 年 2 月，这 7 家独角兽企业的估值合计达到 1297 亿美元，其中 OpenAI 借助旗下产品 ChatGPT 爆火的东风，估值突破 290 亿美元，如图 7-4 所示。

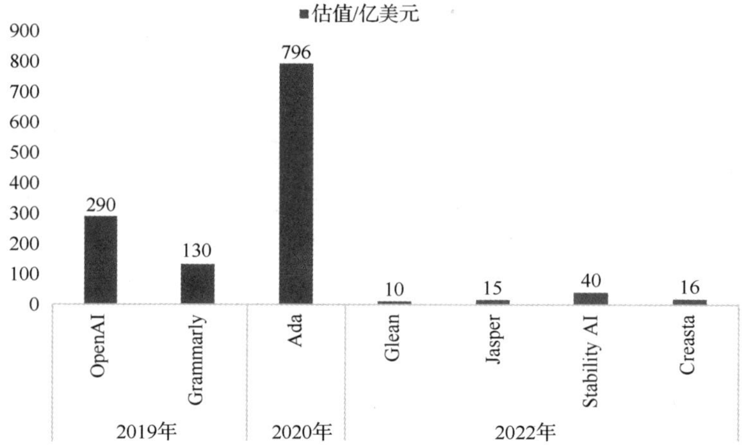

图 7-4　2019—2022 年生成式人工智能领域的独角兽企业及其估值

（数据来源：赛迪智库整理）

（三）我国的生成式人工智能商业应用规模迎来快速增长，预计 2025 年将突破 2000 亿元

根据前瞻产业研究院和中关村大数据产业联盟联合发布的《中国 AI 数字商业产业展望 2021—2025》，到 2025 年我国生成式人工智能商业应用规模将达到 2070 亿元，2021—2025 年的年均增速为 86%，如图 7-5 所示。

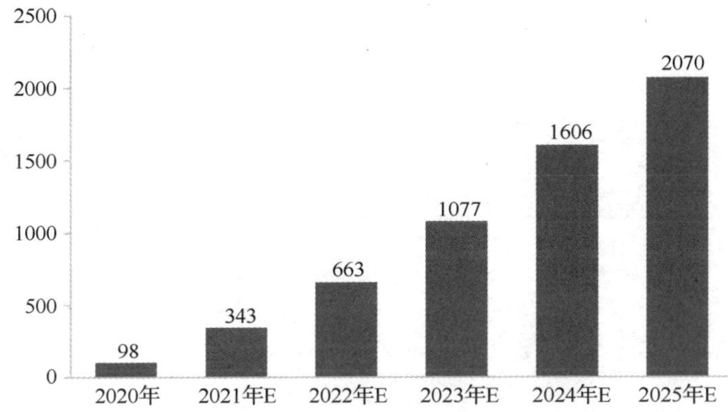

图 7-5　2020—2025 年中国生成式人工智能商业应用规模测算（单位：亿元）

三、全球高度重视人才培养，人工智能学科体系建设迈入快车道

（一）从国际来看，我国整体水平虽落后美国，但在人工智能主题归类中表现优异

国外部分重点高校人工智能学科建设情况如表 7-1 所示。

表 7-1　国外部分重点高校人工智能学科建设情况

国外重点高校	人工智能学科建设情况
卡内基梅隆大学	在本科设有人工智能专业；研究生阶段的培养分布在多个院系，主要集中在计算机学院、软件工程研究所、机器人研究所、人机交互研究所、语言技术研究所、机器学习系。卡内基梅隆大学的师资拥有多元的背景，近 200 名教职人员来自 11 个院系，研究范围涵盖数理、计算机等多个与人工智能相关的领域
麻省理工学院	设立人工智能专业，该专业涉及多个领域，包括机器学习、自然语言处理、计算机视觉等，并采取实践与理论相结合的教学模式。除此之外，学生还将参加各种研究项目和行业交流活动，拓宽视野，获取更多实践经验
斯坦福大学	其人工智能专业开设在工程学院下面，这里在计算机科学方面提供 9 个方向的课程，人工智能是其中之一，主题包括知识表示和逻辑推理、机器人技术、机器学习、概率建模和推理、自然语言处理、认知及其在生物学和文本处理等领域的应用

续表

国外重点高校	人工智能学科建设情况
伊利诺伊大学	未单独设置人工智能专业，培养集中于计算机科学系、电子计算机工程系、信息科学系，并设置人工智能方向。计算机科学系提供学硕、专硕、普博、直博培养项目
伦敦大学学院	在人工智能领域有着良好的学术声誉，学部体系庞大，交叉培养特色较强，特别是其强化学习和神经计算方向在英国处于优势地位，研究与应用涉及数据科学、信息科学、电子电气、生物医药、教育、建筑、脑科学、金融等领域
多伦多大学	于 2021 年设立了全加拿大首个人工智能本科专业，招收了 40 名学生。学生主要学习人工智能、神经网络、知识表示、计算语言学、计算机视觉、机器人技术、数据库系统、图形、动画、交互计算和人机交互等课程

（资料来源：赛迪智库整理）

根据全球计算机协会专业排行榜 CS Rankings 2022—2023 全球大学计算机科学专业排名来看，前两位分别是美国和中国，卡内基梅隆大学仍居首位，清华大学稳居第二，伊利诺伊大学厄巴纳-香槟分校（UIUC）排名则略有下降，被清华大学反超，位列第三。虽然在整体水平上，我国与美国的差距较大，但在“AI—人工智能”这一主题归类中，我国的高校表现优异，北京大学、清华大学、上海交通大学和浙江大学占据榜单的前 4 位，美国的卡内基梅隆大学居第 5 位。

（二）从国内来看，国内加强人工智能学科建设弥补人才培养差距

为了弥补在人才培养方面的差距，填补人工智能细分领域的人才缺口，我国持续加快推进人工智能学科和专业的建设，逐渐形成多层次的人工智能人才培养体系。2023 年 4 月，教育部网站公布 2022 年度普通高等学校本科专业备案和审批结果，结果显示，2022 年全国共有 58 所高校成功申报人工智能专业。截至 2022 年，国内共有 498 所高校开设人工智能本科专业，北京大学、清华大学等 40 多所“双一流”高校成立了人工智能相关研究机构，各大高校与企业合作启动人工智能实验室，开设线上课、互动论坛，培养人工智能人才和孵化人工智能项目。

我国人工智能学科建设情况如表 7-2 所示。

表 7-2　我国人工智能学科建设情况

学科评估等级	高等院校名称
A 类（A+、A、A-）	电子科技大学、西安电子科技大学、北京大学、清华大学、东南大学、北京邮电大学、复旦大学、上海交通大学、南京大学、浙江大学、西安交通大学
B 类（B+、B、B-）	北京航空航天大学、北京理工大学、天津大学、吉林大学、南京邮电大学、杭州电子科技大学、华中科技大学、西北工业大学、国防科技大学、空军工程大学、北京工业大学、南开大学、哈尔滨工业大学、华东师范大学、南京理工大学、中国科学技术大学、厦门大学、武汉大学、中山大学、华南理工大学、北京交通大学、大连理工大学、安徽大学、合肥工业大学、福州大学、山东大学、湖南大学、重庆大学、西南交通大学、西安理工大学、陆军工程大学
C 类（C+、C、C-）	中国传媒大学、河北工业大学、太原理工大学、长春理工大学、黑龙江大学、燕山大学、上海大学、中南大学、重庆邮电大学、兰州大学、解放军信息工程大学、天津工业大学、天津理工大学、南京航空航天大学、湖北大学、长沙理工大学、桂林电子科技大学、四川大学、贵州大学、西安邮电大学、海军航空大学、北方工业大学、河北大学、华北电力大学、中北大学、哈尔滨工程大学、苏州大学、中国计量大学、郑州大学、武汉理工大学、深圳大学、西北大学

（资料来源：赛迪智库整理）

我国部分高校的人工智能研究机构设立情况如表 7-3 所示。

表 7-3　我国部分高校的人工智能研究机构设立情况

高等院校	研究机构
北京大学	北京大学人工智能研究院
清华大学	清华大学人工智能研究院
中国科学院大学	中国科学院大学人工智能学院
中国人民大学	中国人民大学高瓴人工智能学院
北京师范大学	北京师范大学人工智能学院
中山大学	中山大学智能工程学院
南京大学	南京大学人工智能学院
厦门大学	厦门大学人工智能研究院
同济大学	同济大学人工智能研究院
浙江大学	浙江大学人工智能省部共建协同创新中心

续表

高等院校	研究机构
苏州大学	苏州大学人工智能研究院
山东大学	山东大学-南洋理工大学人工智能国际联合研究院
北京交通大学	北京交通大学人工智能研究院
西安电子科技大学	西安电子科技大学人工智能学院

（资料来源：赛迪智库整理）

四、全球人工智能治理机制逐步完善，法律与伦理框架持续优化

人工智能固有技术风险持续放大，现有法律及规范体系受到的挑战不断扩大，伦理及社会秩序受到的冲击愈发严重。面临人工智能深入赋能而引发的多方面风险及挑战，全球各国越来越重视人工智能治理。

（一）从国际来看，全球已经形成多元主体参与、协同共治的治理模式

各国及一些国际组织推出了一系列治理原则，立法进程取得实质性进展，行业组织及企业主体积极探索可信的落地实践。全球近期人工智能政策法规发布情况如表 7-4 所示。

表 7-4　全球近期人工智能政策法规发布情况

国家/组织	时　间	政策法规
欧盟	2022 年 6 月	《数据治理法案》
欧盟	2022 年 5 月	《通用数据保护条例》
美国	2023 年 5 月	《国家人工智能研发战略计划》
美国	2023 年 1 月	《人工智能风险管理框架》
美国	2022 年 10 月	《人工智能权利法案蓝图》
美国	2022 年 3 月	《AI 创新与监管法案》
加拿大	2022 年 6 月	《人工智能和数据法案》
英国	2022 年 7 月	《人工智能规则手册》

续表

国家/组织	时　间	政策法规
英国	2022 年 6 月	《国防人工智能战略》
日本	2022 年 3 月	《人工智能基本法》
印度	2022 年 6 月	《人工智能国家战略》（讨论稿）

（资料来源：赛迪智库整理）

（二）从国内来看，我国在伦理原则和法律规制两个方面软法硬法双兼顾，全国和地方齐头并进推动人工智能治理

在国家政策方面，我国加快推进人工智能立法，出台暂行办法和服务安全基本要求保障大模型安全发展，强调实行包容审慎和分类分级监管。在地方政策方面，各地人工智能政策发布呈显著密集扎堆态势且主要聚焦通用人工智能大模型。据不完全统计，2023 年仅上半年重点省市共出台人工智能发展相关政策 19 个，而 2022 年同期仅有 5 个。我国近期人工智能政策法规发布情况如表 7-5 所示。

表 7-5　我国近期人工智能政策法规发布情况

时　间	政策法规	发布部门	内涵解释
2023 年 10 月	《全球人工智能治理倡议》	中央网信办	提出发展人工智能应坚持相互尊重、平等互利的原则，各国无论大小、强弱，无论社会制度如何，都有平等发展和利用人工智能的权利
2023 年 10 月	《生成式人工智能服务安全基本要求（征求意见稿）》	全国信息安全标准化技术委员会	这是国内首个专门面向生成式人工智能安全领域的规范意见稿，也是对《生成式人工智能服务管理暂行办法》的支撑
2023 年 7 月	《生成式人工智能服务管理暂行办法》	国家网信办等七部门	促进生成式人工智能健康发展和规范应用，维护国家安全和社会公共利益，保护公民、法人和其他组织的合法权益

续表

时　间	政策法规	发布部门	内涵解释
2023年6月	《境内深度合成服务算法备案清单》	国家网信办	41个深度合成服务算法获得备案，其中文本对话、智慧客服等是主要应用场景
2022年11月	《互联网信息服务深度合成管理规定》	国家网信办等三部门	系统规范深度合成服务，完善深度合成治理体系
2022年3月	《关于加强科技伦理治理的意见》	中共中央办公厅、国务院办公厅	进一步完善科技伦理体系，提升科技伦理治理能力，有效防控科技伦理风险，不断推动科技向善、造福人类，实现高水平科技自立自强
2023年11月	《上海市推动人工智能大模型创新发展的若干措施（2023—2025年）》	上海市经信委等五部门	将围绕创新能力、创新要素、创新应用、创新环境4个方向，重点打造3项计划及5个平台
2023年6月	《成都市关于进一步促进人工智能产业高质量发展的若干政策措施（征求意见稿）》	成都市经信局	从促进人工智能算法发展、推动人工智能能级提升、构建人工智能产业生态3个方面进行明确
2023年6月	《关于加快推进人工智能产业创新发展的实施意见（征求意见稿）》	杭州市经信局	抢抓人工智能发展新机遇，营造创新生态，重视防范风险，加快打造全国领先、国际一流的人工智能产业创新发展高地
2023年5月	《深圳市加快推动人工智能高质量发展高水平应用行动方案（2023—2024年）》	深圳市	举全市之力打造国家新一代人工智能创新发展试验区和国家人工智能创新应用先导区，努力创建全球人工智能先锋城市

续表

时　间	政策法规	发布部门	内涵解释
2023 年 6 月	《无锡市人工智能产业创新发展三年行动计划（2023—2025）》	无锡市	从基础支撑层、技术产品层、应用示范层，对无锡市发展相关产业进行较为明晰的界定
2023 年 3 月	《武汉建设国家人工智能创新应用先导区实施方案（2023—2025 年）（征求意见稿）》	武汉市经信局	加快建设武汉国家人工智能创新应用先导区，着力推进人工智能全方位各领域高水平应用，推动人工智能和实体经济深度融合
2023 年 2 月	《南京市加快发展新一代人工智能产业行动计划（2023—2025 年）》	南京市工信局	加快布局新一代人工智能未来产业新赛道，打造具有全球影响力的产业发展高地
2022 年 9 月	《上海市促进人工智能产业发展条例》	上海市人民代表大会常务委员会	人工智能领域首部省级地方性法规，保障人工智能产业健康、安全发展
2022 年 9 月	《深圳经济特区人工智能产业促进条例》	深圳市人民代表大会常务委员会	地方层面为助力人工智能产业健康发展的积极探索

（资料来源：赛迪智库整理）

第八章

量子信息

第一节　发展情况

一、量子计算

量子计算是一种利用量子力学原理进行信息处理的新兴计算技术，具有巨大的潜在应用价值和战略意义。2022 年以来，量子计算在硬件、软件和应用领域取得了多项重要的进展。

（一）量子计算硬件多路径探索持续深入

量子计算的各种技术路线都在不断提升量子比特的数量、质量和可扩展性，并实现了量子纠错和量子集成电路等关键技术的突破。例如，当前 IBM 开发的超导量子芯片比特数量已进入百位时代，在全球已部署 30 余台量子计算机，2022 年 11 月发布名为“鱼鹰”（Osprey）的 433 个量子比特量子计算机，2023 年 12 月推出具有 1121 个量子比特的“秃鹰”（Condor）量子处理器，并计划在 2025 年前实现 4000 多个量子比特的量子计算机；Quantinuum 公司 2023 年发布的新型 H2 量子计算机创造了非阿贝尔拓扑量子物质并编织了其任意子，这代表了迈向通用容错量子计算的重要一步，也是朝着离子阱器件的扩展潜力迈出的有力一步，为后续几代的进一步扩展铺平了道路；2022 年，澳大利亚量子计算公司 SQC（Silicon Quantum Computing）宣布推出世界上第一个量子集成电路，这是一个包含经典计算机芯片上所有基本组件的电路，但关键是在量子尺度上实现的，*Nature* 杂志刊登了该研究成果。这些进展为实现大规模、高性能和高可靠性的量子计算机奠定了坚实的基础。

（二）量子计算软件工具不断丰富

各种平台和工具都在不断提升量子程序开发与模拟的效率和易用性，并支持多种语言和算法。例如，NVIDIA 推出的 QODA 平台利用 GPU 加速量子算法的开发与模拟；Twist 编程语言发布第一个版本，旨在简化量子程序的编写和调试；谷歌发布的 Quantum Virtual Machine 可以在经典计算机上模拟 256 个量子比特的量子系统。这些平台和工具为广大开发者提供了丰富的资源和选择，降低了量子计算的门槛和难度。

（三）量子计算应用开发有待继续探索

各行业和领域都在积极探索利用量子计算解决实际问题的可能性和潜力，并与各大科技公司和研究机构开展合作研究。例如，印度和芬兰签署合作协议，共同推进量子计算、量子通信和量子材料等领域的研究；塔塔咨询服务公司、Infosys 公司和亚马逊合作开发了基于云端的量子计算服务和解决方案。这些应用为各行各业带来了新的机遇和挑战，展示了量子计算的巨大价值和前景。

二、量子通信

量子通信是一种利用量子力学原理实现安全可靠的信息传输和处理的技术。2022 年以来，量子通信设备和网络性能不断扩展，软件效率进一步提升，应用领域也取得了重要的进展。

（一）量子通信设备和网络性能不断扩展

量子通信的各种技术路线都在不断提升量子通信设备和网络的性能和可扩展性，如量子密钥分发（QKD）、量子中继器、量子卫星、量子集成电路等。例如，宾夕法尼亚大学工程学院的研究人员开发了一种芯片，以高维 qudit（能级大于 2 的量子信息单元）进行通信，实现量子信息空间翻倍，其安全性和稳健性超过了现有的量子通信硬件；

Nature Photonics 杂志刊登了德国汉诺威莱布尼茨大学的研究人员推出的第一款集成了产生纠缠光子对所需的所有关键组件的光子芯片。这些进展为构建大规模、高性能的量子通信网络奠定了坚实的基础。

（二）量子通信软件效率进一步提升

量子通信软件在不断提升量子通信协议和算法开发与模拟的效率和易用性，并支持不同的语言和标准。例如，QKDNetSim 是一个平台，可以让用户在真实的网络环境中设计和测试 QKD 协议；Qiskit 是一个框架，提供了一套工具，可以在 IBM 的量子设备或模拟器上创建和运行量子程序；QuNetSim 是一个库，可以让用户使用 Python 模拟量子网络场景。这些平台和工具为开发者和研究者提供了丰富的资源和选择，降低了量子通信的门槛和难度。

（三）量子通信应用加快提升安全性和效率

多个行业和领域都在积极探索利用量子通信解决实际问题并提高安全性和效率的可能性和潜力，并与各大科技公司和研究机构开展合作研究。例如，印度空间研究组织和 QNu Labs 公司合作开发了基于 QKD 的卫星通信系统。量子通信应用为各行各业带来了新的机遇和挑战，展示了量子通信的巨大价值和前景。

三、量子测量

量子测量是利用量子效应来提高测量精度的一门学科，它涉及定义测量单位、进行高精度研究等方面。量子测量使用量子态（能量的最小单元）来超越经典方法所能达到的精度。2022 年以来，量子测量在磁场测量和时间测量等多个领域取得了一些重要的进展。

（一）量子磁场测量仪器实现商用

2023 年 9 月，2023 世界制造业大会开幕式暨主旨论坛在合肥隆重举行。在大会开幕式上，由国仪量子自主研制的“量子自旋磁力仪”面向全球发布，这是一款能耗低、易于携带、磁场灵敏度极高的商用量子传感器，可用于心磁、脑磁、地磁等弱磁场的精密测量，其探测灵敏度较经典技术极限提高 10 万倍。2022 年 7 月，我国首台自主研发的量子磁力仪载荷——“CPT 原子磁场精密测量系统”发射成功，实现了全球磁场测量，推进了我国量子磁力仪的空间应用研究。

（二）原子钟应用取得新进展

在量子时间测量方面，中国科学院外籍院士叶军团队开发出的锶原子钟是目前世界上最精确的原子钟，在 1 毫米高度差上，时间相差大约一千亿亿分之一，也就是大约 3000 亿年只相差 1 秒，这一结果与 100 年前爱因斯坦的广义相对论预言一致，首次在毫米尺度上验证了爱因斯坦的广义相对论。2022 年 10 月 31 日，世界首个高性能锶原子光钟与梦天实验舱一同送入太空，而中国有望建成世界上在轨运行的精度最高的空间时间频率系统。

第二节 发展特点

一、全球量子领域风险投资持续活跃

2022 年，量子领域私人投资额超过 20 亿美元；2023 年第一季度，全球量子企业发生融资事件 19 起，融资金额约为 8.97 亿美元。与 2021 年相比，2022 年在全球风险投资额下降 35%的大背景下，量子产业投资额仅下降约 5%，显示出量子产业作为未来产业受到的市场认可度在不断提升。量子技术公司的最主要的投资者是风险投资基金，其次是企业、其他私人来源、天使投资者和加速器。一些值得注意的投资者包括黑石集团、贝利基金、Atomico、淡马锡、M12、英特尔资本、亚马逊网络服务、谷歌风投和 IBM 风投。2022 年获得最多资金的量子技术公司是 PsiQuantum（4.5 亿美元）、Sandbox AQ（4 亿美元）、IonQ（3 亿美元）、Rigetti（3 亿美元）和 Quantum Machines（2.4 亿美元）。这些公司都在针对不同的行业和应用场景开发量子计算硬件或软件解决方案。量子技术投资最活跃的地区是北美（尤其是美国）、欧洲（尤其是英国）和亚太地区（尤其是中国）。这些地区也有强大的政府支持和量子技术研究能力。

二、量子计算仍是最受关注的量子信息技术

2022 年以来，量子计算在量子比特数量、量子比特质量和量子比特控制方面取得了快速的进展，全球科技巨头宣布了雄心勃勃的路线图。量子计算也引起了投资者和政府的高度关注。绝大多数的投资（约 90%）流向了量子计算公司，包括硬件和软件，而量子传感和量子通信则获得了相对较少的资金。量子计算被视为量子技术最有前景和颠覆性的应用，有潜力解决经典计算机无法处理的问题。与此同时，各国政府投入量子计算的支持资金持续增加。量子计算软件和系统创新方面也取得了重要进展。例如，IBM 发布的 Qiskit Runtime 可以提高量子程序的运行速度和质量，谷歌发布的 Floq 可以利用云端经典计算机模拟大规模量子系统，微软发布的 Azure Quantum 可以让用户访问多种类型的量子硬件和软件。

三、发达国家和地区加快量子战略布局

欧洲计划在 2027 年之前建立覆盖整个欧洲的量子通信基础设施，将实现安全的量子密钥分发和量子网络应用。欧洲还启动了量子旗舰计划，旨在创建一个涵盖学术界、工业界和政策制定者的量子生态系统。美国《国家量子计划法案》在 2022 年为量子研究和发展投入了 18 亿美元的资金。2022 年 12 月，美国总统拜登正式签署《量子计算网络安全防范法》，旨在应对信息技术系统向后量子密码（PQC）迁移的风险。日本计划在 2030 年之前开发出一台容错的量子计算机，预算为 10 亿美元。韩国制定了一个国家战略，用于推动量子技术的发展，其愿景是到 2030 年成为全球前 5 名的量子技术国家之一。

第九章 卫星互联网

第一节 发展情况

业界普遍将卫星互联网划分为狭义和广义两个概念。狭义的卫星互联网以构建太空高速通信网络为目标，通过采用低轨通信卫星组网方式，实现全覆盖通信，弥补现有地面互联网网络的覆盖盲点，解决偏远地区及空中、海上通信盲区的联网需求，弥补数字鸿沟，典型模式包括美国太空探索技术公司（SpaceX）的“星链”卫星星座等。广义的卫星互联网是指基于通信、导航、遥感等技术提供卫星网络解决方案，赋能各行业创新发展，其中卫星作为基础设施，可实现太空移动铁塔的功能，同时伴随技术创新可实现各种载荷和传感器的配备，形成太空分布式计算平台。近年来，卫星互联网成为全球关注的焦点，主要国家纷纷出台国家层面战略文件，推进本国产业的发展和企业竞争水平的提升。“星链”、OneWeb、Kuiper 等一批卫星星座加快建设，卫星发射数量稳步增加。根据泰伯智库的测算，我国商业航天市场规模潜力巨大并保持稳定增长态势，到 2030 年预计达到 7.8 万亿元，复合增速为 22.4%。卫星互联网作为商业航天的重要构成部分，也将迎来快速发展。

第二节　发展特点

一、卫星互联网是国家战略规划的重要内容，其政策环境持续优化

我国高度重视卫星互联网产业的发展。2020年4月，国家发展改革委首次明确“新基建”范围，将卫星互联网纳入通信网络基础设施的范围。《中华人民共和国国民经济和社会发展第十四个五年规划和2035年远景目标纲要》明确提出“打造全球覆盖、高效运行的通信、导航、遥感空间基础设施体系，建设商业航天发射场”。对比发达国家，我国的卫星互联网起步晚但发展速度快，经过几年发展，以中国航天科技集团有限公司、中国航天科工集团有限公司为主导，各细分领域的国企和民企广泛参与的格局基本形成，“鸿雁”“虹云”“银河 Galaxy”等星座计划稳步推进。“银河 Galaxy”是目前国内正在建设的规模最大的卫星星座计划，计划于2025年发射约1000颗卫星。2021年，中国卫星网络集团有限公司成立，有望开启卫星行业应用发展的新篇章。2022年5月，中国卫星网络集团有限公司拟投资10亿元用于地面站建设，包括天线场、运行控制中心、应用数据中心等。我国卫星互联网产业的进程持续加快。

我国卫星互联网产业的部分相关政策如表9-1所示。

表9-1　我国卫星互联网产业的部分相关政策

文件名称	时间	发布部门	重点内容
《国家民用空间基础设施中长期发展规划（2015—2025年）》	2015年	国家发展改革委、财政部、国家国防科工局	在“十四五”期间，建成技术先进、全球覆盖、高效运行的国家民用空间基础设施体系，业务化、市场化、产业化发展达到国际先进水平。创新驱动、需求牵引、市场配置的持续发展机制不断完善，有力支撑经济社会发展，有效参与国际化发展。构建卫星遥感、通信广播和导航定位三大系统

续表

文件名称	时　间	发布部门	重点内容
《2016中国的航天》	2016年	国务院新闻办公室	中国将加快航天强国建设步伐，持续提升航天工业基础能力，加强关键技术攻关和前沿技术研究，继续实施载人航天、月球探测、北斗卫星导航系统、高分辨率对地观测系统、新一代运载火箭等重大工程，启动实施一批新的重大科技项目和重大工程，基本建成空间基础设施体系，拓展空间应用深度和广度，深入开展空间科学研究，推动空间科学、空间技术、空间应用全面发展
《国防科工局 发展改革委关于加快推进"一带一路"空间信息走廊建设与应用的指导意见》	2016年	国家国防科工局、国家发展改革委	加速国家卫星系统建设。立足我国现有在轨卫星资源，加快高分辨率对地观测系统和第二代卫星导航系统重大专项工程实施，推进国家民用空间基础设施卫星研制发射及应用，启动天地一体化信息网络重大工程建设，构建"一带一路"空间信息走廊基础架构，提升我国自主卫星系统服务保障能力 积极推动商业卫星系统发展。积极推进"一带一路"沿线国家政府对"一带一路"空间数据和服务的采购力度，不断探索政府引导下的市场运行新机制。支持以企业为主体、市场为导向的商业航天发展新模式
《遥感和空间科学卫星无线电频率资源使用规划（2019—2025年）》	2019年	工业和信息化部、国家国防科工局	该规划明确了我国陆地观测类、海洋观测类、大气观测类，以及空间科学卫星频率和轨道资源使用的重点支持领域；围绕遥感和空间科学卫星频率资源的规划使用，频率使用方案设计和兼容分析，卫星网络的申报、协调与登记、维护等方面，提出了相应的政策措施和使用要求，重点对遥感和空间科学卫星的探测、数传和测控频率进行了分类规划，细化了不同的任务特性对不同频率的使用要求

续表

文件名称	时间	发布部门	重点内容
《卫星无线电频率使用可行性论证办法（试行）》	2020年	工业和信息化部	卫星无线电频率使用可行性论证报告应当包括但不限于以下内容 （一）卫星工程背景 （二）卫星无线电频率和轨道资源使用需求分析 （三）拟使用卫星网络的特性及合法性合规性检查情况 （四）拟使用卫星网络的协调状态和协调形势分析 （五）与同频邻频相关空间业务和地面业务的兼容共用分析 （六）卫星无线电频率和轨道资源使用的可行性分析 （七）卫星无线电频率和轨道资源使用的风险应对措施 （八）结论和建议 （九）其他需要说明的情况
《"十四五"信息通信行业发展规划》	2021年	工业和信息化部	加强卫星通信顶层设计和统筹布局，推动高轨卫星与中低轨卫星协调发展。同步建立卫星互联网网络安全保障体系，前瞻布局6G、量子通信、人工智能等新技术安全
《"十四五"国家应急体系规划》	2022年	国务院	构建基于天通、北斗、卫星互联网等技术的卫星通信管理系统
《"十四五"数字经济发展规划》	2022年	国务院	积极稳妥推进空间信息基础设施演进升级，加快布局卫星通信网络等，推动卫星互联网建设

二、卫星制造及发射技术日趋成熟，频率及轨道资源的重要性及紧缺性日益为各国所重视

（一）卫星制造及发射技术发展迅速

当前卫星设计模块化，总线技术标准化，组件更趋小型化和先进化，

一批星座工厂不断涌现，生产速度和效率不断提升，发射成本不断降低。根据业界的相关统计，目前卫星发射成本由 18 500 美元/千克降到 2720 美元/千克，下降幅度超过 85%，卫星质量由每颗重达 689 千克下降到 250 千克左右。

（二）卫星频率及低轨资源稀缺且争夺激烈

ITU 卫星频率及轨道使用权采用“先登先占”原则。根据业界统计，低轨最适合宽带通信，但只能容纳约 6 万颗卫星，资源稀缺，同时低轨卫星主要采用的 Ku 和 Ka 通信频段资源也逐渐趋于饱和状态，可用空间十分紧张。根据赛迪顾问的相关统计，到 2029 年地球近地轨道将部署总计约 5.7 万颗低轨卫星，若目前已获批准的通信星座全数建设完毕，地球低轨的有效资源将所剩无几。加快“抢占”卫星频率及低轨战略资源成为全球共识。

三、我国航天发射再创新高，重点技术取得阶段性突破

2022 年，全球航天发射成果丰硕，全球航天发射活动数量为 186 次，其中美国 87 次，中国 64 次，俄罗斯 21 次，欧盟+英国 6 次，日本 1 次，韩国 1 次，印度 5 次，伊朗 1 次，航天发射成功率接近 96%。2022 年，我国开展航天发射活动 64 次，其中包含商业航天发射服务 21 次，总体发射活动数量再创新高。在航天发射活动高需求的强力带动下，我国商业航天企业发展和技术突破也取得积极进展，总体创新能力稳步提升。根据业界的初步统计，截至 2022 年，国内已注册并有效经营的商业航天企业数量超过 400 家，分布在北京、广东、陕西、江苏、上海等地，其中 35%的商业航天企业集中在北京。在技术突破方面，一箭多星、火箭可回收、低成本小卫星等领域取得阶段性突破。在一箭多星领域，主要通过搭载多种载荷、提高发射成功率等方式降低发射成本，美国、印度及我国等均积极推动相关技术创新，加快开展实验及发射进程。截至 2022 年，SpaceX 的“猎鹰 9”火箭成功实现一箭 143 星发射，我国“一箭多星”的纪录为 22 颗，技术储备能力不断提升。液态可回收火箭是业界认为有效实现火箭成本控制的核心手段之一，相比于固体发动机，液体发动机能够让火箭更容易实现回收复用功能。目前，SpaceX

是全球唯一能够重复使用运载火箭的企业，我国也积极布局探索液态可回收火箭相关技术的研发创新，支持中国航天科技集团有限公司、中国航天科工集团有限公司、星河动力与蓝箭航天等企业布局一系列项目。火箭可回收技术是社会关注的热点。业界正积极开展相关研究，在做到火箭回收后，在成本可控的条件下，通过研发简单低成本维修和加注燃料等技术，实现火箭低成本利用。

第十章 仿生机器人

第一节　发展情况

仿生机器人行业是一个研发、制造和应用仿生机器人的行业，它融合仿生学和机器人科学，充分发挥交叉学科优势，开创机器人技术的新兴发展方向。仿生机器人融合生物学原理和机器电控原理，研发人员根据生物结构、运动特性和生物机理设计出这一具有卓越性能的机电结构。目前，仿生机器人行业发展迅猛。仿生机器人已被广泛用于抢险救灾、航空航天、军事侦察、水下作业、疾病检查等任务中，具有良好的应用前景。

一、仿生机器人分类繁多，人形机器人赛道风起

仿生机器人是一个产业多元的行业，由于正处于产业发展的初期，目前行业内部尚未有一个统一的分类标准。因此，根据不同的分类标准，仿生机器人被分成不同的种类。按照仿生对象分类，仿生机器人可分为仿人机器人和仿生物机器人两大类。按照研发技术分类，仿生机器人可分为结构仿生机器人、控制仿生机器人和材料仿生机器人。按照产品功能分类，仿生机器人可分为陆地仿生机器人、水下仿生机器人、空中仿生机器人和地外探险仿生机器人。其中，人形机器人（仿生机器人）常被设计为能够与人类进行交互，并在人类生产和生活中扮演着重要角色。人形机器人是体现一个国家科技实力和发展水平的重要标志。目前，我国人形机器人的研发在人机交互、机器视觉和运动控制等方面已经取

得显著成果，产业链也更加完善，已经形成从顶层设计、核心技术研发到终端应用落地的全产业链闭环，而且人形机器人的应用范围也正在不断拓宽。根据业内专业人士的预测，到2030年我国人形机器人市场规模将达到8700亿元。

二、仿生机器人产业链结构清晰，上下游产业分工明确

仿生机器人产业链上游主要为基础材料和核心零部件供应商，中游主要为仿生机器人本体制造商及面向应用部署服务的系统集成商，下游主要为不同领域的企业客户和个人消费者。具体来看，在上游环节中，智能芯片、控制器、伺服电机、减速器等核心零部件是产业链中技术壁垒高、成本占比较大的环节。上游的大部分零部件皆可国产化替代，且对外购买的渠道也已成熟。因此，上游企业掌握较为核心的生产技术，议价能力较强。在中游环节中，生产重点在于机器人的制造和集成，包括硬件和软件的开发。考虑到人工智能通用大模型的流行，中游的机器人制造重点将从2B端口转向2C端口。在下游环节中，不同领域的企业客户和个人组成消费者群体，消费需求涉及工业机器人、服务机器人、农业机器人、医疗机器人等。随着仿生机器人可应用的范围变广，下游公司的类型也越来越丰富。

第二节　发展特点

一、政策力度持续加大，为产业培育提供有力支持

2023年以来，针对机器人产业技术研发、高端制造、场景应用等领域，国家和地方对机器人技术创新、应用推广等提出新的要求，谋划布局若干政策措施。在国家层面，2023年1月工业和信息化部等十七部门联合印发《“机器人+”应用行动实施方案》，提出到2025年，制造业机器人密度较2020年实现翻番，服务机器人、特种机器人行业应用深度和广度显著提升，机器人促进经济社会高质量发展的能力明显增强。该方案旨在推动各行业、各地方结合行业发展阶段和区域发展特色，开展“机器人+”应用创新实践。9月，工业和信息化部开展未来产业

创新任务揭榜挂帅工作，将人形机器人作为一个重要赛道，围绕核心基础、重点产品、公共支撑和典型应用等方面发布 19 项揭榜任务，推动新技术、新产品落地应用。在地方层面，2023 年 5 月上海市人民政府办公厅印发《上海市推动制造业高质量发展三年行动计划（2023—2025 年）》，明确提出要增大制造业中工业机器人的使用密度，并前瞻性布局人形机器人、智能机器人等赛道。这为仿生机器人行业的创新发展提供了机遇。6 月，北京市人民政府办公厅印发《北京市机器人产业创新发展行动方案（2023—2025 年）》，提出构建人形机器人与医疗健康、特种、协作、仓储物流机器人的“1+4”产品体系，加速人形机器人产品的研制和推广。同时，国家高度重视建立健全创新体系，发挥机器人重点实验室、工程（技术）研究中心、创新中心等研发机构的作用，加强前沿、共性技术研究，加快成果转化。

二、社会生产需求推动机器人替代人工，实现广泛应用

我国社会人口老龄化加剧，劳动力成本不断上升，诸多社会因素直接或间接地助推了机器人产业在各领域的应用渗透。在商业化进程中，仿生机器人具有提高生产效率、提升产品质量、降低生产成本、避免生产事故、可在恶劣环境中工作等优势，已被广泛应用于汽车、电子、机械、医疗、应急、航空航天等行业中。根据中国机电一体化技术应用协会的统计数据，工业机器人已在 37 个国民经济行业大类、102 个行业中类中得到应用。汽车制造业是工业机器人应用最多的领域，占比为 35.8%。而服务机器人、特种机器人和工业机器人又是仿生技术的主要应用领域，仿生技术的出现推动各个种类机器人的作业效率显著提高。推广使用机器人产品，不仅可以降低成本，还可以将劳动力从烦琐重复的单调劳动中解放出来，从事更高级的生产作业。未来，“机器人换人”这一趋势将在更多细分领域持续深化发展。

三、特色化、开放化的行业生态日渐形成，打造良好市场环境

当前，国产仿生机器人在性能和可靠性方面大幅提升，与国际领先

水平并跑甚至领跑，同时企业积极与上下游产业合作共建机器人生态。国内企业围绕国内外特色市场需求，在手术医疗、消费服务等多个赛道推出了独具特点、功能新颖的特色产品，部分产品在性能水平上实现与国际领先水平并跑甚至领跑。在2023世界机器人大会上，新松SR210D工业机械臂组成的白车身点焊机器人给大家留下了深刻印象，可突破汽车焊装线工艺技术难度大、行业壁垒高等难点，为汽车焊装的精准高效、无故障稳定运行提供重要保障。同时，仿生机器人企业高度重视与下游行业应用、上游科技研究的相关机构和企业合作，联合开展研发以增强产品竞争力，仿生机器人企业与细分领域单位合作共建机器人生态。2023年8月，2023长三角机器人与智能装备产业走进珠三角交流合作对接大会举行，近200家参会企业涉及长三角与珠三角机器人产业链上下游各环节，强化机器人产业集群双向创新扩散。

区 域 篇

第十一章

京津冀地区

第一节　整体发展情况

京津冀地区(简称京津冀)拥有丰富的资源储备和雄厚的产业基础，同时具备核心枢纽区位、市场规模巨大、开放条件优良等优势，是我国科技创新资源最丰富的地区之一。2023 年 5 月，工业和信息化部会同国家发展改革委、科技部等有关部门及京津冀三地人民政府共同编制印发《京津冀产业协同发展实施方案》，明确到 2025 年，京津冀产业分工定位更加清晰，产业链创新链深度融合，综合实力迈上新台阶。北京城市副中心、雄安新区、滨海新区、北三县多个重点区域加快联动发展，发挥示范作用，协同发展取得显著成效。

一、联合招商引资促进产业协同发展

北京、天津和河北三地政府通过联合招商引资，打破地域壁垒，优化资源配置，提高产业集聚度，推动区域内产业结构调整和优化，实现京津冀地区产业协同发展和经济一体化建设。2023 年 9 月，京津冀携手亮相 2023 年中国国际服务贸易交易会，北京协同天津、河北面向全球集中发布一批招商引资项目。联合招商引资这一新模式，不仅能够汇集三地优势资源，更体现出京津冀加速推动优化区域产业分工和生产力布局，推动区域产业结构的整体优化和提升的决心。当天，北京市投资促进服务中心、天津市人民政府合作交流办公室和河北省商务厅还联合

签署《京津冀投资促进战略合作协议》，提出三地将建立京津冀投资促进部门联席工作会议，利用中关村论坛、中国国际服务贸易交易会、中国廊坊国际经济贸易洽谈会等平台联合组织开展招商推介活动，协同谋划举办面向海内外的联合招商活动。

二、新能源、智能网联汽车等重点领域率先突破

近年来，京津冀地区在产业升级和重点领域突破等方面取得明显成效。北京的数字经济增加值从 2015 年的 8719.4 亿元增加到 2022 年的 17 330.2 亿元，占北京地区生产总值的比重超过四成，提高了 6.4 个百分点；天津的高技术制造业增加值占规模以上工业增加值的比重为 14.2%；河北的高新技术产业增加值占规模以上工业增加值的比重为 20.6%。此外，京津冀地区多个重点区域加快联动发展，发挥示范作用。北京城市副中心、雄安新区两翼齐飞，打造区域联动“桥头堡”，各类资源加快聚集。在重点领域方面，京津冀协同共造“未来之车”，聚焦新能源和智能网联汽车等重点产业链，持续强化协同创新和产业协作。北京逐步从“大而全”转向“高精尖”，天津切实以“引得来”巩固“发展好”，河北不断用“接得住”实现“升级跳”。三地围绕各自产业优势，深化京津冀智能网联汽车创新链、产业链、供应链深度融合。2023 年 8 月，雄安新区中关村科技园正式揭牌运营。未来，这里将重点围绕空天信息、现代生命科学与生物技术、智能网联汽车、人工智能等高新细分领域，加速集聚创新要素。

第二节　发展特点

一、产业协同有序发展，产业转移承接向纵深推进

（一）产业转移承接向纵深推进

以平台建设为抓手，京津冀产业转移加速推进，基本形成了“京津研发、河北制造，北京研发、津冀转化”的空间布局。在 2023 年中关村论坛期间，三地共同发布《京津冀产业合作重点平台目录》，包括 50 个重点平台，其中天津 16 个，河北 34 个，涉及现代制造业、服务业等

领域。同时，天津集中打造将综合承接平台和专业承担平台相结合的“1+16”承接体系。2023年上半年，北京流向津冀技术合同成交额196.7亿元；天津吸引京冀投资额1177.05亿元，占全部引进内资的56.0%，同比提高3.9个百分点。河北重点打造“1+5+4+33”重点承接平台体系。2023年上半年，河北承接京津转入基本单位1544家，主要落地在廊坊、石家庄和唐山等地。

（二）产业互补“链动”融合加速

京津冀三地充分发挥自身的比较优势，明确产业分工体系，通过重点产业间的互补融合，提高产业链、创新链、供应链的融合度和稳固度，形成立足北京、辐射津冀的产业协同集聚区。北京基于研发优势，重点发展高精尖产业，积极培育和发展新一代信息技术、智能网联汽车、智能制造与装备等重点产业链；天津基于制造优势，通过构建“1+3+4”现代工业产业体系，重点打造集成电路、车联网等核心产业链；河北围绕产业链现代化，谋划布局“4+4+3+*N*”产业体系，重点发展钢铁、装备制造等优势产业链。通过重点产业链分工配套和联动发力，目前三地已实现汽车全产业链发展、智能终端产业链进一步拓展、新能源装备产业链引领全国，重点产业同频共振和互补融合让三地的产业协同水平迈向新高度。

二、未来产业成为关键动力，数据共享提供强力保障

（一）释放数据要素价值，助力未来产业发展

从数字化到网络化，再到智能化，数据要素在城市治理、政务融合、产业协同等领域的价值不断释放。京津冀地区聚焦数据要素流通与建设，共同探索未来产业发展新实践和新保障。京津冀作为跨区域类综合试验区，注重数据要素流通，以数据流引领技术流、物质流、资金流、人才流，支撑跨区域公共服务、社会治理和产业转移，促进区域一体化发展。2023年5月，北京市大数据中心、天津市大数据管理中心、河北省大数据中心共同签署《京津冀大数据发展战略合作协议》，三地遵循“资源共享、业务协同、优势互补”原则，在推进制度创新、共享数

据资源、推动跨省通办、优化算力资源、推动技术创新、加强基础研究、强化数据安全、搭建交流平台、拓展应用场景九大方面积极合作。

（二）打造创新共同体，推动创新要素流动共享

为了进一步推动京津冀产业创新格局向更高水平迈进，三地不断拓展重点领域的合作深度，初步建立了定位明确、开放共享、高效协同的创新共同体。一是深化金融协同发展，建立京津冀投融资协同共享机制，设立京津冀协同发展产业投资基金、国投京津冀科技成果转化创业投资基金。二是加快创新要素跨区域流动，三地实施专业技术人员职称资格互认、共享创新平台资源、共享大型仪器设备资源等组合拳，为提高创新资源的配置效率提供了坚实支撑。三是加快建立京津冀国家技术创新中心，联手打造先进制造业集群。四是搭建合作平台，促进科技合作。2023 年中关村论坛 8 场推介交易活动相继上演，围绕数字经济、人工智能和科技金融等主题，集中推介 40 余个项目，为企业搭建对外交流沟通、贸易合作平台，提供战略、信息和技术支持，全力促进京津冀科技成果转化及项目合作落地。

第三节　重点城市及地区情况

一、北京

2023 年，北京深入贯彻实施创新驱动发展战略，抢抓新一轮科技和产业变革机遇，更好落实首都城市战略定位，加速推进未来产业创新发展。

（一）前瞻布局，以政策规划指导未来产业系统化发展

2023 年 9 月，北京坚持高位统筹、系统谋划、前瞻布局，发布《北京促进未来产业创新发展实施方案》。该方案提出以前沿技术能力供给引领新场景、创造新需求，工程化推进“技术-产品-标准-场景”联动迭代，系统构建技术产品化、产品产业化、产业规模化的全链条未来产业生态，瞄定未来信息、未来健康、未来制造、未来能源、未来材料和

未来空间六大领域，布局20个重点细分赛道，实施原创成果突破行动、中试孵化加速行动、产业梯度共进行动、创新伙伴协同行动、应用场景建设行动、科技金融赋能行动、创新人才聚集行动、国际交流合作行动八大行动，抢占未来产业发展先机，助力北京打造成为世界领先的未来产业策源高地。

（二）与时俱进，以高精尖产业牵引未来产业发展

2023年，北京持续夯实未来产业发展基础，着力提升优势产业发展水平和国际竞争力，已形成高端引领、创新驱动、绿色低碳的产业发展模式，在带动产业升级、实现产业高质量发展方面发挥了重要作用。2023年，北京高精尖领域显现优势。从投资来看，2023年2月北京市经信局发布《2023年北京市高精尖产业发展资金实施指南（第一批）》，明确提出重点支持集成电路设计产品首轮流片、集成电路企业EDA采购、重点新材料首批次应用示范、医药创新品种首试产等方向。从产品来看，2023年前三季度，半导体器件专用设备制造、新能源整车制造、发电机及发电机组制造、显示器件等细分行业增加值增速均在10%以上；风力发电机组、液晶显示模组、3D打印设备、医疗仪器设备及器械、传感器等高技术产品产量分别同比增长65.2%、51.9%、33.2%、16.6%和11.3%。制造业加快向“高精尖”转型，为全市经济高质量发展提供了坚实支撑。

（三）创新驱动，特色化集群助推未来产业布局

北京注重培育新企业、新主体。根据胡润百富《2023全球独角兽榜》，在全球1361家独角兽企业中，北京以79家位列第三；全球十大独角兽企业中有5家来自中国，其中1家在北京（字节跳动）。2022年中国互联网综合实力百强企业中北京拥有31家。北京的专精特新“小巨人”企业数量持续增加。此外，北京前瞻布局量子信息、新材料、人工智能、卫星互联网、机器人等未来产业，培育新技术、新产品、新业态、新模式，建设未来技术创新研究院和未来技术成果转化中心；鼓励企业开展AI芯片、高端传感器等人工智能细分领域的应用，建设国家高端仪器和传感器产业基地；打造国家北斗创新应用综合示范区，建设

北斗产业创新中心，培育全链条全流程的复合型“北斗+”集成业态，孵化一批北斗时空智能企业，打造未来空天产业集群；建设工业机器人产业基地，集聚一批机器人核心部件、智能工厂解决方案等领域的领先企业，实现专业隐形冠军企业集群式发展、自主品牌工业机器人规模化量产。

二、天津

天津坚持制造业立市，以未来产业为抓手巩固壮大实体经济根基，努力实现结构升级新突破，提升产业引领力和整体竞争力。

（一）以智能科技为引领构建现代化产业体系

天津立足“一基地三区”功能定位，构建以智能科技为引领的现代化产业体系。2023 年上半年，全市规模以上工业增加值同比增长 3.2%，比第一季度提高 0.1 个百分点。同时，天津坚持高端化发展，2023 年累计拥有 151 个国家级创新平台，其中全国重点实验室 14 个，国家工程研究中心 38 个，亚洲最大重型自航绞吸船“天鲲号”、半潜式钻井平台、高镍基合金油管等一批“大国重器”获国家科技进步奖特等奖。天津聚焦新一代信息技术、生物医药等重点领域，形成一批产业合作样板示范。六大海河实验室汇集了一批以京津两院院士为核心的顶级科研团队和两地高校、企业的优质资源。

（二）以梯度培育推进产业集群集聚发展

天津加快培育先进制造业集群，大力培育新型集群发展促进组织，建立梯度培育体系，支撑制造业高质量发展。在抓好车规芯片等 3 个中小企业特色产业集群建设、做大做强主导产业的基础上，依托信创、新能源、生物医药、高端装备等重点产业链，着力培育两个市级先进制造业集群，同时持续完善京津冀生命健康国家级先进制造业集群三地联动机制，共绘产业图谱，协同推进产业壮大。根据工业和信息化部公布的 2023 年度中小企业特色产业集群名单，滨海新区生物医药外包服务产业集群、津南区中低压阀门产业集群、静海区自行车产业集群、宝坻区动力电池材料产业集群入选“国家队”。

（三）立足本地优势有序布局未来产业

天津立足本地创新资源分布情况，分区域、分领域有序推进未来产业发展。2023年7月，天津市滨海新区发布《滨海新区培育新赛道 打造未来产业创新高地行动方案》，聚焦生物制造、细胞和基因治疗、脑科学与智能医学、自主信创、深海探采、空天利用、先进能源、新型材料8个未来重点产业，形成10个未来产业集聚区，创建50个未来技术典型应用场景，培育100个未来产业发展平台和龙头骨干企业，打造国内领先、国际一流的未来产业创新高地。9月，天津市人民政府办公厅印发《天津市加快新能源和智能网联汽车产业发展实施方案（2023—2027年）》，提出推动汽车产业向新能源化、智能网联化、高端化转型升级，力争将新能源和智能网联汽车产业打造成为天津新的支柱产业。未来，天津将在信息技术应用创新产业、航空航天、工业母机等领域打造一批“国之重器”，在生物医药、新能源汽车等产业的关键环节抢占高位，开拓海洋经济，推进制造业与服务业融合发展，深入推进前沿技术与实体经济融合发展，实现产业跨界融合。

三、雄安新区

雄安新区以高标准、高质量建设为目标，在规划、建设和发展过程中，推动未来产业绿色、智能、可持续发展，旨在打造一个现代化、创新型的未来之城。

（一）创新企业集聚加速，智慧之城渐次展开

在创新实践方面，雄安新区“智慧之城”建设在不断加速。地上一座城、地下一座城、云上一座城，雄安新区在“三座城”的建设过程中，吸引科技创新类企业不断向新区集聚发展，一批科技创新成果迅速实现转化。截至2022年底，雄安新区科技创新类企业数量同比增长21%，企业专利申请量同比增长47.2%，入驻企业的科技研发投入持续增加。2022年底，雄安新区的“城市大脑”——雄安城市计算中心投入运营，为“数字雄安”的大数据、区块链、物联网等提供网络、计算和存储服务，成为新区数字孪生城市运行服务系统的重要载体。

（二）高端高新产业集聚，平台建设成绩喜人

坚持世界眼光、国际标准、中国特色、高点定位，加速吸纳集聚优质创新要素，打造雄安新区高端高新产业发展核心区。雄安新区应重点发展新一代信息技术、现代生命科学和生物技术、新材料等战略性新兴产业，推动中国星网、中国中化、中国华能等一批龙头骨干企业和企业总部落户，启动互联网产业园建设，建设国家数字经济创新发展试验区，在智能城市建设、数据要素流通、体制机制构建等方面先行先试，打造数字经济创新发展领军城市。推进雄安超算云中心、城市级物联网平台建设，完善智能基础设施和感知体系。建设数字化主动配电网，打造国际领先的能源互联网示范区。围绕打造全球创新高地，推动布局建设国家级信息网络实验平台、5G 实验室等创新研究平台和工程研究中心，加快推进现代生命科学和生物技术、大数据与人工智能、互联网与信息服务等高端高新产业园区建设，高标准推动中国（河北）自由贸易试验区雄安片区建设，建设雄安国际科技成果展示交易中心、国家技术转移中心、国家质量基础设施研究基地。

第十二章

长三角地区

长江三角洲地区（简称长三角地区或长三角）包括上海、江苏、浙江和安徽（即“三省一市”），是我国经济发展最活跃、开放程度最高、创新能力最强的区域之一，在国家现代化建设大局和全方位开放格局中具有举足轻重的战略地位。推动长三角一体化发展，应以上海，江苏的南京、无锡、常州、苏州、南通、扬州、镇江、盐城、泰州，浙江的杭州、宁波、温州、湖州、嘉兴、绍兴、金华、舟山、台州，安徽的合肥、芜湖、马鞍山、铜陵、安庆、滁州、池州、宣城 27 个城市为中心区，辐射带动长三角地区高质量发展。以上海青浦、江苏吴江、浙江嘉善为长三角生态绿色一体化发展示范区，示范引领长三角地区更高质量一体化发展。以上海临港等地区为中国（上海）自由贸易试验区新片区，打造与国际通行规则相衔接、更具国际市场影响力和竞争力的特殊经济功能区。

长三角地区将面向量子信息、类脑芯片、第三代半导体、下一代人工智能、靶向药物、免疫细胞治疗、干细胞治疗、基因检测八大领域，加快培育布局一批未来产业。增强长三角地区的创新能力和竞争能力，提高经济集聚度、区域连接性和政策协同效率，对引领全国高质量发展、建设现代化经济体系意义重大。

第一节　整体发展情况

总体来看，长三角地区未来产业的发展势头整体良好，产业规模不断增大，产业结构持续优化。《长江三角洲区域一体化发展规划纲要》为长三角地区未来产业的发展提供了新的发展方向。长三角地区充分发挥重点城市、龙头企业的牵引作用，不断集聚创新资源，持续完善产业格局，区域协同发展态势显现。

长三角地区是我国新一代信息技术发展的重要产业基地和创新高地，通过对主要城市的产业规模、园区分布、产业特色进行分析，已逐步形成合理化布局、优势化发展、差异化竞争的产业梯队。上海目前以汽车、地产、金融为支柱产业，在未来产业发展上重点聚焦新一代信息技术、金融、航运、生物医药、新能源、文化创意和商贸会展等产业。江苏当前的支柱产业包括机械装备制造、电子计算机、交通运输和石油化工等，制造业已形成产业发展集群，在未来产业发展上重点聚焦新一代信息技术、人工智能、海洋工程、生物医药等。浙江当前的支柱产业包括互联网、电子计算机、化工、机械、医药医疗、有色金属等产业，在未来产业发展上重点聚焦生物医药和健康、新能源、新材料、海洋工程、高端装备智能制造等。安徽当前的支柱产业包括建材、有色金属和钢铁等产业，在未来产业发展上重点聚焦新一代信息技术、高端装备智能制造、新材料等。

第二节　发展特点

一、产业集聚和资源优势凸显

长三角地区整合多方优质资源，不断提高产业集聚度。未来产业细分领域中的生物医药、人工智能、新能源汽车和新材料是长三角地区“三省一市”发展领域的共同选项。在政策方面，随着长三角地区更高质量一体化发展上升为国家战略，长三角地区的未来产业迎来新的发展良机。一方面，长三角地区各地政府坚持开放合作的理念，加强连接与融合，打造政策服务平台，形成了更加开放的政策环境，充分实现信息和资源共享；另一方面，“三省一市”因地制宜，相继出台战略性新兴产业和未来产业相关计划，全力扶持相关产业发展，不断优化产业发展动能。在技术研究创新方面，长三角地区拥有上海张江高新技术产业开发区、安徽合肥高新技术产业开发区，并集中了浙江大学、南京大学、复旦大学、上海交通大学、中国科学技术大学等全国1/4的“双一流”高校，以及近300个国家双创示范基地、国家工程研究中心和工程实验室。在人才体系构建方面，长三角地区不断整合社会、企业、高校的资源，建立健全多层次、多类型的软件人才体系。在企业实力方面，长三角地区培育了一批具有国际竞争力的大型企业，以及大批人工智能、大数据、工业互联网等领域的中小型创新企业，如上海的中国银联、华讯网络、宝信软件，浙江的阿里巴巴、海康威视、大华技术，江苏的南瑞集团、熊猫电子，安徽的科大讯飞等。

二、产业协同和创新势能强劲

长三角地区组织各类创新交流活动，建设区域协同发展体系。“三省一市”基于自身优势，打造培育特点各异的新技术、新产品、新应用，形成了优势互补的良好发展态势，并将在原始创新、成果转化、平台建设3个环节开展深入合作。其中，上海围绕国际经济中心、金融中心、贸易中心、航运中心和科技创新中心建设，着力提升大都市综合经济实力、金融资源配置能力、贸易枢纽地位、航运高端服务能力和科技创新策源能力。江苏发挥制造业发达、科教资源丰富、开放程度高等优势，推进沿沪宁产业创新带发展，加快苏南自主创新示范区、南京江北新区建设，打造具有全球影响力的科技产业创新中心和具有国际竞争力的先进制造业基地。浙江发挥数字经济领先、生态环境优美、民营经济发达等特色优势，大力推进大湾区大花园大通道大都市区建设，整合提升一批集聚发展平台，打造全国数字经济创新高地、对外开放重要枢纽和绿色发展新标杆。安徽发挥创新活跃强劲、制造特色鲜明、生态资源良好、内陆腹地广阔等优势，推进皖江城市带联动发展，加快合芜蚌自主创新示范区建设，打造具有重要影响力的科技创新策源地、新兴产业聚集地和绿色发展样板区。

第三节 重点城市情况

一、上海

（一）大力培育发展未来产业，政策推进力度不断增强

2022 年 11 月，《上海打造未来产业创新高地发展壮大未来产业集群行动方案》指出，要打造未来健康产业集群、未来智能产业集群、未来能源产业集群、未来空间产业集群、未来材料产业集群这五大未来产业集群。争取到 2030 年，在未来健康、未来智能、未来能源、未来空间、未来材料等领域涌现一批具有世界影响力的硬核成果、创新企业和领军人才，未来产业产值达到 5000 亿元左右。上海重点产业不断集聚壮大。截至 2021 年 6 月，上海集成电路产业规模占全国的比重超过 20%，生物医药产业科创板上市企业数量占全国总数的 1/4，人工智能产业重点企业超过 1150 家。2023 年 5 月，上海市人民政府办公厅印发《上海市推动制造业高质量发展三年行动计划（2023—2025 年）》，为未来 3 年上海制造业高质量发展制定任务路线图。该计划提出，到 2025 年上海“2+（3+6）+（4+5）”现代化产业体系不断夯实。其中，“2”是加快推动传统产业数字化、绿色低碳两大转型，“3+6”是大力发展集成电路、生物医药、人工智能三大先导产业和电子信息、生命健康、汽车、高端装备、先进材料、时尚消费品六大重点产业，“4+5”是抢先布局数字经济、绿色低碳、元宇宙、智能终端四大新赛道产业和未来健康、未来智能、未来能源、未来空间、未来材料五大未来产业方向。

（二）产业创新能力持续提升，创新生态不断完善

一批关键核心技术实现突破，集成电路先进工艺实现量产，7 nm 和 5 nm 刻蚀机进入国际先进生产线，桌面 CPU、千万门级 FPGA 等关键产品达到国际主流水平，12 英寸大硅片实现批量供应。结直肠癌新药呋喹替尼等创新药物，以及先进分子成像设备全景 PET/CT、首个国产心脏起搏器等原创医疗器械获批注册上市。全球首款人工智能云端深度学习定制化芯片发布。上海全力推进集成电路、生物

医药、人工智能三大产业高地“上海方案”，国家授权上海先行先试的 10 项重大改革举措已全面落地，并出台《上海市推进科技创新中心建设条例》和《关于进一步深化科技体制机制改革增强科技创新中心策源能力的意见》等 70 余个地方配套法规政策。上海集成电路产业基金一期募资近 500 亿元，生物医药产业股权投资基金、人工智能产业投资基金正式启动。截至 2021 年 6 月，全市高新技术企业数量超过 1.7 万家，国家大学科技园 14 家，众创空间 500 余家，服务中小科技企业和团队近 3 万家。

（三）结合发展基础与资源优势，致力实现规模化商用

上海的未来产业主要有光子芯片与器件产业、基因与细胞技术产业、类脑智能产业、新型海洋经济产业、氢能与储能产业和第六代移动通信产业。大部分的未来产业仍未实现规模化商用，仍在实验和探索阶段。在光子芯片与器件产业方面，上海已经打通光子芯片从设计到流片的全流程，在三维光子芯片方面已经世界领先。在基因与细胞技术产业方面，上海依托张江细胞与基因产业园集聚各类基因治疗企业，建设技术与规模双领先的细胞与基因产业集群。在类脑智能产业方面，上海的类脑智能产业走在全国前列，发布“脑与类脑智能基础转化应用研究”等重大阶段性成果，在类脑人工智能算法、重大脑疾病智能诊疗等未来智能科技领域实现重大原始突破。在氢能与储能产业方面，上海拥有充足的工业副产氢，具备制氢的资源禀赋，率先参与燃料电池汽车和关键设备的研发。在第六代移动通信产业方面，上海提前布局 6G 技术研发，抢占行业高地。

（四）因地制宜，各区侧重发展细分产业

崇明区依靠自身的地理优势和资源优势，优先发展海洋经济产业；上海中心城区重点发展低污染的高新技术产业，如光子芯片与器件产业、类脑智能产业、氢能与储能产业；浦东新区依靠自身的科创优势和区位优势，着重发展基因与细胞技术产业、类脑智能产业和海洋经济产业。

二、南京

（一）布局新一代人工智能、第三代半导体、基因与细胞、元宇宙、未来网络与先进通信、储能与氢能六大细分产业

《南京市加快培育新赛道发展未来产业行动计划》提出，到2025年南京未来产业实现主营业务收入3000亿元以上，增加值占南京地区生产总值的5%左右。重点突破一批填补国内空白的关键核心技术，未来产业竞争优势和示范带动能力显著提升，发展水平位居全国第一方阵。到2030年，全市未来产业实现主营业务收入15 000亿元以上，增加值占南京地区生产总值的15%左右。打造未来产业科技原始创新策源地，形成一批战略性新兴产业集群，带动产业发展能级整体跃升，打造未来产业“南京样板”，成为引领全国未来产业发展的重要战略力量。

（二）各区灵活进行空间布局，协同发展未来产业

其中，玄武区、栖霞区、秦淮区、建邺区、六合区协同发展包括脑科学等的前瞻性医疗产业；南部新城（包括高淳区、溧水区等）重点发展航空航天产业；各区均侧重发展未来网络、区块链等产业。现阶段，产业园区建设聚集于江宁、浦口等郊区新城，其中江宁区产业基础好，交通便捷，配套完善，聚集了占全市三分之一的产业园区，开发主体以企业为主，占比达到86.1%。在园区类型方面，科研办公园区、生产制造园区和孵化器较多，占比分别为35.4%、23.9%、18.2%，为南京未来产业的发展奠定了载体基础。

（三）重点建设创新名城，创新成果不断涌现

南京实施创新驱动发展“121”战略，成立市委创新委员会，建立高新区管委会总部和“1+N”的管理体系，网络通信与安全紫金山实验室、扬子江生态文明创新中心等重大科技创新平台建成使用；建立全链条科技企业培育体系，新型研发机构总数超过400家，高新技术企业数从2015年的1274家增加到6500余家；实施“生根出访”计划，布局建设29个海外协同创新中心。南京高新技术产业产值占规模以上工业总产值的比重达到53.4%，全社会研发投入占地区生产总值的比重和科

技进步贡献率分别达到 3.38%、66%，每万人发明专利拥有量达到 82.86 项。南京打造集聚创新资源的“强磁场”经验获国务院通报表扬。

三、杭州

（一）在人工智能、量子传感、生命健康等领域率先探索布局，强化重大科技设施、平台等要素集聚

杭州市人民政府印发《杭州城西科创大走廊发展“十四五”规划》，在人工智能、区块链、量子技术、增材制造、商用航空航天、生物技术和生命科学等重点前沿领域率先探索布局。经过多年努力，杭州成功入选国家新一代人工智能创新发展试验区、国家人工智能创新应用先导区、国家区块链创新应用综合性试点，在《2022—2023 中国人工智能计算力发展评估报告》人工智能城市排行榜中位居前三；杭州在增材制造领域的技术研发水平处于全国前列；云栖小镇与中国空间技术研究院合作布局空天信息产业链，国家民用无人驾驶航空试验基地（试验区）落户余杭；杭州的医学人工智能、高端医疗器械、检测试剂等前沿产品在国内具有一定地位。

（二）形成技术创新布局体系

围绕重大战略领域和关键环节，杭州以打造城西科创大走廊创新策源地和创建综合性国家科学中心为抓手，实现国家实验室零的突破，浙大超重力离心模拟与实验装置、北航超高灵敏极弱磁场与惯性测量装置等大科学装置相继启动。杭州城西科创大走廊分布着未来科技城、紫金港科技城、青山湖科技城等一批重大平台，拥有浙江大学、之江实验室、湖畔实验室等一批重大国家科技战略力量，已成为全省密度最大、增长最快、最具活力的人才高地。同时，杭州城西科创大走廊汇聚了中电海康、平头哥等一批产业链领军企业，形成了覆盖基础层、技术层和应用层的完整产业链和应用生态。杭州现拥有省实验室 6 个、省技术创新中心 2 个、国家重点实验室 14 个，形成了以城西科创大走廊为核心、省实验室覆盖南北两翼的“七星伴月”格局。

（三）落户未来产业研究中心，聚焦发展未来硬核科技

国家发展改革委正式批复同意浙江依托西湖大学创建全国首个未来产业研究中心，重点聚焦未来医药、分子智造与功能、未来材料设计及创造领域，攻关复杂共性原理、基础科学问题和尖端前沿技术，构建“源头创新—技术研发—成果转化—公共服务”的未来产业创新生态。杭州规划依托未来产业研究中心，把握前沿科技和未来产业的发展趋势，前瞻布局具有爆发式增长潜力的数智科技、生命科技、未来科技三大硬核技术集群，重点聚焦六大颠覆性技术集群，孵化培育 20 个产业新业态。杭州围绕“基础研究、研发及产业化、新兴业态”布局，攻关战略性前沿技术，面向世界，引领未来发展；突破“卡脖子”技术和做强优势领域，服务全国发展；壮大已布局的关键领域，带动全省发展，推动“互联网+”、生命健康、新材料三大科创高地融合共生发展。杭州打造具有全球竞争力的数智科技技术集群，重点发展新一代人工智能、集成电路及第三代半导体、未来通信和数据网络等技术集群，着力打造世界级数字经济产业；培育具有全国特色优势的生命科学技术集群，建设国际一流生命健康产业；部署面向未来战略的量子科技、先进材料技术集群，前瞻布局重量级未来产业。

四、苏州

（一）政府积极引导，不断提高未来产业发展优先级

2023 年 9 月，苏州市人民政府印发《关于加快培育未来产业的工作意见》，提出到 2030 年，重点突破一批填补国内空白的关键核心技术，未来产业与战略性新兴产业、优势主导产业形成有效衔接，全市未来产业总产值突破 5000 亿元。技术创新能力不断提升，加强技术与产业联动，培育 10 个以上未来产业创新平台，实现“科学发现—技术发明—产业应用”全链式布局。重点领域集聚不断优化，完善未来产业创新成果转化体系，建设 10 个以上未来产业先导园区，加快推动未来产业技术转化，未来产业创新集群初步成形。开放创新生态不断完善，推出 100 个以上核心产品，打造 100 个以上应用场景，构建相互促进、融合发展的产业生态。到 2035 年，形成 1 或 2 个领跑全国的千亿级未来产业创新集群，

全市未来产业总产值突破10 000亿元。

（二）大力实施五大行动，高质量发展未来产业

一是优势产业“强基行动”。依托现有主导产业和战略性新兴产业发展优势，构建以高端新兴服务业和未来产业为主导的创新型总部经济集群。二是关键技术“攻坚行动”。加强前沿技术、颠覆性技术的多路径探索、交叉融合，开展“科学发现—技术发明—产业应用”全链式布局，形成以基础研究带动应用技术突破、以技术引领产业发展、以产业推动技术创新的良性循环。充分发挥苏州实验室、“一区两中心”等强磁场作用，建立一批专业人才培养基地，布局一批海外技术转移转化网络节点、国际技术转移和创新合作中心。三是创新主体“引培行动”。发挥大型科技领军企业和重点科研院所引领作用，加快创建高能级创新载体，积极争取国家重大科技创新专项支持。围绕产业关键共性技术搭建公共服务平台，优化大中小企业协同创新机制，实现各类企业融通发展。四是发展空间“优化行动”。落实长三角一体化、长江经济带等国家战略，探索构建跨区域未来产业协同发展体系。统筹全市未来产业布局，积极争创国家级未来产业先导区，在制度创新、成果转化、示范应用等方面探索先行，着力形成各具特色、分工合理、优势互补的未来产业发展格局。五是生态伙伴“共建行动”。深化中新、中日、中德、海峡两岸等合作，推进中荷等合作，鼓励本地国企与重点央企对接，加快构建未来产业生态圈。加强规范引导和战略咨询，打造“创意+小切口+新治理”的前瞻性试验空间，优化产业发展生态。

（三）结合区位优势，明确未来产业空间布局

结合苏州电子信息、装备制造、生物医药、先进材料四大主导产业的规模优势，依托光子、集成电路、人工智能、新能源、创新药物、纳米新材料等战略性新兴产业的发展优势，重点发展前沿新材料、光子芯片与光器件、元宇宙、氢能、数字金融、细胞和基因诊疗、空天开发、量子技术等未来产业。根据苏州各区发展基础与优势特色，整合资源，因地制宜，全面提升各区未来产业发展水平。苏州未来产业空间布局如表12-1所示。

表 12-1　苏州未来产业空间布局

重点领域	板块主攻方向
前沿新材料	苏州工业园区：侧重第三代半导体、纳米材料
	吴江区：侧重高性能纤维及复合材料
光子芯片与光器件	虎丘区：侧重光子芯片、光器件
	苏州工业园区：侧重光子芯片、光电子器件、光通信
元宇宙	昆山市：侧重元宇宙相关软硬件产品
	吴中区：侧重工业元宇宙
	姑苏区：侧重元宇宙应用场景
氢能	张家港市：侧重制储加氢、氢燃料电池、氢能装备
	常熟市：侧重氢燃料电池、氢能车、氢能装备研发检测
数字金融	相城区：侧重区块链、数字人民币
细胞和基因诊疗	苏州工业园区：侧重细胞药物、基因诊断、核酸药物、生物和信息融合技术（ITBT）
	吴中区：侧重细胞药物、基因检测
空天开发	太仓市：侧重航空航天装备、深空探测
	相城区：侧重航空航天材料、卫星互联网
	昆山市：侧重航空装备及零部件
量子技术	相城区：侧重量子计算
	吴江区：侧重量子通信

（四）未来产业规模稳步增长，基础设施逐步夯实

以人工智能产业为例，苏州已聚集人工智能相关企业超过 1000 家，BAT、华为、微软、科大讯飞、云从科技等龙头企业陆续来苏布局发展，思必驰、初速度、科沃斯、智加科技等本土企业逐步成长为行业佼佼者。苏州的人工智能产业已初步形成近千亿级产业集群，成为长三角地区人工智能产业发展的新引擎。苏州全力打造“苏州制造”“工业互联网看苏州”等品牌，已建成 5G 基站 2.7 万个，覆盖率达到 80%；建成在用数据中心 31 个、超算中心 3 个，其中昆山超算中心为江苏省第 2 个、全国第 8 个国家超算中心；推动工业制造领域企业“上云用平台”，完成江苏星级上云 3365 家，汇集大量企业数据资源。目前，太仓长三角人工智能超算中心、昆山国金数据云计算数据中心等苏州重点项目正有

序推进，将为苏州人工智能产业的发展提供有力的基础支撑。

（五）研发投入持续提升，细分领域创新活跃

上海交通大学苏州人工智能研究院、中国科学院计算技术研究所苏州智能计算产业技术研究院等多家科研机构在苏设立，提供科研支撑。同时，苏州成立沪苏人工智能（昆山）创新应用中心，华为、微软、西门子、科大讯飞、滴滴出行等龙头企业相继在苏设立人工智能应用创新平台，开展赋能试验。苏州的人工智能企业较多集中在语音识别、机器视觉、自动驾驶、智能制造等领域。在工业和信息化部“新一代人工智能产业创新重点任务揭榜项目”立项名单中，康多机器人、极目机器获评揭榜单位，思必驰获评潜力单位。声智科技、创泽、荣旗科技、冰鉴科技、金融壹账通 5 家企业的项目成果获评 2021 年度吴文俊人工智能科学技术奖。

（六）建设十大千亿级产业集群，打造优势产业链

苏州将立足现有的产业基础，大力培育生物医药和高端医疗器械、新型显示、光通信、软件和集成电路、高端装备制造、汽车及零部件、新能源、新材料、高端纺织、节能环保十大先进制造业集群，健全完善集群培育工作机制。苏州将主攻生物医药、半导体和集成电路、软件和信息服务、智能网联汽车、智能制造装备、高端医疗器械、机器人、光通信、高性能纤维材料、钢铁新材料十大重点产业链。

（七）围绕人工智能和机器人等重点区域，分区特色发展

工业园区依托苏州人工智能产业园等专业载体，引入华为、微软、思必驰等一批人工智能领军企业，多项核心技术实现突破，细分领域独角兽企业逐步涌现，成为苏州人工智能发展的重要增长极。昆山市依托电子信息、机器人及智能装备等产业优势，推动人工智能与产业深度融合，提升智能制造能级。相城区聚力打造大数据（区块链）、工业互联网、智能车联网、数字金融、先进材料、生物医药“六大未来产业创新高地”，目前已集聚“六大未来产业”企业 1230 家。

五、合肥

（一）依托“科大硅谷”，构建科产城融合创新生态

“科大硅谷”是以中国科学技术大学等高校院所全球校友为纽带，聚焦创新成果转化、创新企业孵化、创新生态优化，汇聚世界创新力量，发挥科技体制创新引领作用，立足合肥城市区域新空间打造的科技创新策源地、新兴产业聚集地示范工程。到 2025 年，争取“科大硅谷”汇聚各类优秀人才超过 10 万名，形成多层次基金体系，基金规模超过 2000 亿元；集聚科技型企业、新型研发机构、科创服务机构等超过 1 万家，培育高新技术企业 1000 家、上市公司和独角兽企业 50 家以上，形成一批可复制可推广的制度成果，成为全国科技体制创新的标杆。

（二）加快构建超导产业链

在“十四五”期间，合肥将依托一批重大科技基础设施，推动超导、等离子体推进、高场强核磁、先进激光、电磁防护等衍生技术的转化和工程化，引领带动产业创新发展。其中，在高温超导储能产业，合肥将依托“人造太阳”实验装置（EAST）及 ITER（国际热核聚变实验堆计划）的现有超导测试平台，利用现有的超导材料研发、超导设备和超导部件制造等关键技术，研发设计基于现有超导技术的新一代设备，如超导电机、超导涡流制动器等，大力发展超导相关产业，构建超导产业链。

（三）开展量子科技深度开发及产业化

近年来，合肥全力打造量子科学和量子产业“双高地”。根据规划，在“十四五”期间，合肥将充分发挥在量子通信、量子计算、量子精密测量领域的研发领先优势，支持量子科技产业化发展。依托中国科学技术大学在量子通信技术上的国际领先优势，合肥将继续攻克量子通信领域规模化、市场化技术，进一步突破信息安全、加快运算速度、提升测量精度等方面的技术瓶颈。同时，合肥将探索可实用化的量子计算和量子精密测量，在量子通信、量子精密测量、量子计算三大领域开展深度开发及产业化。

（四）研制多款类脑智能原型产品并产业化

类脑智能将以计算建模为手段，通过研究人类大脑的工作机理，模拟出近似人类的具有思考、学习能力的机器人或系统。在“十四五”期间，合肥将依托中国科学技术大学、科大讯飞、合肥市智能机器人研究院等高校、科研院所、龙头企业及相关类脑智能研发平台，开展脑认知与神经计算、类脑多模态感知与信息处理、类脑芯片与系统、量子人工智能、智能机器人等技术的研发和工程化，进一步研制出类脑芯片、人工智能量子模拟器、类脑智能机器人等原型产品并产业化。

（五）构建医疗大健康基因产业体系

在“十四五”期间，合肥将围绕相关医疗领域的未来先导产业，开展一系列核心技术攻关。在精准医疗产业方面，合肥将依托中国科学院合肥物质研究院在超导技术和低温技术上的发展优势，开展质子肿瘤治疗系统产品的研发，推动合肥精准医疗及高端医疗装备技术加速发展，推进高端放疗技术在国内的推广运用。在大基因产业方面，合肥将依托中国科学技术大学、安科生物等高校及龙头企业，开展基因编辑技术研究等偏基础科学技术研究，以及基因存储及分析等应用型技术研究工作，突破基因技术关键问题。在此基础上，合肥将进一步拓展基因产业的外延和内涵，形成集基因测序、基因治疗、基因健康和基因营养于一体的完整产业体系。

第十三章

珠三角地区

第一节　整体发展情况

珠江三角洲地区（简称珠三角地区或珠三角）是我国新技术、新产业、新业态、新模式发展的样板地区。改革开放以来，珠三角地区把握国家扩大开放的历史机遇，紧密跟踪世界前沿科学技术，紧紧抓住全球产业转移和产业升级的有利时机，深度融入世界经济，取得全球瞩目的历史性成就。在抢占未来产业发展先机的大潮中，珠三角地区同样成为引领者和弄潮人。

一、未来产业已成为加快珠三角地区经济高质量发展的关键领域

目前，珠三角地区的经济发展面临着资源要素约束更紧、国际高科技技术和人才限制加大、国际国内竞争更加激烈等问题。要解决这些问题，立足新发展阶段、落实新发展理念、推动高质量发展是必然要求，前瞻性布局未来产业发展是关系到珠三角地区长期发展动力和竞争力的关键举措。

二、广东印发《广东省培育发展未来产业集群行动计划编制工作方案》

《广东省制造业高质量发展“十四五”规划》明确，谋划发展未

来产业是“十四五”时期广东制造业高质量发展的重点方向之一，将依托广东领先全国的经济实力和多元化的社会发展需求，布局一批未来产业技术研究院，丰富未来产业应用场景，运用前沿技术推动全省产业跨界融合创新发展。《广东省培育发展未来产业集群行动计划编制工作方案》提出，重点发展未来电子信息、未来智能装备、未来生命健康、未来材料、未来绿色低碳五大未来产业集群与未来网络通信、人形机器人、新型储能等 21 个突破点，打造广东未来产业发展矩阵。

三、珠三角地区集聚了未来产业创新发展所需要的科技、人才等要素资源

近年来，珠三角地区通过加快“广深港”“广珠澳”科技创新走廊的建设，全面推进粤港澳三地制造业的创新合作，加快建设粤港澳大湾区国家技术创新中心，布局一批具有全球影响力的重大科技基础设施，创建一批国家级、省级产业创新平台；建设了散裂中子源、国家超算中心等一批国家级大科学装置，围绕生命信息与生物医药、网络空间科技、海洋科学技术等领域建设了 10 个省实验室，在战略性产业、未来产业的若干重点领域实现全球同步乃至领先发展。此外，在“双区”建设的重大机遇下，广东具有联动港澳广纳全球创新资源、技术成果产业化效率高的基础优势，具备发展未来产业的优越条件。

四、珠三角地区未来产业前瞻布局迈出有力步伐

珠三角地区是我国前沿技术和产业最活跃的地区之一。早在 2013 年深圳就发布了《深圳市未来产业发展政策》，成为我国最先提出发展未来产业的城市。目前，在优先发展壮大战略性新兴产业的基础上，广东积极谋划培育卫星互联网、光通信与太赫兹、干细胞、超材料、天然气水合物、可控核聚变-人造太阳等若干未来产业领域，不断开创新的经济增长点，抢占未来发展的战略制高点。

第二节　发展特点

一、未来产业发展所需的高科技人才基础雄厚

根据各地公布的统计年鉴、统计公报、公开数据等，珠三角地区是我国过去 10 年吸引人口最多的区域。近年来，珠三角地区面临着粤港澳大湾区、深圳先行示范区，以及横琴、前海两个合作区建设的重大机遇。在高科技人才方面，珠三角地区重大科技创新平台的聚才效应十分明显。例如，位于东莞的中国散裂中子源汇聚了以中国科学院院士、粒子物理学家陈和生为代表的近 500 名科技人才和工程技术人员。广东的国家和省重点实验室体系化布局逐步完善，吸引集聚海内外人才近万名，其中 80%拥有博士、硕士学位和高级职称。同时，重大展会平台成为人才交流的纽带。广州“海交会”、深圳“高交会”和“中国国际人才交流大会”等国家级高端人才交流合作平台的影响力、辐射力不断增强，为海外人才来华和留学人员来到珠三角地区发展铺路架桥。

二、未来产业发展所需的科技资源高度聚集

粤港澳大湾区的世界名校、世界 500 强企业、全球独角兽企业在全国的占比均超过 15%，粤港澳大湾区集聚了丰富的科研创新平台和高层次人才；从增速上来看，世界 500 强企业的数量进一步增加，多所学校全球排名上升，粤港澳大湾区未来产业的发展已形成具有全球竞争力的科创基础。从每万人发明专利拥有量来看，深圳、珠海、广州、东莞、佛山等在我国同类城市中处于领先地位；从国家高新技术企业的数量来看，珠三角地区的城市在我国三大城市群中全面领跑；从规模以上工业企业设立研发机构的比例来看，珠三角地区的深圳、广州、东莞、佛山、惠州、江门的比例均超过 40%，高于全国大多数城市。高度重视科研创新成为珠三角地区规模以上工业企业发展的共识。

三、未来产业创新发展的环境优越

早在 2019 年，广东就成立了由省长担任组长的科技领导小组，并以

当年政府“一号文”的形式，出台《关于进一步促进科技创新的若干政策措施》（简称“科创12条”）。“科创12条”在全国率先提出一系列突破性政策措施，激发科研人员的创新活力。例如，新型研发机构可自主审批下属创投公司最高3000万元的投资，允许使用财政资金为外籍人才购买商业养老和医疗保险等。粤港澳大湾区的设立进一步加快了科创资源的集聚和环境的改善。《粤港澳大湾区发展规划纲要》提出，要建设具有全球影响力的国际科技创新中心，建成全球科技创新高地和新兴产业重要策源地。粤港澳大湾区建设了全国第4个综合性国家科学中心先行启动区。中央人才工作会议也提出在粤港澳大湾区建设高水平人才高地的目标定位。珠三角地区的科技领先企业众多，科研产业结合强，人才资源丰富，具备丰富的科技创新发展资源，在承接国家科技创新战略、建设重大科创平台、推动产业链和创新链深度融合、发挥企业创新主体作用等方面取得了显著成效。

四、创新驱动的经济发展模式形成强大动能

广东的有效发明专利量、PCT（专利合作条约）国际专利申请量多年保持全国首位；高新技术企业已达到5.3万家；主营业务收入5亿元以上工业企业全部设立研发机构，广东的区域创新综合能力全国领先。与此同时，珠三角地区的经济增长对投资驱动的依赖较小，逐步形成了创新驱动的经济发展模式。根据国家和广东统计年鉴，珠三角地区近5年来固定资产投资占地区生产总值的比重为32.9%～35.75%，平均值为35.29%，广东的平均值为41.69%，全国的平均值为54.94%。珠三角地区的固定资产投资占地区生产总值的比重低于广东和全国的平均水平。此外，广东研究与试验发展（R&D）经费投入占广东地区生产总值的比重在2020年达到2.9%，接近发达国家水平。珠三角地区多个城市的研发投入强度在全国名列前茅，媲美发达国家，研发投入占比超过3%的城市就有5个。

第三节　重点城市情况

一、广州

广州是我国一线城市，为很多大型企业和创新型企业提供了非常有利的发展环境，同时也成为我国新兴产业发展最活跃的城市之一，在自身战略性新兴产业、科创资源等优势的基础上，提出发展太赫兹等领域未来产业。

（一）战略性新兴产业集群跃上新台阶

2022 年，广州实现地区生产总值 2.88 万亿元，其中，“3+5”战略性新兴产业合计实现增加值 8878.66 亿元，占广州地区生产总值的比重从 2018 年的 30.0%提升到 2022 年 30.8%。新一代信息技术产业、智能与新能源汽车产业、生物医药与健康产业，以及“五大新兴优势产业”中的数字创意产业规模均在 1500 亿元以上。新一代信息技术产业增加值为 1584 亿元，特别是以超高清视频及新型显示为代表的信息产业茁壮成长，全年工业产值规模超过 2000 亿元。广州高端装备、信息软件、生物医药、集成电路等新兴产业领域新增企业持续增加，这既是企业创新主体地位不断提升的利好信号，也是广州新动能持续演进升级的稳定动力来源，意味着广州的科创生态正逐步形成，向好壮大。

（二）科技创新引领城市发展成效显著

广州在科技创新平台体系建设方面取得了显著成效，构建了以广州实验室和粤港澳大湾区国家技术创新中心为引领，以人类细胞谱系大科学研究设施和冷泉生态系统研究装置两个重大科技基础设施为骨干，以国家新型显示技术创新中心、4 个省实验室、多个高水平创新研究院等重大创新平台为基础的“2+2+*N*”科技创新平台体系。这为广州提供了强大的科技创新支撑和资源集聚。广州在核心技术攻关方面实现了跨越式提升，突破了移动通信、海洋科技、新材料、新能源等前沿领域的关键核心技术。例如，“力箭一号”火箭实现世界首创，“特高压 ± 800 kV 直流输电工程”“海域天然气水合物试采”“全球首台 31 英寸喷墨打印柔性显示样机”等都是广州在国家战略需求和产业发展中的重大贡献。目前，广州的高新技术产品产值占规模以上工业总产值的比重达到51%，数字经济与产业发展深度融合，城市治理和民生科技不断创新，为老城市焕发新活力提供了强劲动力。

（三）科技创新人才资源优势得天独厚

广州在教育、人才资源多样化集聚方面取得了突出成效，实施“广聚英才计划”，引进培养了一批顶尖科学家和创新团队。广州拥有全省80%的高校、97%的国家级重点学科，建设了中山大学、华南理工大学等世界一流大学和“双一流”建设学科。广州与乌克兰、新加坡、英国等国家的科技合作不断深化，建设了多个国际科技合作基地。

（四）围绕太赫兹等领域前瞻布局未来产业

广州坚持产业第一、制造业立市，推进数字产业化和产业数字化，构建现代产业体系。《广州市战略性新兴产业发展“十四五”规划》提出，未来5年，广州将做强新一代信息技术、智能与新能源汽车、生物医药与健康三大新兴支柱产业，壮大智能装备与机器人、轨道交通、新能源与节能环保、新材料与精细化工、数字创意五大新兴优势产业，前瞻布局量子科技、区块链、太赫兹、纳米科技、天然气水合物等未来产业。

二、深圳

深圳是中国改革开放的窗口、全国性经济中心城市、粤港澳大湾区核心引擎城市之一。中共中央办公厅、国务院办公厅印发的《深圳建设中国特色社会主义先行示范区综合改革试点实施方案（2020—2025年）》赋予深圳在重点领域和关键环节改革上更多自主权，支持深圳在更高起点、更高层次、更高目标上推进改革开放。这使得深圳在发展未来产业方面具有得天独厚的优势。

（一）面向未来的现代化产业体系成为主导

2022年，深圳地区生产总值为32 387.68亿元，同比增长3.3%，经济发展展现韧性。七大战略性新兴产业是深圳产业布局体系的一大重要分支，具有其独特性，产业发展处于全国领先地位。七大战略性新兴产业包括新一代信息技术、生物医药、数字经济、高端装备制造、新材料、海洋经济、绿色低碳。2022 年，深圳战略性新兴产业增加值为 1.33 万亿元，占深圳地区生产总值的比重提高到 41.1%。深圳瞄准世界科技和产业发展前沿，系统谋划战略性新兴产业、未来产业的发展规划和先进制造业园区的空间规划，出台推动制造业高质量发展的 28 条具体措施，建立 697 个骨干企业专项服务小组，提升现代产业发展能级。

（二）创新驱动的发展模式和要素禀赋卓越

深圳是珠三角地区各大城市的“创新标杆”。过去 10 年，深圳高新产业快速发展，新兴产业发展集聚了大量人口。根据第七次全国人口普查数据，深圳 10 年来的人口增量达到 713.65 万人。研究与试验发展（R&D）人员全时当量达到 34.6 万人年，居全国城市首位。在 R&D 经费投入占地区生产总值的比重、R&D 人员全时当量、每万人发明专利拥有量等 6 项指标中，深圳领跑珠三角地区的城市，排在全国前列。综合性国家科学中心、鹏城实验室的建设取得新进展。深圳湾实验室、人工智能与数字经济省实验室的建设扎实推进。光明科学城、西丽湖国际科教城、河套深港科技创新合作区等的建设进展顺利，深港澳芯片联合研究院等 27 个科研机构落户河套深港科技创新合作区。深圳正加快成为全球优秀科学家和创新人才的向往之地。

（三）围绕合成生物等八大领域筹划未来产业

深圳未来产业政策规划在全国最早出台，也最全面。早在 2013 年深圳就发布了《深圳市未来产业发展政策》，积极培育和发展生命健康、海洋、航空航天等未来产业，成为我国最先提出发展未来产业的城市。根据《深圳市国民经济和社会发展第十四个五年规划和二〇三五年远景目标纲要》，深圳将打造“4+7+5”的产业布局体系。其中，“5”指的是 6G、量子科技、深海、深空、氢能五大未来产业。2022 年 6 月发布的《深圳市培育发展未来产业行动计划（2022—2025 年）》明确，合成生物、区块链、细胞与基因、空天技术 4 个未来产业 5～10 年内有望成长为战略性新兴产业，脑科学与类脑智能、深地深海、可见光通信与光计算、量子信息 4 个未来产业 10～15 年内有望成长为战略性新兴产业。

第十四章

成渝地区

第一节　整体发展情况

成渝地区简称成渝。党的二十大报告指出，推动成渝地区双城经济圈建设。中共中央、国务院印发《成渝地区双城经济圈建设规划纲要》，专章部署“共建具有全国影响力的科技创新中心”重大战略任务，明确提出强化创新链产业链协同、推动区域协同创新等提升协同创新能力的重点举措。近年来，成渝地区深入贯彻落实党中央国务院决策部署，通过强化未来战略科技力量布局、合作实施试点领域重点研发计划、建立健全高水平科技研发机构、共享科技创新资源、健全产业协同发展机制等方式，强化未来产业创新能力建设。

近年来，成渝地区深化推进科技创新资源互联互通，加快构建双城经济圈创新生态。一是共建西部科学城。截至 2023 年 8 月，西部科学城共聚集国家级科技创新平台 199 个，引进校院地协同创新项目 104 个，引育高新技术企业 11 400 余家，聚集国家、省、市计划人才超过 4400 名，落户人才近 250 万名。二是加快推进重大科技创新项目建设。2023 年以来，成渝地区新争取落地国家级创新平台 11 个，加快构建 4 个天府实验室及重庆金凤实验室，推动成渝共建科技创新中心 60 个重大项目加快建设。三是强化成渝产业链创新链协同。铜梁、江津等 10 个区与成渝地区 31 家科研机构开展技术对接，成渝地区科研团队联合研制的太赫兹通信样机每秒传输可达到 1 万兆，协同开展成都“菁蓉汇”、重庆创新创业大赛等“双创”系列活动 50 余场。

第二节　发展特点

一、强化生物医药产业合作与互认

在成渝地区双城经济圈建设背景下，成渝地区生物医药产业合作交流互动加强。以成都天府国际生物城为例，近年来与重庆各区县从园区、平台、项目等方面开展了各式各样的交流与合作。2022 年 12 月 30 日，在四川省科技厅、重庆市科技局的指导下，成都天府国际生物城携手重庆共同主办医药产业融合发展交流会，四川和重庆两地约 200 家医药健康行业企业、超过 1000 人次以线上线下方式参与。同时，四川和重庆两地通过多次深入交流，将重庆国际生物城原料药中试平台和小分子药物开发平台等 11 个平台纳入成都认定范围。

二、开展元宇宙等领域云端招才引智

2022 年 11 月 30 日至 12 月 31 日，成渝地区双城经济圈紧缺优秀人才云上洽谈会在重庆英才大会官网、四川人才网、重庆英才网、重庆人才网同时举行。元宇宙招聘专区在手机应用程序——渝小就同步上线。成渝地区超过 600 家重点产业及产业链相关用人单位、30 000 名求职人才相聚云端，共同启幕以元宇宙线上招聘为基础打造的求职新空间。

三、加强前沿科技创新协同合作体系建设

成渝地区在共建创新平台、深化校院地合作、资源开放共享等方面深入发展。在《共建成渝地区双城经济圈 2022 年重大项目名单》中，成渝地区围绕共建科技创新中心、合作共建西部科学城等方面，就涉及 30 个项目、共计 750 亿元的总投资。北京大学重庆大数据研究院、中国自然人群生物资源库、国家精准医学产业创新中心、电子科技大学重庆微电子产业技术研究院等一大批平台落地重庆；西部（成都）科学城核心区域已聚集重大科技基础设施 6 个、交叉研究平台 5 个、科教基础设施 6 个、“中科系”“中核系”国家级科研机构 26 家、国家级创新平台 35 个。成渝地区已实现总价值约 122 亿元的大型仪器设备 13 183 台（套）开放共享，在成德眉资同城化区域开展“科创

券”互认互通试点。成渝地区一系列高能级平台的陆续搭建，成为打造“具有全国影响力的科技创新中心”的关键一环。

第三节 重点城市情况

一、成都

（一）优化未来产业培育机制

成都聚焦中长期技术突破和产业化发展方向，优化科研成果对接服务机制，构建“产品-技术-科研”为牵引的逆向研发链条，力争在基因治疗、空天动力、类脑智能、6G、量子信息等前沿技术领域，实现原创性成果和颠覆性技术突破，策源产业发展。同时，成都完善新赛道主动发现和前瞻遴选机制，建立完善涵盖专家咨询委员会、新型研发机构、创新策源平台、天使投资基金、概念验证中心、新兴创业团队的“6+*N*”发展机制，来补齐成果转化链条的薄弱和缺失环节，加快产业孵化。

（二）推动培育未来产业集群

依托成都已经拥有的国家超高清视频创新中心、国家川藏铁路技术创新中心、国家高端航空装备技术创新中心、国家精准医学产业创新中心等145个国家级的科技创新平台，成都加快开展未来产业技术攻关和产品研制。成都获批开展国家未来轨道交通未来产业科技园建设试点，着力培育数字诊疗、氢能、基因治疗等领域科技首用场景，逐步形成服务国家战略大后方的未来产业新前沿。成都重点围绕前沿生物、先进能源、未来交通、数字智能、泛在网络等未来产业领域，抢占新赛道，构建新优势，加快创建国家未来产业先导区。

（三）加快元宇宙产业创新培育

2023年1月3日，成都市新经济发展工作领导小组办公室印发《成都市元宇宙产业发展行动方案（2022—2025年）》，这是成都首个聚焦元宇宙的政策文件。该方案提出，到2025年构建起完整的成都元宇宙产业链，研究掌握一批核心技术、引进培育一批优质企业、融合打造一批特色应用场景、开发储备一批城市 IP，对产业转型升级、城市治理形成引领带动作用，拟订开展元宇宙核心技术攻关、市场主体引育、应用场景融合、产业内容储能、产业生态筑基五大行动共 20 条具体举措。

（四）推动卫星互联网与卫星应用产业发展

成都致力于面向卫星互联网与卫星应用领域国家战略要求、产业发展趋势、城市发展需求，聚焦“从 0 到 1”原始创新、“从 1 到 10”应用创新和“从 10 到 *N*”产业创新，以西部（成都）科学城“一核四区”建设为依托，进一步强化科技创新平台支撑，推动天府绛溪实验室、天府兴隆湖实验室等创新载体建设，推进产业关键共性技术、前沿引领技术、颠覆性技术研究创新，促进原创技术成果产业化，形成服务制造强国、航天强国、数字中国战略大后方科技力量建设的创新策源地。同时，成都提升产业发展能级，加强基础设施建设，做优做强整星制造、地面终端研制、卫星应用服务及关键零部件生产四大环节，重点围绕链主、链属及创新型企业开展市场主体引育孵化，着力打造“2+6+*N*”特色产业集群，进一步夯实卫星互联网与卫星应用产业发展基础，推动产业高质量发展。

二、重庆

（一）推动特色领域高质量发展

重庆前瞻布局未来产业，积极参与国家未来产业孵化与加速计划，加快人工智能、硅基光电子等前沿技术产业化，提速建设重庆卫星互联网产业园，共建成渝国家氢燃料电池汽车示范城市群。重庆优化创新组织体系，支持企业、高校、科研院所、科技社团组建创新联合体，实施电子芯片、绿色低碳、先进制造等科技专项，集中优质资源开展关键核心技术攻关。重庆加快科技成果商业化、产业化，构建综合性、专业化、全链条、贯通式科技成果转化和产业化体系，建设国家科技成果转移转化示范区，创建国家技术转移区域中心，建设高技术服务业集聚区。

（二）加快元宇宙融合应用示范

在工业元宇宙方面，重庆鼓励智能网联新能源汽车、新一代电子信息制造业、先进材料、智能装备及智能制造、新型显示、高端摩托车等重点领域，加快推进元宇宙技术的应用融合。在文旅元宇宙方面，重庆加快推动全息影像、增强现实、5G+8K 等技术在图书阅读、文物展示等领域深度融合。在消费元宇宙方面，重庆支持有条件的商业综合体探索元宇宙技术应用模式，引入数字消费应用场景建设，打造沉浸式购物体验。在教育元宇宙方面，重庆支持推行智慧课堂、未来课堂等互动式、沉浸式教学模式，探索开发 VR 全景课堂、虚拟人教师、虚拟仿真教学平台等集成产品，建设虚实共生和跨界探索的未来教育形态。在城市元宇宙方面，重庆支持元宇宙赋能城市应急管理，提升城市应急处置能力。

（三）培育壮大三大前沿新材料

在气凝胶产业方面，重庆以硅基气凝胶为重点，推动气凝胶产品设计应用，打造全国气凝胶产业之都。在石墨烯产业方面，重庆围绕石墨烯材料低成本规模化制备开发，以及在电子信息、新能源、复合材料、健康环保等领域的应用，推动石墨烯上下游产业集聚。在未来材料产业方面，重庆积极引育纳米材料，探索发展智能材料、仿生材料、液态金属、高熵合金和新型超导材料等，加强极端环境所需特种材料研发。同时，重庆加强关键核心技术攻关和应用研究，支持前沿新材料领域应用示范、测试评价，以及产业联盟等平台建设，着力构建产业创新服务体系。

第十五章

中部地区

第一节 整体发展情况

中部地区是最具增长性的区域。中部地区包括山西、安徽、江西、河南、湖北、湖南 6 省。中部地区经过多年的推进和发展，制造业发展态势良好，成为我国重要的制造业基地。加快建设国家先进制造业基地是中部地区当前的首要任务。2022 年，中部地区生产总值为 266 513 亿元，在所有区域中增速幅度最大。中部地区城市群主要分为四大板块，分别是长江中游城市群、山西中部城市群、中原城市群和长三角城市群安徽片区。

其中，长江中游城市群被纳入“优化提升”的范畴，与京津冀、长三角、珠三角、成渝四大城市群同级。长江中游城市群地跨湖北、湖南、江西三省，承东启西、连南接北，是推动长江经济带发展、促进中部地区崛起、巩固“两横三纵”城镇化战略格局的重点区域，在我国经济社会发展格局中具有重要地位。长江中游城市群是我国面积最大的城市群，也是我国第一梯队城市群中覆盖城市数量最多的城市群。2022 年，长江中游城市群的地区生产总值为 13.45 万亿元，占全国的比重为 11.16%。虽然长江中游城市群与京津冀、长三角、粤港澳三大世界级城市群存在差距，但在 2022 年中国各省（自治区、直辖市）地区生产总值排名中，其范围内的湖南和湖北均位居前十，且增速高于其余城市群核心省市。长江中游城市群是目前五大城市群中经济增长最快的区域，接下来将是中国经济发展最具增长性的区域之一。

2015年，国家发展改革委印发《长江中游城市群发展规划》。武汉、长沙、南昌等中心城市的综合实力和发展能级不断提升，辐射带动周边发展的能力有所增强；综合立体交通网基本形成，建成以3个省会城市为中心的“三角形、放射状”城际交通网络，铁路网总规模突破1万公里；产业和创新基础不断夯实，形成装备制造、汽车制造、电子信息、航空航天等优势产业集群，“双一流”高校、高水平研发平台、重点实验室及各类创新载体的创新能力持续增强。从总体上看，长江中游城市群的发展动能持续增强，综合实力显著提升，具备了实现更高水平协同发展、发挥更大支撑带动作用的基础。

第二节　发展特点

一、坚持系统推进、产业集聚

2021年，《中共中央 国务院关于新时代推动中部地区高质量发展的意见》发布，聚焦中部先进制造业发展，推动科技创新驱动发展；提出统筹规划引导中部地区产业集群（基地）发展，在长江沿线建设中国（武汉）光谷、中国（合肥）声谷，在京广沿线建设郑州电子信息、长株潭装备制造产业集群，在京九沿线建设南昌、吉安电子信息产业集群，在大湛沿线建设太原新材料、洛阳装备制造产业集群；建设智能制造、新材料、新能源汽车、电子信息等产业基地，打造集研究开发、检验检测、成果推广等功能于一体的产业集群（基地）服务平台；深入实施制造业重大技术改造升级工程，重点促进河南食品轻纺、山西煤炭、江西有色金属、湖南冶金、湖北化工建材、安徽钢铁有色等传统产业向智能化、绿色化、服务化发展；加快推进山西国家资源型经济转型综合配套改革试验区建设和能源革命综合改革试点；推进皖江城市带、晋陕豫黄河金三角、湖北荆州、赣南、湘南湘西承接产业转移示范区和皖北承接产业转移集聚区建设，积极承接新兴产业转移，重点承接产业链关键环节；主动融入新一轮科技和产业革命，提高关键领域自主创新能力，以科技创新引领产业发展，将长板进一步拉长，不断缩小与东部地区尖端技术差距，加快数字化、网络化、智能化技术在各领域的应用；依托产业集群（基地）建设工业设计中心和工业互联网平台，推动大数据、物联网、人工智能等新一代信息技术在制造业领域的应用创新，积极发展服务型制造业，打造数字经济新优势。

二、重点发展先进制造业

2022 年 2 月，国务院批复同意《长江中游城市群发展“十四五”实施方案》，长江中游城市群迎来发展新阶段。该方案指出，联手打造先进制造业集群：加快打造航空航天、生物医药、新材料等产业集群；前瞻布局量子信息、类脑智能等一批先导产业，抢占未来发展先机。近些年，鄂、湘、赣三省在地区生产总值增速上常常超越东部地区，具有后发赶超的强劲态势，成为支撑中国经济增长的重点地区。长江中游城市群一体化发展驶入快车道，加快构建和完善一体化机制体系迫在眉睫。目前，以 3 个省会城市为核心的都市圈各自发展，圈内城市联系强度较高，但城市群之间的联系密切度有待提高。当务之急是构建和完善区域协同发展机制，搭建多类型、多层次的区域合作平台，建立战略联盟，实现区域内部各地区的优势互补、合作共赢。三省同处于基于传统资源禀赋的传统重化工产业结构的转型中，当前面临着提升整体自主创新能力、积极培育战略性新兴产业的共同任务。长江中游城市群要在先进制造领域完成国家使命，需要在“十四五”期间及更长时期内，抢抓机会窗口，瞄准世界级和国家级标志集群，创新以链长制为代表的地方主导型政策，破解先进制造业做大做强的痛点难点问题，塑造先进制造业的核心竞争力。

三、坚持优势互补、区域协同

这是长江中游城市群协同发展的核心要义。长江中游城市群山水相连、人文相亲，经贸往来密切，基础设施、产业、市场等重点领域的合作不断深化，呈现联动发展的良好态势。长江中游城市群要树立系统观念，坚持“一盘棋”思想，充分发挥三省各自的比较优势，加强城市间合作，强化政策统筹、一体推进，形成分工合理、功能互补、协调联动的发展格局，显著提升区域整体竞争力。

四、坚持创新引领、改革驱动

长江中游城市群创新资源较为丰富，改革基础较好，开放格局逐步优化，但与东部发达地区相比，在科技创新能力和改革开放水平等方面还有不小的差距。长江中游城市群要发挥科技创新的引领作用，强化改革的先导和突破作用，破除制约一体化发展的体制机制障碍，推动高水平开放，为高质量发展持续提供动力和活力。

第三节　重点城市情况

一、武汉

（一）加快技术创新中心等基础设施建设，积极引进各类优秀人才

武汉着力实施“410”工程，推动科技创新中心立柱架梁，国家层面51项支持事项加快推进，地方层面104项建设任务进展顺利；大力加强平台建设，8个全国重点实验室获批建设，2个国家技术创新中心揭牌运行，脉冲强磁场优化提升设施启动建设，武汉超算中心、武汉人工智能计算中心二期建成投运，北京大学武汉人工智能研究院、武汉光化学技术研究院等5个新型研发机构成立；扎实推进成果转化，市级10个科技重大专项全面落实，10个科技成果转化中心顺利设立，198个中试平台建成开放，技术合同成交额突破1300亿元；持续优化创新生态，建设创新街区、创新园区、创新楼宇110万平方米，入库科技型中小企业8680家，新增国家级众创孵化载体16家；优化实施“武汉英才”计划，新引进海外优秀人才2046名；增强新兴产业牵引力，大力实施战略性新兴产业倍增计划，加快前沿技术研发和推广应用，持续构建特色新兴产业生态圈；推动存储器、商业航天、新能源和智能网联汽车、网络安全人才与创新等国家产业基地做强主导产业，延伸配套产业，提高集群融合发展水平。

（二）重点布局电磁能、量子科技、超级计算、脑科学和类脑科学、深地深海深空五大未来产业

《武汉市国民经济和社会发展第十四个五年规划和2035年远景目

标纲要》提出，武汉规划在“十四五”期间加强前沿探索和前瞻布局，推进未来产业孵化与加速，布局一批未来产业技术研究院、未来技术实验室，打造未来技术人才培养基地，促进核心共性技术、前沿引领技术、现代工程技术、颠覆性技术的研发、转化和应用。武汉将重点布局五大未来产业。其中，电磁能主要聚焦电磁装备制造、高端舰船制造、高速轨道交通等，打造世界一流的电磁能产业；量子科技主要聚焦量子导航、量子通信基础应用网络、量子通信装备研制、量子计算等，打造国内量子技术及产业发展新高地；超级计算主要聚焦高性能计算、云计算等，积极布局超算产业链，提升海量数据存储、数据挖掘、数据交易、信息管理分析的能力，建设以云计算平台和云服务为关键支撑的数字生态，打造“科技算盘”，建设“算力城市”；脑科学和类脑科学主要聚焦脑重大疾病诊治、类脑计算与脑机智能等，积极开展脑科学与类脑研究，推动脑科学与人工智能有效结合，使武汉成为“中国脑计划”的领军者；深地深海深空主要聚焦地球深部勘探开发、深海装备和传感网络开发、深空对地探测等，形成“三深”运载探测装备系列化和配套能力，增强作业支持能力和资源开发能力，带动“三深”技术与装备的自主产业发展。

（三）各区根据本地特色，协同发展未来产业

武汉规划的五大未来产业主要在东湖高新区、洪山区、青山区、新洲区和东西湖区进行产业布局。其中，东湖高新区是武汉未来产业布局的核心区域，是电磁能、量子科技、超级计算、脑科学和类脑科学等未来产业的核心布局区域；洪山区重点发展脑科学和类脑科学、深地深海深空；青山区重点发展深地深海深空；东西湖区重点发展量子科技；新洲区重点发展深地深海深空。

二、长沙

（一）依托重点企业与产业园区，夯实未来产业发展基础

2022 年，长沙进一步推动建设国家重要先进制造业高地：大华股份华中总部、雅士林、比亚迪 DMI 超级混合动力工厂、鹏博新材等项目建

成投产，世界计算·长沙智谷、湘江智能网联产业园、楚天科技产业园等项目开工，新引进德赛电池、第三代半导体产业园、派浪丝电子等百亿级工业项目。博世汽车、三一集团 18 号工厂被认证为“世界灯塔工厂”。中联、蓝思等 5 家企业入选“中国智能制造 50 强”，新增弗迪电池、惠科光电等 7 家百亿元产值企业。星邦智能入选“全球工程机械 50 强”，长沙成为全球第 2 个拥有 5 家以上世界工程机械 50 强企业的城市。数字经济核心领域规模以上企业增加值超过 700 亿元，增长 20%，长沙获评全国人工智能创新应用先导区。国家级互联网骨干直联点建成开通，全省首个 5G 应用生态产业园开园，湖南大数据交易所文化板块上线运营，湘江数字健康产业园初具雏形，中国联通中南研究院签约落户。“五好”园区亩均税收增长 10%，规模工业增长高于全市 2.5 个百分点。长沙经开区入选首批国家级知识产权强国建设示范园区，宁乡经开区在“中国先进制造业百强园区”的排名上升 16 位，浏阳经开区综合评价位列全省第一，望城经开区获批国家火炬有色金属精深加工特色产业基地，宁乡高新区获批升级为国家级高新技术产业开发区，隆平高科技园建成全国首个标准化产业集聚区，金霞经开区成为“一带一路”中小企业合作区核心承载区，雨花经开区成为国家骨干冷链物流基地核心承载园区，天心经开区入选全国首批“科创中国”创新基地。

（二）加速构建“一核三圈”产业体系，突破多项关键技术

马栏山视频文创产业园获评国家文化和科技融合优秀示范基地。全省“四大实验室”全部在长沙挂牌建设，杂交水稻国家重点实验室、国家第三代半导体技术创新中心成功落户。天河新一代超级计算机系统正式运行，国家超级计算长沙中心的算力水平国内领先。极端环境电能变换等战略科技基础设施建设取得突破性进展。长沙攻克“卡脖子”技术 20 多项，突破关键核心技术 200 多项，碳化硅功率器件装备等打破国外垄断，北斗三号导航系统芯片、8 英寸集成电路成套装备等技术全国领先，万人有效发明专利拥有量达到 51 项。长沙设立科技成果转化母基金，先行试点知识产权证券化，发放科技型企业知识价值信用贷 40 亿元，研发经费投入同口径增长 17.1%，实现科技成果转化合同成交额 750 亿元，在长高校科技成果本地转化率提升到 38%。

（三）推进“十个重大科技创新标志性项目”建设，推进成果转化基地建设

加快打造国家科技创新中心，培育战略科技力量。以岳麓山种业创新中心为依托，按照国家实验室标准建设岳麓山实验室。全力争取大科学装置落户长沙，加快推进大飞机地面动力学实验平台、极端环境电能变换装置等重大科技基础设施建设。启动特种工程装备、干细胞等新型研发机构建设，创建战略性稀有金属矿产资源高效开发与精深加工国家技术创新中心、先进运载技术创新中心。加快湘江西岸科创走廊、三一科学城建设，推进湖南先进技术研究院、中南大学研发总部院士项目转化基地等的建设。强化企业的创新主体地位，实施高新技术企业“量质双升”行动，支持企业组建“创新联合体”，培育更多科技领军企业和科技型中小企业。

（四）深耕先进储能材料、新能源及智能网联汽车等优势特色产业链，前瞻布局未来信息技术、生命科学等未来产业

在“十四五”时期，长沙将持续深耕 22 条产业链，加快构建优势突出、特色鲜明的“1+2+*N*”先进制造业集群，新增 2 或 3 个制造业千亿产业集群。在新兴产业方面，长沙将加快发展先进计算、航空（大飞机）配套、功率半导体和集成电路、人工智能、新兴软件和信息通信技术、生物医药和高端医疗设备、新兴装备制造、现代种业等具有较大发展潜力的产业。在优势产业方面，长沙将巩固发展工程机械、先进储能材料、显示功能器件、节能环保及新能源装备、食品烟草等产业。在特色产业方面，长沙将重点培育发展新一代自主安全计算系统、新能源及智能网联汽车、智能终端、新型合金、数控机床等产业。在未来产业方面，长沙将在未来信息技术、生命科学、前沿新材料、氢能及储能等领域，抢占产业发展先机和战略制高点。此外，长沙还深入实施“上云用数赋智”行动，大力发展先进计算产业，争创国家数字经济创新发展试验区、国家大数据综合试验区，实现数字经济占长沙地区生产总值的比重超过 45%；着力增强创新驱动发展动力，全面推进“协同创新四大板块”、国家创新型城市、“科创中国”试点城市的建设。

三、南昌

（一）数字经济成效显著，工业经济量质双升

截至 2022 年，南昌全市规模以上数字经济核心产业企业达到 607 家，实现营业收入 1899.02 亿元，同比增长 5.9%；全市虚拟现实及相关企业达到 278 家，全年营业收入突破 600 亿元；新增上云企业超过 1.5 万家，实施 500 万元以上技术改造项目 233 个；建成华为（南昌）工业互联网创新中心，以及华勤、龙旗、华兴针织、江铃富山等“5G+”数字化转型智慧工厂，建设省级农业物联网示范基地 25 个，小蓝汽车及零部件产业园入选全国 33 个大中小企业融通创新典型模式优秀案例；开通 5G 基站 17 893 个，在全省率先实现乡级行政区 5G 网络全覆盖；国家级互联网骨干直联点项目建成并试运行，三大运营商数据中心陆续完工启用；红谷滩区元宇宙 · VR 数字农业示范基地建成开园，数字城管、智慧交通、政务服务等领域应用场景示范引领。截至 2022 年 4 月，南昌累计培育国家级专精特新“小巨人”企业 17 家、省级专精特新中小企业 235 家、省级专业化“小巨人”企业 21 家、省级制造业单项冠军企业 15 家。

（二）加强未来科学城等基础设施建设，加速未来产业发展

南昌将在红谷滩区建设未来科学城。未来科学城将建设未来产业科创总部聚集区、未来产业应用场景示范区、未来产业产教融合孵化区、未来产业高端智造先导区和未来产业装备制造引领区五大区域，引领南昌未来产业的发展。红谷滩区作为南昌数字经济创新引领核心区，国家虚拟现实创新中心正式授牌，中国移动虚拟现实创新中心、求是高等研究院、中国电信元宇宙业务总部等一批代表未来产业发展方向的研发机构陆续注册落地或投产运营。截至 2022 年底，红谷滩区数字经济核心产业企业总数达到 5380 余家。南昌将切实用好世界 VR 产业大会的成果，推进华勤千亿产业园建设，加快培育移动智能终端产业集群，加快壮大半导体照明产业集群，推动电子信息产业扩量提质；推动中国商飞江西生产制造中心提档升级，推进南昌飞行器交易中心等项目建设，培

育壮大航空物流、航空维修、航空研发等航空服务业；提升新能源汽车产品的竞争力，扩大新能源汽车出口，加强新能源汽车在公共领域的推广应用，推动智能网联汽车感知系统、电子集成控制装置等零部件体系的建设；以中国（南昌）中医药科创城江中药谷核心区建设为抓手，推动生物医药产业向价值链中高端转型；加快发展虚拟现实、5G、人工智能等未来产业，打响“世界级 VR 中心”城市品牌，加快创建国家虚拟现实创新中心；深入推进 5G 网络等新型基础设施建设，扎实推进“5G+智慧工厂”项目建设，推动主导产业数字化升级和智能化改造。

（三）实施产业基础再造及产业链提升行动，大力发展国际性战略性新兴产业集群

在“十四五”时期，南昌将实施产业基础再造及产业链提升行动，大力发展国际性战略性新兴产业集群，坚持防风险与促提升相统一、补短板与锻长板相结合，以电子信息、航空装备、汽车和新能源汽车、生物医药、虚拟现实、5G 等产业为重点，加大工业软件、微机电系统（MEMS）等关键领域基础部件强弱项、补短板的力度，深入实施产业链“链长制”，全链条防范产业链供应链风险，全方位推进产业基础再造和产业链提升。对于电子信息产业集群，聚焦电子信息制造、信息技术服务与软件业等，以龙头企业培育和引进为动力，以产业大环境塑造为支撑，持续增强产业技术创新能力，做大产业规模，做强产业整体实力和竞争力，重点打造虚拟现实、移动智能终端、LED 和 5G 产业链。对于生命健康产业集群，面向重大疾病治疗和疫情防控，聚焦生物产业、医药、生命健康制造和医疗器械等，以做优存量和做大增量为主线，加强产业化项目和技术的同步引进，快速提升产业整体规模，推进“医、药、养”融合发展，形成一批带动性强的重磅产品和服务，创新发展生命健康产业，重点打造中医药、生物制药和医疗器械产业链。对于高端装备产业集群，发挥数字科技优势，聚焦智能装备制造、高端机床与机器人等重点领域，着力突破核心技术和关键部件，推动装备制造业数字化、服务化转型，输出未来工厂建设解决方案，提升高端装备产业综合实力，重点打造汽车和新能源汽车链与航空产业链。

四、郑州

（一）加快打造国家先进制造业高地，推动产业发展聚链成圈

2022年，郑州制造业发展稳中向好，“1566”现代产业体系加快构建，六大主导产业增加值增长4.6%；新增“四上”企业1237家，签约亿元以上制造业项目195个，签约额为2133.2亿元；比亚迪新能源汽车等一大批龙头型项目落地建设，上汽发动机等220个项目竣工投产，富泰华5G智能手机精密机构件等548个重大技改项目加快实施。郑州数字化转型深入推进，国家工业互联网平台应用中心加快建设，培育省级智能工厂（车间）30家，新增上云企业超过1万家；成功创建国家区块链发展先导区，3个项目获评国家网络安全技术应用试点示范；建设元宇宙产业园，编制完成《元宇宙产业发展行动方案》，46家企业签约落地；以人工智能、软件和信息技术服务、IT设备制造为主体的数据中心关联产业正在加快形成；5G网络规模居全国第一方阵，国家级互联网骨干直联点总带宽在全国排第9位。

（二）整合优质资源，持续推动创新高地建设

中原科技城建设提质提速，优化提升260平方公里总体规划，与省科学院重建重振、国家技术转移郑州中心加速融合；持续推动北京理工大学郑州智能科技研究院等科研平台和鲲鹏软件小镇、海康威视等项目建设；引进中航建设集团华中总部、京东科技中原总部等高质量项目156个，落地华为中原区域总部等项目95个。郑州强力打造创新平台，龙湖现代免疫、天健先进生物医学等省实验室加快建设，超短超强激光平台、智能传感器关键技术公共服务平台稳步推进，新组建140个工程技术研究中心和46个重点实验室，国家级研发平台达到55个。郑州加快培育创新主体，超聚变数字、致欧家居实现全省独角兽企业零的突破，新增高新技术企业超过1000家，入库备案国家科技型中小企业8000家，分别占全省的48%、37%，新增市级科技型企业1912家，总数达到1.18万家。在国家级科技企业孵化器考核评价中，郑州有15家企业获评优秀，优秀率为65.2%，首次居全国第一。郑州持续优化创新生态，中原

龙子湖智慧岛标准化、实体化、市场化建设运营模式在全省得到复制推广，聚集双创载体 32 家、私募投资基金机构 247 家、大数据企业超过 200 家。2022 年，郑州全社会研发投入为 310.4 亿元，增长 12.2%，研发投入强度达到 2.45%，规模以上工业企业的研发活动覆盖率超过 60%。郑州持续聚焦新一代信息技术、高端装备制造、新能源、生物医药等重点领域，2023 年拟组织重大科技创新专项 20 项。

（三）立足发展基础和技术优势，大力发展特色产业

在“十四五”时期，郑州将围绕新能源汽车、生物、新材料、高端装备制造、节能环保五大特色产业，聚力打造“1 号产业”，建设全球重要的智能终端产业基地、国际先进的新型显示产业基地、国家网络安全产业基地、国内领先的智能传感器研发生产基地、国内新兴的集成电路产业基地；紧盯战略性新兴产业演变趋势，以及国家和省的政策导向，按照补短板、扩规模的思路，着力培育壮大新能源、数字创意、新兴服务业 3 个发展潜力大、空间广的新兴产业；前瞻布局未来产业，加强跨周期战略谋划，在氢能与储能、量子信息、类脑智能、未来网络、生命健康科学、前沿新材料等领域超前部署，争创国家未来产业先导示范区。

园 区 篇

第十六章

中关村国家自主创新示范区

第一节 园区概况

中关村国家自主创新示范区（简称中关村示范区）起源于 20 世纪 80 年代初的“中关村电子一条街”，是中国第一个国家级高新技术产业开发区（也称国家级高新区）、第一个国家自主创新示范区、第一个国家级人才特区，也是京津石高新技术产业带的核心园区，拥有以北京大学、中国人民大学、清华大学为代表的高等院校 41 所，拥有以中国科学院、中国工程院所属院所为代表的国家（市）科研院所 206 家，拥有国家重点实验室 67 个、国家工程研究中心 27 个、国家工程技术研究中心 28 个。中关村示范区以电子信息和生物医药为“双发动机”，形成新一代信息技术、生物健康、智能制造与新材料、生态环境与新能源、现代交通、现代服务业六大新兴产业集群，涌现出金融科技、无人驾驶、智慧物流、新零售等跨界融合新业态。

一、原始创新和前沿创新能力快速提升，产业发展呈现高增长与高质量

中关村示范区涌现出全球首个量子并行处理框架 QUDIO、世界首个无须光频异地传输的双场量子密钥分发技术等一系列重大创新成果，出台支持建设世界一流新型研发机构的实施办法，建设量子、脑科学、人工智能、应用数学等领域全新体制的新型研发机构。中关村示范区积

极承接国家重大科技任务，布局12个超算中心、46台全球算力500强的超级计算机，以及凤凰工程、高能同步辐射光源等19个大科学基础设施，建设新能源汽车、京津冀国家技术创新中心等一批科研平台。

二、集成化、专业化、国际化双创服务体系持续升级

中关村示范区打造覆盖研发创新、项目发掘、孵化转化、检测认证等关键环节的全链条全生命周期双创服务体系，拥有66家国家级科技企业孵化器、147家国家级众创空间、51家国家技术转移机构、232家国家级检验检测机构。中关村示范区高水平推进创新合作，提升全球创新资源配置能力，成为链接全球高端资源的重要节点。中关村示范区在硅谷、伦敦等地设立了19个海外联络处，上市公司在境外设立分支机构近千家，聚集300多家跨国企业的地区总部和研发中心、近万名外籍从业人员、5万多名留学归国人员。

第二节　重点产业布局

中关村示范区以电子信息和生物医药“双发动机”驱动产业园区发展，聚焦生命健康、未来智能、未来材料等前瞻性未来产业。中关村示范区加快发展基因编辑、合成生物学、生物制造、脑科学与类脑研究、干细胞与再生医学、单细胞多组学、生物育种等生命健康产业，大力发展量子信息、未来网络、无人技术、脑机接口、6G等未来智能产业，着力推动光电子材料、量子材料、新型超导材料、智能材料、液态金属、纳米纤维素、电子皮肤材料等未来材料产业，积极推动新一代空天系统、卫星互联网等未来空天产业和新型低碳洁净能源产业。

一、人工智能产业

（一）围绕大模型、通用智能体、科学计算等细分方向发展通用人工智能

目前，中关村示范区正着力推动大模型创新体系发展，支持大模型全流程关键技术攻关，建设人工智能公共算力平台、数据工具

和共性技术平台等，加快形成大模型创新生态，在人才服务、孵育体系、资本支撑、产业空间、应用场景、国际合作、行业自治等方面予以支持。截至 2023 年 9 月，中关村科学城已聚集 70 多家人工智能大模型企业和科研机构，围绕中关村、知春路、学院路等区域在全国率先形成了人工智能大模型产业集聚区。

（二）政策支持力度明显

2023 年 6 月，北京海淀区发布《关于加快中关村科学城人工智能大模型创新发展的若干措施》，抢抓大模型发展。2023 年 9 月，北京海淀区发布《中关村科学城通用人工智能创新引领发展实施方案（2023—2025 年）》，将打造中关村人工智能大模型产业集聚区，包括五道口人工智能产业园等 4 个人工智能特色产业园，计划打造 2300 亿元核心产业规模，聚集 100 家大模型企业机构及 60 家国家级专精特新“小巨人”企业，新培育 5～10 家独角兽企业。

（三）产业基础雄厚

中关村示范区有人工智能重点企业近千家，包括百度、腾讯、字节跳动等深耕人工智能领域的龙头企业。中关村示范区技术水平领先，已有数个落地大模型及应用。智谱华章、百川智能等企业积极研发通用大模型，云知声、华宇软件等的垂直大模型已在医疗、法律等场景中实现落地，腾讯、中科创达、小冰、大众问问等一批创新企业推出了人工智能大模型赋能智能驾驶。百度、字节跳动、商汤科技、百川智能、智谱华章已成为首批通过大模型备案的企业。中关村示范区创新载体资源丰富，智源研究院等多家科研机构关注大模型研发。

（四）配套服务体系建设快速推进

中关村示范区积极建设技术创新服务平台，围绕人工智能，聚焦全栈国产化人工智能技术体系建设需求，推动百度牵头，联合天数智芯、昆仑芯、摩尔线程、海光等企业组建创新联合体，已形成建设方案。中关村示范区正在搭建北京人工智能公共算力平台，未来将为企业提供 4000 P 的算力。中关村示范区已落地相关产业基金和科创基金，助力通用人工智能产业快速发展。

二、生命健康产业

中关村示范区的生命健康产业主要依托中关村生命科学园发展。中关村生命科学园聚焦生物和数字两大方向：在生物方面，中关村生命科学园聚焦细胞与基因治疗、新一代抗体药物、新型疫苗、合成生物学等细分领域，打造细胞与基因治疗创新高地；在数字方面，中关村生命科学园聚焦 AI 新药研发、AI 辅助诊断、AI 医疗服务、类脑智能与脑机接口等细分领域。

（一）基础研究能力强

中关村生命科学园聚集了北京生命科学研究所、北京脑科学与类脑研究所、国家蛋白质科学中心等一批研发机构，拥有国家工程研究中心和重点实验室 10 余个、省部级研发中心 16 个。中关村生命科学园涌现出细胞焦亡抗肿瘤免疫功能重大发现、高精度个性化脑功能剖分技术等一批具有世界影响力的原创成果，百济神州“泽布替尼”诺诚健华“奥布替尼”等一批中国原创新药，博雅辑因基因编辑药物、数坤科技心血管 AI 诊断软件等一批全球、全国首创产品。

（二）生命科学生态体系完善

一是中关村生命科学园已建成一批创新服务平台，形成完善的创新服务体系，引进新生巢创新中心、飞镖国际创新平台等创新孵化平台；搭建了生命园金融超市、生命园创新投资基金、生命园产业发展基金等金融服务平台；搭建了提供海关通关的中关村绿通北平台；建设了符合中国 NMPA、美国 FDA、欧盟 EMA 生产质量管理规范的细胞与基因治疗研发与中试平台；建成了提供创新药物产业化加速的国际精准医学加速中心。二是中关村生命科学园高端人才资源丰富，聚集了创新型医药企业 600 余家，汇聚院士 21 名，建有院士工作站 7 个、博士后科研工作站 20 余个。三是中关村生命科学园的产业链较为完善，形成了以基础研究为核心，从研发、中试、生产到临床应用的生物医药体系完整产业链。在研发、中试方面，汇聚了保诺科技、康龙化等 CRO（临床研究组织）企业；在创新药研发方面，聚集了诺和诺德、维泰瑞隆、华辉安健、原基华毅等知名药企；在生产流通方面，吸引了新时代健康集团、扬子江药业、万泰生物、宝日医等国内外重要药品、医疗器械生产流通企业。

三、量子信息产业

中关村示范区的量子信息产业主要依托中关村软件园发展。中关村软件园积极推动量子信息产业发展，在三大主要细分领域——量子通信、量子测量、量子计算均加以布局。中关村软件园在量子物态科学、量子通信、量子计算、量子材料等领域开展基础前沿研究，落地北京量子信息科学研究院、北京计算科学研究中心、中国信息协会量子信息分会等科研机构。2023 年 2 月，启科量子发布我国首台模块化离子阱量子计算工程机“天算 1 号”。3 月，袁之良团队利用光频梳技术研发出开放式架构的双场量子密钥分发系统，成功实现 615 公里的光纤量子通信，提出了长距离量子通信的新方案。

中关村软件园内龙头企业汇聚，配套服务体系持续完善。中关村软件园引入启科量子、本源量子、神州信息、国盾量子、国科量子等量子领域领先企业。其中，启科量子是国内首家兼具量子计算、量子通信核心技术储备与产品研发能力的科技创新型企业，已完成城域网络量子保密通信等多款产品研发。根据量子领域发展的需求，针对高端技术人才招聘的困难、持续性研发资金投入的高成本及企业对人才留用的多样化需求等一系列问题，中关村软件园持续提供全要素管家服务，致力于构建中关村软件园量子领域创新主体间良好的产业生态。

四、新能源和新材料产业

中关村示范区的新能源汽车产业链较完善，从动力电池、驱动电机到整车电控等产业链关键环节都有较强竞争优势。中关村示范区拥有清华大学电力电子与电机系统研究所、北京理工大学先进技术研究院动力电池与绿色能源研发中心、北大先行科技产业有限公司等科研机构；汇聚了北京现代、北汽新能源、北汽越野车、北京汽车研究总院、富电科技等新龙头企业；搭建了北京新能源汽车产业联盟、中国汽车动力电池产业创新联盟等公共服务平台；突破了高功率型和高能量型动力电池材料关键技术、动力电池组系统集成与应用技术、电池全生命周期电子标签和电能计量关键技术。在太阳能光伏高端装备研发制造、风电系统集成、核电技术服务等领域，中关村示范区具有一定优势，实现了大型海上风机的核心技术等一系列技术突破。高效节能和大型脱硫环保公司市场份额国内领先。

中关村示范区的新材料产业主要依托中关村顺义园、永丰产业基地、北京新材料科技产业基地几个产业园区发展，重点发展先进金属材料、特种纤维复合材料、航空复合材料、先进高分子材料、新型显示材料、石墨烯等细分领域，拥有首钢冷轧、钢研高钠、中航复材、安泰科技、中材科技等众多新材料产业内领先企业。中关村示范区在石墨烯、超导材料等领域技术水平达到国际领跑并跑阶段，在稀土功能材料、高性能纤维、高温合金等领域达到国内一流水平。

第十七章

深圳高新技术产业园区

第一节　园区概况

深圳高新技术产业园区（简称深圳国家高新区）是科技部“建设世界一流高科技园区”的首批6家试点园区之一，是“国家知识产权试点园区”和“国家高新技术产业标准化示范区”。历时20多年的发展，深圳高新技术产业园区始终坚持“发展高科技、实现产业化”两大方向，深入实施创新驱动发展战略，已成为引领深圳科技创新的核心引擎、发展高新技术产业的示范基地，是全国创新资源最集聚、创新氛围最浓郁、创业环境最优越的区域之一。2023年7月，深圳高新技术产业园区入选赛迪顾问2023年先进制造业百强园区榜单、“2023园区高质量发展百强”。

深圳高新技术产业园区聚集了大量的高科技企业、科研机构，是中国高科技产业的重要基地之一。园区内的企业涵盖电子信息、生物医药、新材料、节能环保等多个领域，并且知名企业众多，如华为、腾讯、中兴通讯、富士康、广达电脑等。近年来，深圳高新技术产业园区着力营造“大众创业、万众创新”的良好氛围，构建园区“众创—孵化—加速”全链条孵化育成体系，加大对众创空间、孵化器、加速器等孵化载体的支持力度，建设一批行业齐全、层次分明、服务专业的众创空间、孵化器，实现企业从创立到加速成长的全过程服务。截至2022年底，深圳高新技术产业园区已拥有市级以上孵化器55家、众创空间155家。

第二节 重点产业布局

一、生物工程产业

（一）开展技术攻关，引领产业发展

深圳高新技术产业园区聚焦高端医疗器械、生物医药、大健康等开展技术攻关，引领生物工程产业高质量发展。深圳高新技术产业园区重点在高端诊疗装备、体外诊断技术与设备、中药、生物药、高端制剂、重大突发传染病防治、精准营养与食品药品安全等领域开展技术攻关，加快建设国家高性能医疗器械创新中心，提升生物医药原始创新能力和国际竞争力。

（二）龙头企业汇聚，集群优势明显

深圳（坪山）国家生物产业基地是全国首批国家生物产业基地之一，也是深圳国家高新区“一区两核多园”的核心园区。该基地被定位为“深圳市生物医药产业最重要的平台和产业空间”，旨在打造“研发+转化+生产”的全链条生态体系。截至2022年，深圳（坪山）国家生物产业基地已有1000多家生物医药企业，产值规模超过200亿元。该基地形成了以生物医药、高端医疗器械和大健康为主体的生物产业先进制造业集群。此外，细胞与基因产业联盟产业化基地也落户坪山，该基地在“十四五”期间致力于打造细胞与基因产业的新高地。在深圳高新技术产业园区的推动下，深圳（坪山）国家生物产业基地吸引了一批有代表性的生物药企业，如普瑞金、宾德生物、图微安创、微芯生物、赛诺菲巴斯德、翰宇药业、健元医药、爱生再生、瑞普逊等。

二、新材料产业

（一）开展技术攻关，引领产业发展

深圳高新技术产业园区聚焦电子信息材料、新能源材料、结构和功能材料、生物材料、前沿新材料、材料基因组等开展技术攻关，引领新

材料产业高质量发展。深圳高新技术产业园区围绕电化学储能、新能源汽车、光伏等领域快速发展过程中对材料提出的更高要求，重点支持钙钛矿材料、固态电解质、金属锂负极材料、硫化物正极材料等下一代高性能新能源材料的研发与应用。

（二）产业规模发展迅速

深圳以坪山区为代表，在新材料产业方面发展迅速。目前，坪山区拥有近 200 家新材料企业，这些企业涵盖新能源电池材料、湿电子化学品、热缩材料、锂电池隔膜、锌合金、锂电池正极材料、锂电池负极材料等众多领域。其中，以弗迪电池、新宙邦、沃尔核材、中金岭南、贝特瑞等为代表的优质企业，在各自领域取得了显著的成绩和突破。2023 年 1—7 月，坪山区新材料产业产值达到 351.2 亿元，同比增长 85%，表现出强劲的发展势头。特别是以锂电池为代表的新能源材料产业链在坪山区已经形成较为完备的体系，而电子信息材料企业也在这里形成了集聚效应。

三、高端装备制造产业

（一）开展技术攻关，引领产业发展

深圳高新技术产业园区聚焦工业母机、智能机器人、激光与增材制造、精密仪器设备等开展技术攻关，引领高端装备制造产业高质量发展。深圳高新技术产业园区重点在高端数控机床、机器人智能感知与交互技术、激光芯片、立体印刷术、精密仪器设备核心器件、高端通用科学仪器、建筑机器人等领域开展技术攻关，夯实制造业发展根基，提升高端制造业发展能级。

（二）企业集聚效应明显

2022 年，深圳的高端装备制造产业增加值达到 538.98 亿元，同比增长 5.1%，展现出良好的增长势头。这一增长主要源于精密仪器设备、智能机器人及激光与增材制造等细分领域的蓬勃发展。在这些领域中，大族集团、优必选、TCL、立讯精密、中智科创、雷赛智能及工业富联

等代表企业发挥了重要作用，它们的成功不仅推动了各自领域的技术进步，也为整个高端装备制造产业的繁荣作出了贡献。这些企业主要聚集在宝安区、南山区、龙华区和福田区，使得这些地区成为深圳高端装备制造产业的核心区域，进一步巩固了深圳在全国乃至全球装备制造产业中的地位。

第十八章

上海张江高新技术产业开发区

第一节　园区概况

上海张江高新技术产业开发区（简称张江高新区）成立于 1992 年 7 月，位于上海浦东新区中南部，是国家级高新技术产业开发区，与陆家嘴、金桥和外高桥开发区同为上海浦东新区重点开发区域，被誉为“中国硅谷”。

张江高新区拥有国家上海生物医药科技产业基地、国家信息产业基地、国家集成电路产业基地、国家半导体照明产业基地、国家 863 信息安全成果产业化（东部）基地、国家软件产业基地、国家软件出口基地、国家文化产业示范基地、国家网游动漫产业发展基地等多个国家级基地，建有国家火炬创业园、国家留学人员创业园。张江高新区正向着世界级高科技园区的愿景阔步前进。作为上海建设具有全球影响力的科技创新中心的核心载体和先试先行区，张江高新区拥有 1700 多家研发机构、近 7 万家科技创新企业，其中高科技企业近 4000 家。2023 年上半年，张江科学城经营总收入为 5575.07 亿元，同比增长 10.5%；固定资产投资额为 193.73 亿元，同比增长 26.2%。2023 年 6 月，张江科学城专项发展资金申报指南正式发布。

经过 30 多年的开发，张江高新区构筑了生物医药创新链、集成电路产业链和软件产业链的框架，园区加快布局“五型经济”，重点发展以集成电路、生物医药、人工智能为核心的“3+*X*”产业体系：做强集成电路、生物医药、人工智能三大产业，发展数字经济、绿色低碳、新能源汽车、高端装备制造、航空航天、信息通信、新材料等特色产业，培育第六代通信、下一代光子器件、类脑智能、氢能源、基因与细胞技术、新型海洋经济等具有前瞻性的未来先导产业。

第二节 重点产业布局

一、集成电路产业

张江科学城是中国集成电路产业的制高地，是国内产业链完整的集成电路产业集聚区。经过 30 多年的发展，张江科学城的集成电路技术和产业在国内处于领先地位，聚集了国内外集成电路企业超过 800 家，形成了集设计、制造、测试、封装、材料、技术服务于一体的完整产业链，拥有完善、齐全的产业链布局。在国家极大规模集成电路制造技术及成套工艺专项（02 专项）44 个项目中，张江高新区占 7 项；在国家核心电子器件、高端通用芯片及基础软件专项（01 专项）中，张江高新区占 22 项。园区涌现出一批自主创新的明星企业，如中芯国际、展讯、上海微电子、华虹 NEC、华虹宏力等 200 多家企业，总投资超过 100 亿美元，约占全国的 60%。集成电路已进入 90 nm 和 65 nm 制造工艺研发阶段，与世界先进水平的差距从 3 代缩小到 1 代。在手机芯片行业，展讯、锐迪科、格科微等公司已成为国际竞争对手不可忽视的力量。2023 年上半年，张江科学城引进集成电路重点企业 7 家，集成电路产业营收约 921.5 亿元，同比增长 2.1%。

二、生物医药产业

张江高新区拥有国家上海生物医药科技产业基地，是上海国家医药出口基地的核心区。园区重点发展化学药品、生物制药、现代中药。入驻的国家级、上海市重点研究所包括中国科学院上海药物研究所、国家新药筛选中心、国家上海新药安全评价研究中心等，企业包括罗氏制药、杜邦、霍尼韦尔、和记黄埔、中信国健、迪赛诺等。2023 年 6 月，张江高新区启动生物医药产业科创生态合作伙伴征集，截至目前征集了近

200 个服务平台，共计近 2000 个服务项。在国家重大新药创制专项方面，张江高新区获得支持的项目有 99 个，占全国的 10.2%。2023 年第一季度，上海已获批 3 款 I 类新药，这些成果均来自张江高新区。生物医药产业形成了从新药探索、药物筛选、药理评估、临床研究、中试放大、注册认证到量产上市的完整创新链，聚集了国内外生命科学领域的企业、科研院所及配套服务机构 400 多家。截至 2023 年第一季度，张江高新区生物医药境内外上市公司合计 79 家。作为国家生物医药产业基地，张江高新区将积极打造中国“药谷”。

三、人工智能产业

张江高新区在人工智能领域具有较强的产业基础，并形成了人工智能产业集聚区——张江人工智能岛。张江人工智能岛是国内“5G+AI”全场景商用示范园区、上海“AI+园区”试点应用场景、上海（浦东新区）人工智能创新应用先导区的核心承载区。岛上有 21 幢建筑、30 多个智慧未来的应用场景，聚集了 IBM 研发总部、微软 AI&IoT Insider 实验室、英飞凌大中华区总部等跨国企业巨头，ADA Health（中德）、齐感科技（中以）、远景智能（中新）等合作项目，同济大学上海自主智能无人系统科学中心等科研院所，阿里巴巴平头哥（上海）、云从科技、小蚁科技、汇纳科技、黑瞳科技等独角兽企业，以及张江创业工坊 @AIsland、红杉数字智能产业孵化中心、IBM Wastson Build 人工智能创新中心。未来，将有 8000 名人工智能研发工程师和科学家在岛上工作。2023 年 7 月，在世界人工智能大会期间召开的“引领未来，赋能焕新”——2023 浦东论坛上，上海张江 AI+超前孵化实验室启动。该实验室是集创新策源、概念验证、技术转化、标杆孵化和战略投资于一体的新型研发机构、高质量硬核技术孵化器，将持续培养一批计算生物学人才，开发一批具有自主知识产权和国际影响力的算法模型和软件，加速催生一批面向生命健康的颠覆性新技术，产出一批可有效规模化应用的新工具、新标准与新产品。2023 年 1—7 月，张江高新区人工智能产业营收约 428.1 亿元，同比增长 25.2%。

第十九章

苏州工业园区

第一节　园区概况

苏州工业园区是全国开放程度最高、发展质效最好、创新活力最强、营商环境最优的科技园区之一。作为中国和新加坡两国政府间的重要合作项目，苏州工业园区被誉为“中国改革开放的重要窗口”和“国际合作的成功范例”。苏州工业园区在国家级经开区综合考评中实现七连冠（2016—2022 年），跻身科技部建设世界一流高科技园区行列。园区目前围绕人工智能、生物医药、纳米技术三大产业，打造高新产业集群。截至 2022 年，该区三大新兴产业总产值超过 3600 亿元。

生物医药产业是苏州工业园区的“一号产业”。截至 2023 年上半年，园区已成为苏州生物医药及高端医疗器械国家先进制造业集群的核心区域，获批科技部生物药品制品制造创新型产业集群，聚集生物医药企业近 2300 家，包括自主品牌企业超过 2000 家。2022 年，园区生物医药产业产值达到 1368 亿元，同比增幅达到 15%以上，综合竞争力居全国生物医药产业园区第一。

园区作为中国和新加坡的合作项目，持续加深中新间技术合作，持续拓宽中外技术交流。截至 2023 年，园区已建成新科研企业合作中心、冷泉港亚洲中心、牛津大学高等研究院（苏州）、新加坡国立大学苏州研究院等国际合作创新平台，吸引 33 所中外知名院校入驻，聚集 15 家以中国科学院苏州纳米技术与纳米仿生研究所（简称中国科学院苏州纳米所）为代表的“国家队”科研院所。园区以海外离岸创新中心为重要载体，目前在新加坡、以色列等发达国家设立的 22 个海外离岸创新中心，已经成为其识别培育全球前沿创新项目的捕捉器。据统计，2022 年，苏州工业园区新增外资项目 298 个，引进外资项目累计超过 5100 个。

2022 年 5 月 16 日，苏州工业园区被授予江苏首家且唯一的“省级外资总部经济集聚区”称号。截至 2022 年底，园区内有效期内的国家高新技术企业超过 2480 家，累计培育独角兽企业 180 家、科技创新型企业超万家，累计评审苏州工业园区科技领军人才项目 2654 个，累计建成各类科技载体超过 1000 万平方米、公共技术服务平台 43 个。

第二节　重点产业布局

2023 年 9 月，苏州市人民政府发布《市政府关于加快培育未来产业的工作意见》，提出在苏州工业园区大力发展前沿新材料、光子芯片与光器件、细胞和基因诊疗三大未来产业重点领域。在前沿新材料方向，苏州工业园区侧重第三代半导体和纳米材料；在光子芯片与光器件方向，苏州工业园区侧重光子芯片、光电子器件、光通信；在细胞和基因诊疗方向，苏州工业园区侧重细胞药物、基因诊断、核酸药物、生物和信息融合技术。

一、纳米技术应用产业

近年来，苏州高度重视纳米技术应用产业的发展，将其作为引领未来的先导产业并重点培育。苏州工业园区积极布局纳米技术领域，打造创新载体，加快形成产业方阵，建成苏州纳米城、中国科学院苏州纳米技术与纳米仿生研究所、苏州纳微先进微球材料应用技术研究所有限公司等一批高端创新载体。园区的纳米技术应用产业呈现蓬勃发展的态势，累计引进和孵化相关企业近 1128 家，聚集各级领军人才创新创业团队 470 多个，产业产值迈上千亿级。2022 年，苏州纳米城新增上市企业 4 家、国家制造业单项冠军 1 家、国家级专精特新“小巨人”企业 4 家、中国潜在独角兽企业 2 家，新增省级技术中心 10 个，潜在独角兽企业达到 13 家。世界首个按国家重大科技基础设施标准建设的纳米领域大科学装置——纳米真空互联实验站（NANO-X）一期已在园区内建成使用。中国科学院苏州纳米所与空客（北京）合作成立的航空纳米材料联合实验室也已落地园区内。

苏州工业园区在纳米技术上填补国内10余细分领域空白。苏州工业园区在微球、光刻胶、滤波器、单晶硅、氮化镓等领域实现核心技术突破。2022年，苏州工业园区完成“夸父一号”卫星的研制工作，研发的高性能柔性压电传感器打破国际垄断，硅基氮化镓LED外延片突破300 mm壁垒，单模980 nm激光芯片实现全制程自主可控。纳微科技突破“原有单分散聚合物制备”技术的局限性，成为全球第一家可以提供粒径超过30 μm微球层析介质的公司。苏州纳芯微电子股份有限公司通过VDE增强隔离认证，成为国内首家通过该认证的芯片公司。

二、光子芯片与光器件产业

苏州工业园区在化合物半导体激光器芯片、硅光模块、衬底材料、激光设备等光子芯片与光器件细分领域具有良好的产业基础，已形成“光芯片光材料光服务为基础、光模块光制造齐头并进”的产业格局。

（一）发展基础坚实，技术水平领先

苏州工业园区拥有东南大学苏州研究院、姑苏实验室、旭创研究院等一批创新载体，聚焦新型光电芯片技术、超高速光电器件、高集成度硅光芯片、动态灵活智能光互联通信技术和系统等核心技术方向。苏州工业园区的支撑服务平台加速建设，已建成中国科学院苏州纳米所化合物半导体加工线，以及三代半国创中心布局的材料生长、测试分析与服役评价、器件工艺、集成应用示范和高密度封装平台等，苏州市光子产业公共服务平台于2023年揭牌成立。

（二）龙头企业汇聚，集群优势明显

2023年，苏州纳米城被授予“苏州市光子产业特色园区”。在光子芯片及关键材料方面，培育了以苏州纳米城企业度亘核芯为代表的覆盖材料生长到芯片制造全流程的光子芯片光器件企业，聚集了砷化镓（GaAs）、磷化铟（InP）、氮化镓（GaN）等关键材料领域的龙头企业晶

湛、纳维等。在光器件光模块方面，培育了光模块领域兼具创新性与规模效应的龙头企业苏州旭创科技，招引了海光芯创、易锐光电等一批特色企业。在光制造方面，培育了南大光电、苏大维格、德龙激光等在光电材料、激光图像、激光设备等细分领域的单项冠军和隐形冠军。代表企业苏州旭创科技被认定为江苏省高速光通信模块工程技术中心，成功研发出 10G SFP+、25G SFP28 等系列在内的多个光通信模块产品类型。

三、细胞和基因诊疗产业

生物医药产业是苏州工业园区着力发展的“一号产业”，已初步形成重点产业集群，园区聚焦细胞和基因诊疗、创新药物研发等未来健康产业细分领域。苏州工业园区拥有中外院士团队 20 个、国家级人才工程入选者 80 名、各级领军人才超过 1000 名，专业人才总量超过 4 万名。当前，苏州生物医药产业园在夯实抗体药物、细胞和基因疗法的基础上，正加速布局核酸药物。在细胞和基因诊疗领域，苏州工业园区在免疫细胞治疗、干细胞治疗和基因治疗三大方向均有布局，构建了从基因编辑到上下游平台再到商业化生产的全产业链平台。

（一）产业集群持续壮大，国内外知名企业汇聚

吉因加、纽福斯、宜明细胞、博腾生物等知名企业均入驻苏州工业园区。其中，博腾生物拥有端到端的细胞与基因治疗 CDMO 服务平台，覆盖质粒、细胞治疗、基因治疗、溶瘤病毒、核酸治疗及活菌疗法等领域；亘喜生物研发的用于治疗异基因移植后复发难治性 CD19 急性 B 淋巴细胞白血病的产品已获批进入 I 期临床，是国内批准的第一个异体 CAR-T 产品。

（二）产业生态持续完善，有力支撑产业发展

苏州工业园区建设了国家生物药技术创新中心细胞与基因治疗药物中试及商业化平台、细胞与基因治疗研发与转化平台等服务平台，拥有国家生物药技术创新中心、苏州中科细胞转化研究院、中国医学科学院苏州系统医学研究所等一批科研机构。国家生物药技术创新中心已支持园区内企业申报细胞疗法榜单共计 128 个项目。

第二十章

成都高新技术产业开发区

第一节　园区概况

成都高新技术产业开发区（简称成都高新区）是国务院批准成立的首批国家级高新区之一，是西部首个国家自主创新示范区，是科技部“建设世界一流高科技园区”的首批 6 家试点园区之一。成都高新区由南部园区、西部园区、成都未来科技城和成都天府国际生物城组成。成都高新区 2022 年实现生产总值 3015.8 亿元，同比增长 3.0%；拥有企业 20.54 万家，同比增长 20.64%；完成工业投资 206.4 亿元，同比增长 18.3%，外商直接投资 14.55 亿元，占全市的 56%；高新综保区进出口总额连续 5 年全国第一。

一、坚持实施产业建圈强链，形成电子信息、生物医药、数字经济三大主导产业集群

在电子信息产业方面，成都高新区获评全国第三代半导体最具竞争力产业园区，形成集成电路、新型显示、智能终端、网络通信四大产业链。在生物医药产业方面，成都高新区 2022 年产业规模突破 1200 亿元，同比增长 20%，获批建设国家精准医学产业创新中心，建有全国首个重大新药创制国家科技重大专项成果转移转化试点示范基地，初步形成现代中药、化学药、生物制剂、医疗器械等重点产业集群。在数字经济产业方面，成都高新区 2022 年数字服务业实现营收 1431.4 亿元，同比增

长 8.9%，获批建设国家级超高清视频创新中心，建成四川首个智能驾驶示范场景。

二、坚持创新驱动核心地位，形成“人才链—创新链—资金链”的全链条、高标准科技创新体系

在创新人才聚集方面，成都高新区重点实施岷山行动计划和全球生物医药青年人才策源计划，引育中外院士 5 名，拥有国家级人才 14 名，聚集各类人才超过 75 万名。在创新平台建设方面，成都高新区加快打造天府绛溪实验室、天府锦城实验室（前沿医学中心）、北京大学成都前沿交叉生物技术研究院、成都岷山功率半导体技术研究院等新型创新研发机构，其中天府绛溪实验室聚焦电磁空间利用与控制、信息功能材料与部件、电磁感知与泛在互联、先进计算与类脑智能四大研究方向，布局量子互联网、类脑智能、电磁空间、微波与光子集成等 12 个前沿研究中心。在资金投入方面，2023 年 10 月，成都高新区天使母基金与 10 个基金管理人（GP）签约规模超过 60 亿元，以高精尖企业应投尽投为目标，聚焦集成电路、创新药、元宇宙、车载智能、工业软件、消费电子等细分领域，着力打造引领中西部的创新驱动发展示范区。

第二节　重点产业布局

成都高新区将数字经济作为主导产业之一，重点发展数字文创、网络信息安全、工业软件、5G 与人工智能、元宇宙等方向。同时，成都高新区在“十四五”规划中提出，要抢抓新一轮产业变革窗口和西部（成都）科学城建设的机遇，将成都未来科技城作为发展未来产业的重要承载地，前瞻布局量子科技、先进材料、氢能源、未来出行等未来产业的重点领域。

一、人工智能产业

成都高新区作为国家新一代人工智能创新发展试验区、国家人工智能创新应用先导区、国家智慧城市基础设施与智能网联汽车协同发展试

点城市核心区，相继出台了《成都高新区创建成都国家人工智能创新应用先导区行动计划（2021—2023 年）》《成都高新区人工智能产业高质量发展行动方案（2024—2026 年）》（征求意见稿）等政策文件，大力发展人工智能。目前，成都高新区以新川创新科技园为核心，以菁蓉汇为活力辐射区，以天府软件园、瞪羚谷、金融城、环电子科大科创园、成都未来科技城、成都天府国际生物城为融合应用重点园区，实现产创协同、全域联动。

（一）以主体培育打造人工智能产业高地

当前，成都高新区加快建设人工智能专精特新企业培育基地项目，构建"六位一体"平台模式。基地启动后入住率已突破 90%，行业分布覆盖人工智能基础软件平台、人工智能应用软件开发、人工智能元器件、智能硬件与终端产品、人工智能系统集成应用、数据资源及处理、高性能计算等。目前，成都高新区已聚集人工智能企业 300 余家，招引了华为、阿里巴巴、百度、商汤科技、科大讯飞等行业龙头企业，培育了川大智胜、四方伟业、考拉悠然等本土优质企业，基本形成从基础支撑、核心技术到上层应用的全产业链企业集群，在车联网（智能网联汽车）产业、智能机器人产业领域形成先发优势。

（二）以基础平台强化人工智能创新策源

成都高新区紧抓"东数西算"工程全面启动的战略机遇，加快建设华为成都智算中心（"一中心三平台"）、阿里云西部云计算中心及数据服务基地两大算力及数据基础设施，加快发展数据和算力平台。同时，成都高新区陆续建立了百度 Apollo 西部智能驾驶创新中心、四川省人工智能研究院、中移成研院&新华三 5G 联合实验室等高能级人工智能科创平台，涌现出启英泰伦智能语音芯片、纵横大鹏无人机等标志性的具有自主知识产权的产品，初步构建起覆盖基础层、技术层、应用层的人工智能产业生态圈，成为中西部人工智能产业高地。

（三）以场景思维发挥人工智能赋能效应

成都高新区依托每年设立的 2 亿元新经济场景专项资金，积极打造智慧医疗、智能空管、普惠金融、公园城市四大场景，探索形成人工智能“龙头企业领建、中小企业参建、金融机构助建”高新模式，加快建立“策、投、规、建、管、营、评”全生命周期场景孵化机制。成都高新区投资2亿元在新川创新科技园建设了约30公里（双向约60公里，有35个路口）智能网联示范道路，建设了从研发测试到商用落地全周期所需的基础设施和示范应用环境，打造了四川首个智能驾驶示范场景。成都高新区积极举办高能级人工智能专业会展，在首届腾讯STAC科创联合大会上发布人工智能机会清单209条，包含城市治理、智慧农业、智慧绿道、智慧生活等多个赛道产品和解决方案。

二、生物医药产业

成都高新区将生物医药作为主导产业，已聚集生物医药企业3000余家，累计上市及过会企业10家，引导设立医疗健康子基金5只，累计吸引诺贝尔科学奖团队7个、我国国家级人才团队100个、产业人才超过3万名。2023年1—9月，成都高新区生物医药产业规模以上工业企业产业增加值增速达到21.6%。

（一）以重大产业化项目建设推动产业建圈强链

成都高新区陆续引进建设成都天府国际生物城硕德药业创新药物产业化基地、汇宇创新药物研发总部及产业化基地、阳光诺和新药研发产业化基地、一桥生物技术创新药物全球总部及制造等重大产业化项目，完成全国首个重大新药创制国家科技重大专项成果转移转化试点示范基地一期建设，持续壮大创新药规模能级。同时，成都高新区推动500强GE中国医疗精准医疗产业基地项目、世界500强企业罗氏诊断西南地区首家数字PCR创新中心、上市公司延华集团智慧医疗全国总部、行业龙头企业泰格医药旗下芝兰健康数字疗法生态基地等项目落地，推动“BT+IT”新赛道呈现集聚态势。

（二）以高能级创新平台建设带动产业创新发展

2022年，国家精准医学产业创新中心、天府锦城实验室（前沿医学中心）等高能级创新平台相继在成都高新区揭牌运行。其中，国家精准医学产业创新中心是医药健康领域唯一获批的国家产业创新中心，重点聚焦细胞治疗、肿瘤靶向新药和疫苗研发、医学3D打印和人工智能等重点技术领域；天府锦城实验室（前沿医学中心）是四川省人民政府批复建设的天府实验室4个方向实验室之一，重点聚焦原创靶点发现及新药研发、创新医疗器械研发和精准医学等“3+*N*”研究方向。2023年4月，北京大学成都前沿交叉生物技术研究院在成都高新区揭牌，是北京大学在全国唯一的前沿交叉生物技术研究院，研究院首批建设任务包括定量系统生物学研究中心、合成生物技术创新中心、基因检测与编辑创新中心、免疫治疗技术创新中心、化学生物学前沿交叉创新中心、解码衰老研究中心、生物分子智造研究中心7个研究中心。

三、柔性电子产业

成都高新区作为全国领先的电子信息产业基地和创新高地，将柔性电子作为其重点开辟发展的新领域新赛道，聚集了材料端、设备端、零部件甚至终端制造等产业上下游企业50余家，相继建成京东方国内首条、全球第2条已量产的第6代柔性AMOLED生产线，出光兴产国内首个、全球第3个OLED发光材料制造基地，路维光电国内首条G11代掩模版产品生产线等重点项目，在AMOLED柔性显示、无屏显示等细分领域处于全球行业领先地位，也是中国柔性显示的主要研发生产基地。

（一）以多主体组织方式推动柔性电子协同创新

成都高新区联合产业各方率先在全国成立首个柔性电子产业发展联盟。联盟单位涉及浙江清华柔性电子技术研究院、西北工业大学柔性电子研究院、华中科技大学柔性电子研究中心等30余家单位，助力柔性电子产业核心技术发展提速增效。同时，成都高新区落地建设建立政产学研综合交流合作平台，瞄准柔性电子产业科技前沿问题，攻克转化制约产业发展的共性关键技术，增强中国柔性电子产业在全球市场上的竞争力。2023年10月，成都高新区的ICFPE 2023成果转化基地揭牌，旨在促进柔性电子产业的协同创新、成果转化、产教融合、学术提升，致力成为柔性电子产业科技成果转化、创新项目孵化的重要平台。

（二）以大赛会展引进柔性电子高水平团队

成都高新区持续举办“金熊猫”成都柔性电子产业创新创业大赛，重点聚焦涉及新材料、柔性传感器、芯片、显示、柔性印刷、终端应用、柔性智能穿戴、柔性存储等柔性电子产业链相关环节，评选出重点创新项目和优秀团队。成都高新区持续组织举办中国柔性电子产业发展大会，2023届产业发展大会发布了柔性电子产业机会清单，搭建了柔性电子成果展会，重点展示柔性电子在原材料、设备、产品等领域的创新成果，同时举办主题为“柔性印刷电子材料与器件”“柔性薄膜电子器件”“柔性生物电子与健康医疗”“柔性智能传感与探测”的分论坛，搭建了柔性电子产业的交流平台，共同探索柔性电子产业的应用前景。

未来，成都高新区将继续做大柔性电子产业规模，增强柔性电子领域研发创新能力，加快布局柔性电子产业链项目，积极拓展应用场景和市场，促进柔性电子产业与人工智能、生物医药、新能源等新兴产业的深度融合，推动柔性电子产业资源、人才资源、技术资源等关键要素集聚，推进建设具有国际竞争力的柔性电子产业生态圈，构建柔性电子的世界级品牌。

第二十一章

杭州未来科技城

第一节　园区概况

杭州未来科技城是浙江省、杭州市为深入实施国家人才战略，着力提升科技创新能力，加快经济转型升级而专门打造的海外高层次人才创新创业平台，定位为科技资源充分聚集、体制机制充满活力、公共服务便利优质、创业创新高度活跃的人才特区和科技新城，是杭州最具开发空间和发展潜力的科创产业连片区块之一。该园区被中共中央组织部、国务院国有资产监督管理委员会（简称国务院国资委）列为全国四大未来科技城之一，并在 2016 年入选首批国家双创示范基地。从浙江省层面来说，杭州未来科技城是浙江省重点打造的杭州城西科创大走廊的核心区、示范区、引领区，同时也是浙江省高端人才集聚区、自主创新示范区和科学发展新城区。

一、在企业培育及发展方面

杭州未来科技城辖区内有超过 3 万家企业，其中许多是科技型中小企业。2022 年，杭州未来科技城成功认定国家高新技术企业 460 家，新增国家级专精特新“小巨人”企业 26 家、省科技型中小企业 862 家、市级“雏鹰计划”企业 166 家，取得市级及以上荣誉的创新载体 19 家，其中国家级孵化器 2 家。“尖兵”“领雁”研发攻关计划项目成功立项 22 个；之江实验室、湖畔实验室等 13 个单位 17 项成果获省科学技术奖，其中一等奖 5 项，蝉联“自然科学”“技术发明”“科技进步”三大奖项大满贯。

二、在技术授权专利方面

2022 年 1—11 月，杭州未来科技城的专利授权数量为 9158 项，其中发明授权数量为 2838 项，同比分别增长 11.52%、64.52%。杭州未来科技城将“国家级知识产权强国建设试点园区”“国家知识产权局审查员实践基地”两块国家级知识产权“金字招牌”收入囊中。

第二节 重点产业布局

一、生物医药产业

杭州未来科技城聚焦生物医药核心产业，构建全方位扶持政策体系。生物医药是杭州未来科技城的核心主导产业之一。杭州未来科技城已聚集贝达安进、诺尔康、微泰医疗等 400 余家高端生物科技企业，累计引进 1000 余名生物医药类海外高层次人才。结合生物医药发展需求，2023 年 8 月，杭州未来科技城推出“金融 · 星计划”之金融服务需求调研，通过“线上发现跟踪+线下贴身服务”，全面了解企业需求，精准提供要素保障，打造具有未来科技城特色的“人才+科技+资本”三位一体的金融服务体系，推动创新链、产业链、人才链、资本链有效融合，助力企业高质量发展。

二、新电商产业

杭州未来科技城探索元宇宙、人工智能等前沿技术在电商领域的创新应用。余杭区作为阿里巴巴全球总部所在地，连续 3 年蝉联全市网络零售额第一。2022 年，余杭区网络零售额达到 1785.1 亿元，同比增长 17.3%，是名副其实的杭州电商第一区。2023 年 10 月，杭州未来科技城（海创园）管委会发布未来科技城新电商产业加速“百千万亿”计划，将配套相应政策，3 年内实现“100 家企业入驻、1000 个主播孵化、10 万个货源选品、1000 亿元商家流水”的“百千万亿”目标。杭州未来科技城大力挖掘以直播电商、社交电商、内容电商等为主要代表的新电商增长点，探索元宇宙、人工智能等前沿技术在电商领域的创新应用，打造“数智科技+产业服务”的服务社区，构建更为完善的产业链条和产业生态。

三、无人机产业

杭州未来科技城打造无人机技术创新策源地。杭州未来科技城积极打造空地一体无人系统，探索未来交通新体系，招引和孵化一批无人机产业上下游企业，并合资组建“这里飞科技”，在物流配送、血液运输、城市服务等方面，积累一定的运营经验。杭州无人机运行管理服务系统已经稳定上线运行1000多天，并实现国内人口稠密地区首次在同一片空域内多无人机运行主体的常态化运行。

第二十二章

武汉东湖新技术开发区

第一节 园区概况

武汉东湖新技术开发区简称东湖高新区，也称中国光谷。东湖高新区下辖 8 个街道，并建有 8 个专业园区（光谷生物城、武汉未来科技城、武汉东湖综合保税区、光谷光电子信息产业园、光谷现代服务业园、光谷智能制造产业园、光谷中华科技园、光谷中心城）。

在产业体系上，东湖高新区正加快构建“两强带动、两新融合、抢抓未来”的“221”产业体系。东湖高新区聚焦“光芯屏端网”、生命健康两大产业集群，深入推进强链、延链、补链，进一步夯实产业基础，着力补齐核心设备、基础工艺、关键基础材料等领域短板，增强产业链供应链的自主可控能力；聚力推进数字经济与新消费深度融合，搭建一批新技术、新产品的应用场景，大力发展 5G、人工智能、物联网等数字化产业，支持在线教育、在线医疗、在线文娱等数字消费服务的新业态、新模式加速发展，提升数字消费能级；前瞻布局一批未来产业，面向人工智能、脑科学、量子信息、6G、氢能与储能、元宇宙等前沿科技和产业变革领域，遴选发布硬核科技企业榜单，组织硬核科技企业场景对接，打造硬核科技成果展示平台；支持武汉人工智能计算中心创建国家新一代人工智能公共算力开放创新平台，推动武汉超算中心实现对外运营，加快打造未来产业科技园、武汉数字经济研究院、武汉量子技术研究院等未来产业孵化载体；完善支持未来产业发展的政策体系，加强专利布局、人才储备、平台建设、场景开发，建设未来产业园区。

截至2022年底，东湖高新区聚集了武汉大学、华中科技大学等42所高等院校与56家国家及省部级科研院所；新认定高新技术企业1381家，总数突破5200家，高新技术产业增加值同比增长14.15%；新认定瞪羚企业559家、国家级重点“小巨人”企业17家，国家级专精特新“小巨人”企业总数达到95家；拥有国家级孵化机构28家、国家级创新平台76个、新型研发机构17家。

第二节　重点产业布局

东湖高新区形成了以光电子信息、生命健康、智能产业及未来产业（脑科学、区块链、量子信息等）为主导的“3+*X*”产业发展格局。经过多年的持续培育，东湖高新区光电子信息、生命健康产业已在国内外形成品牌效应，已建成国内最大的光纤光缆生产基地、最大的光电器件生产基地、最大的光通信技术研发基地和最大的激光设备生产基地。同时，东湖高新区智能产业经过多年率先布局，已有较好的技术创新基础，初步形成规模效应。

一、光电子信息产业

光电子信息产业是东湖高新区的龙头产业。成立36年来，东湖高新区已建成全球最大的光纤光缆研发制造基地、全国最大的光器件研发生产基地、中小尺寸显示面板产业基地和激光产业基地之一。目前，东湖高新区正依托中国信科、长飞光纤等龙头企业的引领带动作用，大力发展光伏半导体、高端光电子器件及特种光纤，做强光学材料、元器件、激光器、激光设备及应用全产业链条。

（一）产业链条完善

光谷已培育出中国信科和长飞光纤等7家百亿级制造业龙头企业、10家国家级制造业单项冠军、60家国家级专精特新“小巨人”企业，培育了3000余个具有行业影响力的自主品牌，构建起横跨“光芯屏端网”全产业链的光电子信息产业集群。尤其在激光方向，光谷已形成完整的激光产业链，激光企业达到200多家，激光产品已应用在锂电、光伏、医疗、高端制造、智能网联汽车等多行业。光谷汇聚了包括光电子智能制造云平台、闪存产业链测试技术公共服务平台等在内的 17 个公共服务平台。

（二）科研实力坚实

光谷汇聚了武汉光电工业技术研究院、武汉地质资源环境工业技术研究院、武汉智能装备工业技术研究院、武汉导航与位置服务工业技术研究院、武汉光谷航天三江激光产业技术研究院等多家科研机构。国内第一台万瓦连续光纤激光器、国内第一台光纤飞秒激光器、国内第一次突破 1.5 μm 光纤放大器技术、国内第一个光纤激光器行业标准、国内第一个激光产品类国际标准等一系列“第一”均在光谷诞生。

（三）积极推动构建“光车联动”新格局

光谷瞄准新能源智能网联终端新赛道，在车联网、智能座舱、汽车软件与自动驾驶、高精度地图与定位、动力系统等方面形成优势，布局人工智能、车规级芯片等新赛道，支持北斗、智能制造等优势产业集群发展，大力推动“光车联动”，打造具有光谷特色的智能网联产业生态，培育更多跨界融合产业增长点。当下，光谷正全力推动光电子信息产业与智能网联汽车加速融合，推动下一个万亿级产业集群在光谷破局成势。

二、生命健康产业

生命健康产业主要依托光谷生物城，目前已形成生物医药、医疗器械、生物农业等三大主导产业，布局了基因工程药、干细胞治疗、基因检测、智慧医疗等特色产业。目前，东湖高新区正加快武汉国家现代农业产业科技创新中心、国家重大公共卫生事件医学中心等重大创新平台建设，打造具有国际竞争力的生物产业创新中心和全国生物经济创新发展示范区。

（一）与农业、信息产业融合态势加速，生命健康产业基础实力雄厚

光谷生物城着力增强生物医药的核心竞争力，加速生物医学工程跨

界融合，利用现代生物技术提升传统农业的辐射带动能力，超前布局精准诊疗，引进专业技术服务业，推动大数据、云计算、物联网与医疗健康的高速融合。光谷生物城聚集了百亿级企业 3 家、亿元以上企业 61 家、专精特新“小巨人”企业 53 家（其中国家级 15 家）、自主培育上市公司 6 家，汇聚了 29 名院士、601 个高层次人才团队。

（二）科创资源持续投入

在生物药领域，光谷生物城与国内顶级科研机构共建“军科光谷研发中心”，将多种基因工程药用于临床；培育了国际首个可量产的水稻基因重组人血白蛋白，即将获得临床批件。在化学药制剂领域，光谷生物城已成为全国最大的抗病毒处方药生产基地，建设了全国首个 cGMP 标准的软胶囊出口生产基地。在生物医用材料领域，光谷生物城拥有全国唯一的可诱导冻干同种异体脱钙组织工程骨产品，全球首个小口径仿生人造血管和肺动脉带瓣管道已进入国产创新医疗器械特殊审批通道。

三、智能产业

东湖高新区在智能产业方面聚焦人工智能、智能制造等产业，聚集了一批以中国信科、今日头条、科大讯飞、天马微电子等为代表的行业内领先企业。目前，东湖高新区正在加速布局下一代中小尺寸面板技术、智能软硬件、智能机器人、虚拟现实与增强现实、新一代物联网基础器件等智能产业。

（一）在人工智能领域，汇聚形成算力资源、产业集群和网络设施等方面的特色优势

2021 年，东湖高新区人工智能企业数量占全市的 66%，人工智能核心产业规模占全市的 82%。东湖高新区近年组建武汉人工智能研究院、北京大学武汉人工智能研究院、旷视科技人工智能工程院等科研机构，建成投运国内首个人工智能计算中心、武汉超算中心“双中心”。

（二）在智能制造领域，依托光谷智能制造产业园，重点发展面板显示、装备制造、大数据等产业

光谷智能制造产业园作为武汉东部地区产业的支撑新节点，已招引一批光电子信息、高端装备制造、新能源、环保及其配套、港口物流等产业，打造成光谷智能制造产业的承接区、国家光谷激光产业基地、国家级面板显示产业基地、光谷电子商务及物流产业基地。华星光电面板显示生产基地、天马微电子等面板显示企业相继落户光谷智能制造产业园。

第二十三章

合肥高新技术产业开发区

第一节　园区概况

合肥高新技术产业开发区（简称合肥高新区）是1991年经国务院批准的首批国家级高新技术产业开发区之一，区域面积为179平方千米，是合肥综合性国家科学中心的核心区、国家自主创新示范区、中国（安徽）自贸试验区合肥片区核心区、首批国家双创示范基地之一、科大硅谷核心区，是创新型国家建设的战略支点和合肥建设“大湖名城、创新高地”的主要载体。截至2022年底，合肥高新区实现生产总值1313.9亿元，是2016年的1.9倍；实现规模以上工业总产值2115亿元，是2016年的1.6倍；实现规模以上战新产业产值1548亿元，是2016年的2.4倍；实现线上服务业营收551亿元，是2016年的2倍。合肥高新区为全市经济高质量发展提供坚实支撑。

一、产业体系完善

合肥高新区已形成智能家电、汽车及配套、新一代信息技术、光伏新能源、应急、生物医药、节能环保等高新技术产业集群，获批建设国家应急产业示范基地，智能语音、集成电路、生物医药集聚发展基地等省级以上新兴产业基地。合肥高新区高新技术企业众多，培育了以科大讯飞、科大国盾、四创电子、华米科技、阳光电源、安科生物等为代表的具有自主知识产权、国内外领先的高科技企业，引进了格力电器、美的集团、惠而浦（中国）、大陆集团、长安汽车、晶澳、美国3M、日本

NSK、新华三、国华光电等龙头企业，形成了智能语音、电子信息、智能制造、公共安全、新能源、生物医药等高端产业集群，建有集成电路（芯之城）、智能语音（中国声谷）、生物医药 3 个省级战略性新兴产业基地。在合肥高新区内，企业有 2 万家，其中高新技术企业有 603 家，国家及省市创新型企业有 285 家，自主培育上市公司有 18 家，新三板挂牌企业有 46 家。

二、创新资源丰富

在合肥综合性国家科学中心的七大创新平台中，超导核聚变中心、国家量子信息实验室、天地一体化合肥信息网络中心、分布式智慧能源集成创新中心、离子医学中心五大平台先后入驻。合肥高新区拥有中国科学技术大学先进技术研究院、中国科学院合肥技术创新工程院等新型协同创新平台，获批建设中德智能制造国际创新园和合肥“侨梦苑”暨侨商产业集聚区等开放平台。合肥高新区建成省级以上重点（工程）实验室 22 个、省级以上技术（工程）研究中心 109 个；万人拥有发明专利 262 项，专利申请授权数连续位居全省第一；聚集各类人才，获批科技部“创新人才培养示范基地”。

三、战略定位明确

作为合肥综合性国家科学中心的核心区，合肥高新区承担着“参与全球竞争，创新引领未来”的战略使命，抢抓新一轮科技革命和产业变革的机遇，按照“4+4+*N*”的战略构架，聚焦信息、能源、健康、环境 4 个领域，参与和推动核心层、中间层、外围层、联动层 4 个层级建设，着力打造具有国际影响力的产业创新中心和集科技、产业、人文、山水于一体的现代科技新城。

第二节　重点产业布局

一、新一代信息技术产业

合肥高新区围绕一流园区政策体系，结合新一代信息技术产业的发展基础，重点突出人工智能、信息安全、集成电路三大重点领域的招商引资。合肥高新区应瞄准各产业链的薄弱、缺失环节，补齐并延伸新一代信息技术产业链条，进一步凸显园区新一代信息技术产业集群在全省范围内的引领、辐射、带动作用。

（一）人工智能产业

合肥高新区已形成从基础研究、技术研发、平台支撑到产业发展与应用的智能语音及人工智能全产业链，但是在对大企业、龙头企业招引方面稍显不足。合肥高新区在人工智能产业链的各个环节上均有企业布局，总体呈现产业多向发展的趋势。但是，合肥高新区在技术研究层面存在算法研发企业严重缺乏、单点带动、与外界融合度不高等问题，技术优势难以维持；在应用层面缺乏龙头企业带动，稍显后劲不足。

合肥高新区人工智能产业链分为基础层、技术层、应用层 3 个部分。基础层包括软件产品和硬件产品，软件产品包括云计算平台和数据资源，硬件产品包括芯片和传感器。技术层包括通用技术层、算法层和框架层，这 3 层同时也是合肥高新区人工智能产业发展的核心，代表企业有科大讯飞、商汤科技、海康威视和神州泰岳。应用层涵盖机器人、无人机、自动驾驶、可穿戴设备、虚拟助手、解决方案、虚拟客服、商业智能 8 个方面，代表企业有协创数据、方正智家和咪鼠科技。

合肥高新区将加大对基础层、技术层、应用层行业内知名企业的招商力度，紧盯京津冀地区、长三角地区等人工智能产业发达地区，在基础层数据计算领域重点引进网易云、阿里云，在技术层算法领域重点引进出门问问、云从科技等语音识别企业，中科奥森、格灵深瞳等计算机视觉企业，标贝科技等人机交互企业，在技术层人工智能平台领域重点引进阿里云城市大脑、百度开放平台，在应用层领域重点引进思岚科技、四维图斯等企业。

（二）信息安全产业

目前，合肥高新区信息安全领域的企业有 50 家左右，实现从基础组件、操作系统到安全集成服务和网络安全产品应用的全产业链覆盖，拥有新华三、中新网安、国盾量子等龙头企业。但与国内其他信息安全产业先发地区相比，合肥高新区在信息安全企业的数量和规模上仍然存在较大差距，芯片、内存等基础组件和操作系统、数据库等基础软件的制造商数量少，产业链上游发展存在严重不足。

合肥高新区的信息安全产业链分为上游、中游和下游 3 个部分。上游包括硬件设备和软件设备。硬件设备包括基础元器件、芯片、内存和其他，软件设备包括操作系统、数据库、中间件和其他，代表企业有合肥兆芯电子。中游就是安全集成服务提供商，包括信息安全硬件设备提供商、信息安全服务提供商和信息安全软件产品提供商，代表企业有中新网安、国盾量子、思科和新华三。下游包括传统互联网、工业控制系统、云计算、物联网、车联网、智能家居和移动支付，代表企业有华耀电子和中科美络。

合肥高新区将围绕补齐产业链短板，加强对信息安全基础组件企业的引进力度；加快对接京津冀、长三角、川渝等地区的信息安全企业，推动龙芯、飞腾、兆芯、申威等国产 CPU 厂商的招引，引入中标软件、普华软件、南大通用、达梦、东方通，构筑安全可控的基础组件环境；对接引进天融信、绿盟科技、卫士通、安恒信息等信息安全龙头企业，在园区内建设信息安全先进技术研发基地；招引安博通、亿赛通、炼石网络、安华金和等“网络安全+新兴领域”融合应用的企业，推动跨行业、跨领域企业的协作，打造网络安全应用示范区。

二、生命健康产业

合肥高新区深耕精准医疗领域，紧抓国家健康医疗大数据中部中心、省生物医药与高端医疗器械基金发展基地、市健康医疗小镇的建设契机，聚焦生物医药、健康医疗大数据、健康设备、健康服务四大方向，大力引进生物医药、精准医疗、智慧医疗、高端医疗器械、强磁场、旅游康养等领域的国内外龙头企业，引培健康医疗领域高端人才，打造具有国内一流水平的健康医疗创新发展基地。目前，合肥高新区生命健康产业的多项核心技术达到国际领先水平，生物医药基础研究和产业创新转化平台体系正在逐渐形成。截至 2022 年底，合肥高新区已聚集生物医药企业 400 余家，累计转化科技成果 540 余项。

（一）生物医药产业

合肥高新区已基本形成“原材料药供应—研发创新—生产制造—外包服务—商业流通—检测医疗”较为完整的产业链，聚集了立方制药、安科生物、兆科药业等龙头企业，以及离子医学中心、大基因中心、合肥干细胞与再生医学研究院等创新平台。但由于客观因素，目前原材料生产企业较少，导致企业面临原材料药供应不足、整体缺乏具有行业带动效应的龙头企业等问题。

合肥高新区的生物医药产业链分为上游、中游和下游 3 个部分。上游包括大宗原料药（维生素、抗生素等）、特色原料药（他汀类、普利类、沙坦类等）和中药材（当归、三七、金银花等），代表企业有贝克生物和华康药业。中游包括化学药（心脑血管用药、抗病毒药、抗肿瘤药等）、生物药（疫苗、激素、血液制品、重组蛋白等）和中药（中草药材、中药饮片、中成药），代表企业有安科生物、诺瑞特制药和兆科药业（合肥）。下游包括零售、批发和医疗服务 3 个板块，代表企业有国立医药和慈铭体检。

合肥高新区将针对生物医药产业链的薄弱环节和关键环节加大招引力度，建立医药招商项目专家咨询制度和重大医药产业招商项目跟踪制度，瞄准行业领军企业，面向西班牙金武制药、以色列梯瓦、加拿大威朗制药等外资企业，以及海正药业（浙江台州）、先声药业（江苏南京）等国内企业开展医药招商，引进一批国内外大型现代医药企业，打造现代化生物医药全产业链；注重以商招商，依托安科生物、同路生物、立方制药、贝克制药、先锋制药、济人药业、华威药业、美欣制药等现有医药企业，加大对其合作伙伴、供应商等上下游企业的招引，形成集聚效应；扩大品牌知名度，增强对国内外生物医药企业的吸引力，逐步实现通过知名品牌效应吸引投资的招商路径。同时，合肥高新区将加强与肥东循环经济园的合作，完善生物医药产业链的全环节。

（二）健康医疗大数据产业

合肥高新区近年来依托新一代信息技术的发展优势，推动生物技术与信息技术融合发展，已初步形成以大基因中心、瀚博瑞强、华云数据、国新健康等为代表的健康医疗大数据产业集群。但由于本地缺乏 GLP（优良实验室规范）实验室、新药临床前安全评价中心等公共服务平台，企业开展相关测试只能到上海、北京等地，导致研发成本较高，这在一定程度上制约了健康医疗大数据产业的发展。

合肥高新区的健康医疗大数据产业链分为上游、中游和下游 3 个部分。上游包括健康数据、生物数据、诊疗数据等数据资源。中游包括数据采集与转换、数据组织与管理、数据分析与发现、数据交易等数据处理内容。下游包括医疗机构、政府、保险公司、药企、个人等数据应用方面的内容。

合肥高新区将依托国家健康医疗大数据中部中心的建设，瞄准重点领域，集中招引一批具有一定规模、成长前景好的健康医疗大数据企业，培育经济发展新动力。在医疗影像领域，依托科大讯飞、美亚光电等企业的基础优势，通过采取以商招商、精准招商等举措，重点对接引进深圳智影医疗、杭州辛顿科技等企业，强化对计算机体层成像（CT）、磁共振成像（MRI）、超声成像、数字减影血管造影（DSA）和数字 X 射线成像等技术的研发，同时积极鼓励园区企业加强与安徽医科大学附属医院、中国科学技术大学附属医院等本土医疗机构的合作。在健康数据领域，依托浪潮、晶奇网络等企业，结合国家健康医疗大数据中部中心的建设，建立区域健康数据库；招引北京易康云、广州中康资讯、深圳天琴医疗等企业，结合智慧高新建设，引导人工智能与健康数据相结合，建立完善健康软件系统、健康电子档案、人工智能远程医学咨询体系等。在研发平台领域，依托中国科学技术大学先进技术研究院、中国科学院广州生物医药与健康研究院等平台的技术优势，加强与中国科学技术大学、中国科学院大学、中国科学院、中国医学科学院等对接，引进 GLP 实验室、新药临床前安全评价中心、生物细胞银行等重点项目，弥补产业链薄弱环节，打破生物评价关键共性技术及平台缺乏的局面，培育健康医疗产业高端人才，全面提升区域生物医药技术研发及产业化水平。

三、空天信息产业

2021 年 8 月以来，合肥高新区瞄准空天信息产业，已初步形成具有高新特色的空天产业培育之路，空天信息产业从无到有，实现蓬勃发展。2022年，合肥高新区签约落地空天信息项目23个，总投资超过191亿元，汇聚空天信息产业链上的企业近70家，覆盖遥感载荷研制、卫星遥感数据处理、卫星通信协议设计等领域。目前，合肥高新区初步形成航天产品设计、制造、集成、测试、试验及信息服务的全产业链。2023年，合肥高新区将空天信息产业纳入"未来科学城"空间规划，计划建设空天信息产业专业化标准厂房，加速制造项目招引与科技成果转化。

四、智能制造产业

目前，合肥高新区在智能制造产业发展上已有一定的基础，较具规模的企业主要有科大智能、航大智能科技、瑞硕科技、松科智能装备等；但产品主要为中下游低端产品，产值超过10亿元的龙头企业匮乏，业务开展集中在执行层和应用层，感知层企业偏少；相关科研院所偏重前沿技术研究，科技成果转化慢，产学研用合作不够紧密。

合肥高新区的智能制造产业链分为感知层、网络层、执行层和应用层4个部分。感知层的主要内容为感知技术，包括传感器、射频识别（RFID）和机器视觉等收集、生产数据类内容，代表企业有玺力电子科技。网络层的主要内容为通信手段，包括云计算、大数据/SCADA（监控与数据采集系统）、工业互联网技术和智能芯片等上传、分析数据类内容，代表企业有英特电力。执行层的主要内容为智能装备，包括机器人、智能机床、自动化设备和3D打印等生产数据自动化内容，代表企业有瑞硕科技。应用层的主要内容为解决方案，包括自动化生产线和智能工厂等定制生产内容，代表企业有航大智能科技。

合肥高新区将抢抓工业机器人新兴技术发展和应用爆发式增长的重大机遇，充分发挥自身创新发展高地的机制优势，面向市场需求，着力布局工业机器人集聚发展体系建设，力争成为长三角工业机器人核心示范区和全国重要的工业机器人产业集聚发展基地。在传感器方面，加强园区内相关企业、科研院所与机器人系统集成、本体制造企业的深度合作，提升智能传感器设计制造、封装集成、数据融合及可靠性领域的技术水平；同时，引进国内外知名企业，快速实现产线建设和技术转移，接洽引入英飞凌、意法半导体、纳微电子、科陆电子等企业，弥补相关企业在惯性、压力、温湿度、气体传感器等方面的不足。在工业机器人本体方面，重点招引瑞士的 ABB、德国的 KUKA（库卡）、日本的 FANUC（发那科）和 YASKAWA（安川）工业机器人“四大家族”，日本的 NACHI（那智不二越）、Kawasaki Robotics（川崎机器人），瑞士的 STÄUBLI（史陶比尔），意大利的 COMAU（柯马）和国内的唐山松下、沈阳新松、南京埃斯顿、上海沃迪等设立子公司，尝试接洽德国汉诺威莱布尼兹大学机器人研究所，探索双方在协作机器人研发领域的合作。在应用层方面，争取使美的集团旗下的库卡在园区内设立子公司，专注发展家电行业工业机器人；依托园区内光伏产业基地及周边巨大的光伏市场，尝试与国际巨头公司（如安川、发那科、库卡、史陶比尔等）进行战略合作，吸引国内知名企业（如汇川科技、哈博实、广州数控等）在园区内设立子公司，培育本地光伏机器人企业。

五、光伏新能源产业

合肥高新区的光伏新能源产业链分为上游、中游和下游 3 个部分。上游包括晶体硅材料和硅棒/硅锭/硅片。中游主要包括光伏电池和光伏组件。下游主要包括光伏系统应用产品。合肥高新区拥有电池、组件、逆变器、系统应用领域的光伏企业 36 家，在产业链各个环节分别形成了相当程度的集聚，基本实现全产业链覆盖。

合肥高新区虽已形成较为完整的光伏新能源产业链，但从全产业链和产品结构看，建筑用光伏构件、薄膜发电产品等城市推广应用的重点产品，以及光热发电产品、光伏生产设备等领域基础较薄弱。光伏产品以晶体硅电池为主，且主要集中在常规电池环节，产品结构相对单一，在硅异质结（SHJ）太阳能电池等高效电池和产品可靠性方面与国外相比仍有一定的差距，基础研究亟待发展。此外，合肥高新区在光伏高端电池工艺及装备、材料方面仍有不足，黑硅、PERC（发射极及背面钝化电池）、N 型双面技术等所需的关键设备仍依赖进口，智能化工厂系统集成能力有待提升。

合肥高新区将依托通威太阳能（电池片）、晶澳太阳能（组件）、阳光电源（逆变器）等龙头企业，强基补链，打造垂直一体化光伏新能源产业链，构建良好的光伏新能源产业生态。在招商引资方面，聚焦光伏电池片、光伏组件、光伏生产设备等光伏产业细分领域，重点瞄向江浙地区加大产业链招商力度，坚持引进和培育并举，做大做强龙头企业。在高端电池组件方面，针对光伏建筑一体化产品的发展趋势及柔性化应用的需求，重点引进高效薄膜电池、铜铟镓硒（CIGS）薄膜电池等技术和相关生产企业。在光伏生产设备方面，重点引进、研发高效晶体硅电池生产设备、薄膜电池生产设备及光伏电池检验检测设备等。

企　业　篇

第二十四章

新一代移动通信企业

第一节　华为

一、总体情况

华为技术有限公司（简称华为）是一家生产销售通信设备的民营通信科技公司，于 1987 年创立，总部位于中国广东深圳龙岗区坂田华为基地，其 20.7 万名员工遍及 170 多个国家和地区，为全球 30 多亿人提供服务。华为作为全球领先的信息与通信技术（ICT）解决方案供应商，专注于 ICT 领域，为运营商客户、企业客户和消费者提供有竞争力的产品和服务，曾获“2019 中国品牌强国盛典年度荣耀品牌”。2013 年，华为超过爱立信成为全球第一大通信设备商。此后，华为又在通信业务的基础上，在制造链领域往下发展终端业务，向上布局云端业务，同时搭建自己的服务链，云、管、端一体化格局初步形成。

截至 2022 年底，华为在全球近 800 个产业组织中，如标准化组织、产业联盟、开源社区、学术组织等，担任 450 多个重要职位，与 3GPP（第三代合作伙伴计划）、5G-ACIA（5G 互联产业与自动化联盟）、AII（工业互联网产业联盟）、Apache 软件基金会、CCSA（中国通信标准化协会）、IIC（工业互联网联盟）、ETSI（欧洲电信标准化协会）、ECC（欧洲共协调委员会）、Linux 基金会、Eclipse 基金会、开放原子开源基金会、TM Forum（或 TMF，电信管理论坛）、NetworldEurope、NTCAS（全国汽车标准化技术委员会）、AUTOSAR（汽车开放系统架构）等开展深层次沟通与战略合作，并促进中欧产业组织间的深度协作、标准互认等。近 10 年华为累计投入的研发费用超过 9773 亿元。2022 年，华为的研发费用支出约为 1615 亿元，占全年收入的 25.1%。2022 年底，华为的研发员工约有 11.4 万名，占总员工数量的 55.4%。截至 2022 年底，华为在全球共持有有效授权专利超过 12 万项。2023 年 3 月 31 日，华为发布 2022 年业绩报告。2022 年，华为全球销售收入达到 6423 亿元，同比增长 0.9%，总体持平；净利润达到 356 亿元，净利润率为 5.5%。

二、发展策略

华为认为 6G 是一种以人类可持续发展为愿景的无线通信技术，它不仅要满足人类对高速、低时延、高可靠性、低功耗、广覆盖等通信的需求，还要支持人类对智慧社会、智慧生活、智慧产业等新用例和新需求的探索。因此，华为在其发布的《6G 白皮书：愿景与挑战》中提出了 6G 的关键能力，包括极致感知、极致连接、极致智能、极致绿色。

（一）积极探索 6G 关键能力和支撑技术

为了实现 6G 的各类关键能力，华为提出了 6G 的六大支柱技术，分别是原生 AI（将 AI 从网络边缘到核心全面融合，实现网络感知、网络决策和网络执行的智能化）、网络感知（将传统的通信感知扩展到物理感知、虚拟感知和社会感知，实现对多维信息的获取、处理和交互）、极致通信（将传统的频谱资源扩展到亚毫米波、太赫兹、光波等更高频段，实现更高速率、更低时延、更高可靠性和更低功耗的通信）、星地融合（将传统的地面网络扩展到空间网络，实现全球范围内的无缝覆盖和服务提供）、内生可信（将传统的安全防护扩展到安全保障，实现从数据到服务的全链路可信）和碳中和（将传统的节能降耗扩展到碳排放控制，实现网络运行和服务提供的碳中和或负碳）。

（二）主动进行国际学术交流合作与 6G 标准化

目前，华为在加拿大、法国、芬兰等国家设立了 6G 研究中心，并与多所高校和科研机构开展合作。华为还积极参与国际标准化组织和产业联盟的 6G 研究和合作，如 ITU-R WP5D、3GPP 工作组、NGMN 6G

项目组、5G-ACIA 6G 项目组、5GAA 6G 项目组等。华为希望与全球合作伙伴共同推动 6G 的发展和应用，为人类创造更美好的未来。

（三）快速推进多种 6G 使能技术原型机搭建和试验

华为完成通信感知一体化、太赫兹通信、智能超表面等原型系统样机的搭建，完成低轨卫星通信技术试验。华为搭建了 6G 端边云移动算力网络测试环境，开展了异构算力管理、异构算力实时感知、无线联邦学习应用等阶段性测试验证；完成了感知一体化技术原型系统测试与验证，在定位跟踪、成像及环境重构、健康监测等场景方面取得技术突破；开展了业界首次基于 3GPP NR 协议体制框架的低轨宽带卫星通信技术试验，并取得圆满成功；搭建了智能超表面样机，完成基础电磁响应、场景化波束赋形、多频段干扰及消除等技术测试与验证；完成基于 E-Band 频段的 6G 高容量多用户接入通信测试、高容量高速车载移动通信测试、低功耗短距通信测试；在太赫兹关键核心器件、信号处理、系统架构等研究领域持续取得技术突破，自主研究高效率高性能射频器件（混频器、振荡器、放大器等）和高性能调制器件，率先实现 220 GHz 太赫兹频段通信原型系统。

第二节　中兴通讯

一、总体情况

中兴通讯股份有限公司（简称中兴通讯）是全球领先的综合性通信设备制造业上市公司和全球综合通信信息解决方案提供商之一，致力于为客户提供满意的 ICT 产品及解决方案。中兴通讯集设计、开发、生产、销售、服务于一体，聚焦于运营商网络、政企业务、消费者业务，是全球电信市场的主导通信设备供应商之一，业务覆盖 160 多个国家和地区，服务全球 1/4 以上的人口。中兴通讯各系列电信产品均处于市场领先地位，与中国移动、中国电信、中国联通等我国主导电信服务运营商建立了长期稳定的合作关系，并已向全球多个国家和地区的电信服务运营商和政企客户提供创新技术与产品解决方案，让全世界用户享有语音、数据、多媒体、无线宽带、有线宽带等全方位沟通的服务。中兴通讯是 ITU（国际电信联盟）、3GPP、ETSI、IEEE（电气与电子工程师协会）、NGMN（下一代移动网络）、CCSA 等 70 多个国际标准化组织和联盟的成员，并在 GSA（全球移动供应商协会）、ETSI 等多个组织中担任董事会成员。中兴通讯的 60 多名专家在全球各大国际标准化组织中担任主席和报告人等重要职务，累计提交国际国内标准化提案、研究论文超过 10 万篇。

二、发展策略

中兴通讯于 2023 年 9 月 21 日在博鳌亚洲论坛国际科技与创新论坛第三届大会上，宣布了一项重大突破，即在 3GPP 组织中首次提出了 6G 的愿景和关键技术方向。这是全球首个关于 6G 的标准化建议，为 6G 的发展指明了方向。中兴通讯认为 6G 将在 5G 基础上，由万物互联向万物智联跃迁，6G 网络将是一个地面无线与卫星通信集成的全连接世界，应充分利用 5G 和 5G Advanced 的技术优势，实现 6G 的平滑演进。

（一）系统布局多个 6G 关键技术方向

中兴通讯重视科技创新，积极探索和布局未来技术，已启动 6G 关键技术研究，同时与业界同行开展交流合作。在太赫兹频段的无线传输技术方面，利用太赫兹频段的超大带宽和超高速率，实现沉浸式通信和极高可靠性、低时延通信。在卫星通信技术方面，利用卫星网络的全球覆盖和高空视野，实现超大规模连接和泛在连接。在人工智能与通信的融合技术方面，利用人工智能的学习、推理和优化能力，实现通信网络的自动化管理和服务质量保障。在感知与通信的融合技术方面，利用感知设备和传感器的数据采集和处理能力，实现对人、物、服务、环境等多维度信息的智能感知。

（二）主导多项 6G 原型技术测试与试验验证

中兴通讯的太赫兹通信、通信感知一体化、智能超表面等概念样机完成 IMT-2030(6G)推进组测试验证。中兴通讯的 6G 分布式自治网络样机完成语音和文本的意图采集、转换和驱动规划样机执行业务的全流程验证；数字孪生样机通过了接入网数字孪生网络容量能力、接入网数字孪生网络相似度及接入网数字孪生网络预测能力测试；6G 算力网络关键技术概念样机通过了算网感知和算力路由功能测试；6G 太赫兹关键技术概念样机支持室外远距离传输，频谱效率超过 7 bit/(s·Hz)；6G 通信感知一体化关键技术概念样机感知距离精度可达到分米级，对 1 km 范围内的无人机能实现稳定的定位跟踪；6G 智能超表面关键技术概念样机实现了基站和 RIS 协同、波束的可调控，最大增益可达到 30 dB。

（三）加强卫星通信等的研发和应用

中兴通讯在卫星通信方面有着丰富的经验和技术积累，已经成功研发了多款卫星通信芯片。

第三节　中信科移动

一、总体情况

中信科移动通信技术股份有限公司（简称中信科移动）是大型高科技中央企业中国信息通信科技集团有限公司（简称中国信科集团）下属核心企业，2020 年由大唐移动通信设备有限公司和武汉虹信通信技术有限责任公司联合重组而成，是中国信科集团无线移动通信产业的承载主体和 5G 产业化的主导企业。公司的注册资本为 20 亿元，总部位于武汉，在北京、西安、上海设有分、子公司。

中信科移动是以 5G 为代表的全球移动通信领域自主创新领军企业，是在 5G 技术、标准、产业上实现引领发展的重要贡献者，是全球 5G 无线移动通信产业的核心推动力量。作为我国移动通信领域科技创新的重要载体，中信科移动拥有无线移动通信国家重点实验室和新一代移动通信系统与技术国家工程实验室等国家级重点实验室，是国家 5G 科技项目的主要承担单位。中信科移动高度重视自主创新及核心技术培育，汇聚了国内外知名的通信技术专家，并在 ITU-R、3GPP、IMT-2020(5G)推进组、CCSA 等国内外标准化组织中担任重要职务。在无线网络领域，中信科移动作为全球主流无线网络产品与解决方案提供商，可提供 4G/5G 全系列系统设备、天馈设备及室分设备，致力于为客户构建技术先进、品质优良的无线网络。中信科移动服务国内四大运营商，已为全国近百个城市的客户提供高质量的 4G/5G 通信网络解决方案和综合服务；在天馈市场中占据主导地位，跻身全球前四；深耕室分设备市场 20 余年，国内市场份额保持行业第二。

二、发展策略

中信科移动完成分布式自治网络、算力网络、通信感知一体化网络等技术概念样机搭建，在智能超表面等领域实现技术突破。中信科移动的 6G 分布式自治网络及数字孪生网络概念样机实现了即插即用、自动配置和异常快速恢复等网络自治功能，初步验证了 6G 网络功能柔性分割及按需动态部署和自配置、自优化能力，支撑后续 6G 智简网络架构及关键技术研究。中信科移动提出了面向 6G 网络的算力网络架构，并初步探索研发了算力网络概念样机，实现了面向 6G 核心网的算网融合技术。中信科移动提出了 6G 通信与感知空口融合的接入网架构，支持通过大时空尺度调度的方式对通信和感知所需的无线资源进行管理，通信感知一体化关键技术概念样机的感知精度可达到分米级，角度精度可达到 1° 级别，定位跟踪精度可达到分米级。中信科移动在 6G 智能超表面领域首次实现了 RIS 作为基站发射机天线阵列场景、毫米波手持终端接入的技术实验，可以稳定地实现多流数据传输，手持终端单用户下行数据速率可达到 5Gbps 以上。

在 2023 年世界移动通信大会（MWC）期间，中信科移动联合无线移动通信全国重点实验室（中国信科）发布《全域覆盖 场景智联——6G 网络体系架构白皮书》。中信科移动在 2020 年和 2021 年已分别正式发布《全域覆盖 场景智联——6G 愿景与技术趋势白皮书》和《全域覆盖 场景智联——6G 场景、能力与技术引擎白皮书（V.2021）》。在前期对 6G 愿景和关键技术研究的积累下，中信科移动进一步对 6G 网络体系架构进行探索。2023 年发布的 6G 白皮书在前两版白皮书的基础上，总结了 6G 场景对网络体系架构设计的需求，如星地融合、泛在连接、智慧内生、安全内生、算力内生等场景或能力需求。该白皮书围绕“全域覆盖、场景智联”这一美好愿景，本着智简、可编程、内生、分布式、服务化和数字孪生的设计理念，提出了“三层五面”的6G智简赋能网络体系架构，阐述了中信科移动对6G网络体系架构的观点，呈现了“三层五面”的体系架构及智简赋能的网络特性。

第四节　中国移动

一、总体情况

中国移动通信集团有限公司（简称中国移动）于1997年9月3日在香港成立，并于1997年10月22日和23日分别在纽约证券交易所和香港联合交易所上市。2021年5月18日，中国移动在纽约证券交易所退市生效。2022年1月5日，中国移动在上海证券交易所上市。同年，中国移动被《福布斯》杂志选入“全球2000领先企业榜”，被《财富》杂志选入“财富全球500强”。“中国移动”品牌在2023年再次荣登Millward Brown的“BrandZ全球最具价值品牌100强”，位居第73。

中国移动向国内31个省（自治区、直辖市）及香港特别行政区提供通信和信息服务，业务主要涵盖移动话音和数据、有线宽带，以及其他信息通信服务，是中国最大的通信和信息服务供应商，也是全球网络和客户规模最大、盈利能力领先、市值排名位居前列的世界级通信和信息运营商。截至2022年6月底，中国移动的客户总数约为9.7亿户，有线宽带客户总数达到2.56亿户，年收入达到8483亿元。

二、发展策略

中国移动围绕6G关键技术与网络架构，体系化布局服务化RAN、智慧内生、弹性至简网络、数字孪生网络、通感算融合等关键技术，初步形成6G顶层设计及端到端的技术体系，提出三体（网络本体、管理编排体、数字孪生体）、四层（资源与算力层、路由与连接层、服务化功能层、使能层）、五面（控制面、用户面、数据面、智能面、安全面）的6G总体架构，累计申请6G技术专利500余项，发布6G技术白皮书/研究报告10余本，发布语义通信样机、6G全频段信道测量平台、超高速率可见光通信器件、智能超表面样机等6种业界领先的技术原型样机。

2023 年 4 月，中国移动研究院 6G 开放实验室应用最新的雷达模拟器，成功搭建通感一体技术实验室研发与验证平台，正式具备通感一体技术实验室研发与验证能力。与主流的基于真实探测目标的测试方法相比，6G 开放实验室提供的研发环境减少了通感一体试验对测试环境的依赖，为加速通感一体化的研发提供了更加快捷的验证优化方式。通感一体技术实验室研发与验证平台涵盖业界领先的雷达模拟器、信号发生器、频谱分析仪等主要功能模块，可满足多元化感知场景验证需求。在验证过程中，雷达模拟器用于模拟待探测目标，可灵活配置多个待探测目标的基本参数，包括距离、速度、角度、反射截面积等参数；信号发生器用于自定义波形生成，可支持多频段、大带宽发送信号设计；频谱分析仪用于收发信号观测与数据采集，可实现快速分析验证。通过该平台，中国移动研究院在不依赖室外测试环境的前提下，完成了中低频段、毫米波频段下移动通信系统感知多个探测目标的技术方案验证，实现了 6G 从传统通信功能到感知功能的拓展，为后续进一步研究通信感知深度融合技术奠定了重要基础。未来，6G 开放实验室将持续完善基础研发环境与验证平台，提供更多新型业务和应用场景的验证能力，支持科研机构和产业合作伙伴开展 6G 关键技术的联合研发与测试验证，降低 6G 关键技术攻关的门槛，助力 6G 领域取得更大的原创技术突破。

第二十五章

人工智能企业

第一节　百度

一、总体情况

百度是全球最大的中文搜索引擎、最大的中文网站。百度在线网络技术（北京）有限公司（简称百度）于 2000 年 1 月创立于北京中关村，是全球为数不多的提供 AI 芯片、软件架构和应用程序等全栈人工智能技术的公司之一，被国际机构评为全球四大人工智能公司之一。基于搜索引擎，百度演化出语音、图像、知识图谱、自然语言处理等人工智能技术。最近 10 年，百度在深度学习、对话式人工智能操作系统、自动驾驶、AI 芯片等前沿领域投资，这使其成为一个拥有强大互联网基础的领先人工智能公司。2023 年 3 月，百度正式推出人工智能大模型——文心一言，文心一言目前主要展现出文学创作、商业文案创作、数理逻辑推算、中文理解和多模态生成五大功能。

百度于 2023 年 2 月 22 日披露其 2022 年度财务报告。2022 年，百度总营收为 1237 亿元，较 2021 年下降 1%。在非美国通用会计准则（Non-GAAP）下，归属于百度的净利润为 206.8 亿元，同比增长 10%。在研发投入方面，百度 2022 年全年达到 214.16 亿元，占百度核心业务收入的比重达到 22.4%。在百度 2022 年全年总收入中，核心业务收入达到 954 亿元，与 2021 年基本持平。其中，网络营销收入为 695 亿元，非营销收入为 259 亿元，较 2021 年增长 22%。

二、发展策略

（一）夯实移动基础，扩展生态场景

目前，百度的主要收入来源是移动业务，包括个人计算机（PC）搜索和移动搜索等，以及围绕流量的视频、社群、知识和工具类服务。在横向上，百度通过布局爱奇艺、好看视频、百度贴吧等流量入口，扩大整体用户规模。在纵向上，百度深化垂直行业布局，包括知识问答、医疗、金融、企业对企业电子商务（B2B）、教育、工具类等。百度还以百度智能云和百度大脑等为底座，扩展出生态应用场景，主要包括智能家居场景、元宇宙场景及无人驾驶场景等。

（二）持续布局人工智能领域，推动产业智能化升级

百度是全球为数不多、进行全栈布局的人工智能公司，从昆仑芯到飞桨深度学习框架，再到文心大模型等，各个层面都有关键自研技术，可以实现端到端优化，大幅提升效率。未来，百度计划将多项主流业务与文心一言整合，包括百度搜索、百度智能云、百度 Apollo、小度智能设备等。百度还将支持更多企业基于文心一言大模型构建自己的模型和应用。百度希望通过人工智能技术的应用，提升用户体验，推动产业升级，并为企业提供智能化的解决方案。百度还与其他公司和组织进行战略合作，以推动产业智能化升级。例如，百度与文化和旅游部达成战略合作，共同推动中国文化和旅游产业的智能化发展。

第二节 科大讯飞

一、总体情况

科大讯飞股份有限公司（简称科大讯飞）成立于 1999 年，是亚太地区知名的智能语音和人工智能上市企业，公司总部在合肥。科大讯飞自成立以来，一直从事智能语音、自然语言理解、计算机视觉等核心技术研究，并保持国际前沿技术水平；积极推动人工智能产品和行业应用落地，致力于让机器"能听会说，能理解会思考"，用人工

智能建设美好世界。科大讯飞作为中国最大的智能语音技术提供商，在智能语音技术领域有着长期的研究积累，并在中文语音合成、语音识别、口语评测等多项技术上拥有国际领先的成果。2023 年 10 月 24 日，科大讯飞发布星火认知大模型 V3.0，文本生成、语言理解、知识问答、教学能力等七大能力均持续提升。星火认知大模型 V3.0 全面对标 ChatGPT，中文能力客观评测超越 ChatGPT，英文能力对标 ChatGPT 48 项任务结果相当。

2023 年 4 月 21 日，科大讯飞发布 2022 年报及 2023 年一季报。2022 年，科大讯飞实现营业收入 188.2 亿元，同比增长 2.77%，归母净利润为 5.61 亿元。2023 年第一季度，科大讯飞实现营业收入 28.88 亿元。

二、发展策略

（一）以人工智能核心技术赋能垂直领域

在赛道应用上，科大讯飞注重技术的产业应用和应用规模，推出覆盖多行业的智能产品及服务，日前已在消费者、智慧教育、智慧城市、智慧汽车、智慧医疗、智慧金融、运营商等领域深度应用。科大讯飞重点拓展“根据地业务”，即具有可持续的用户黏性和收入增长潜力的运营型业务，包括考试、学习机、个性化学习手册、智医助理、医保控费、智慧汽车、智能硬件等。在智慧汽车方面，科大讯飞将布局智能音效和车载语音，基本实现主流车厂全覆盖。科大讯飞面向汽车智能化及数字化领域，提供智能交互、智能音效、智能座舱、智能驾驶等场景解决方案，产品线包括飞鱼 OS、飞鱼智能助理、飞鱼智能音频管理系统、AI 销服。在智慧医疗方面，科大讯飞将实现诊前/中/后全场景覆盖，业务持续拓展。科大讯飞的智慧医疗业务以医学知识自学习为基础底座，以认知推理和感知交互为两翼，推动诊疗助理和健康助手技术不断迭代演进。在智慧教育方面，科大讯飞将 GBC 三端联动，实现主要根据地稳定增长。

（二）推动源头技术系统性创新

科大讯飞推动源头技术的系统性创新，以让人工智能“懂知识、善学习、能进化”，并将机器人技术应用于家庭。根据讯飞超脑 2030 计划，科大讯飞将在核心技术方面取得突破，支撑和引领产业发展。科大讯飞将进一步加强在语音识别、自然语言处理、计算机视觉等领域的研发，提升人工智能技术的自主性和创新性。未来，科大讯飞将不断加大在人工智能技术研发方面的投入，引进和培养更多高水平的人才，提升自主创新的能力和核心竞争力，为公司的持续发展提供强有力的支撑。

第三节　智谱 AI

一、总体情况

北京智谱华章科技有限公司（简称智谱 AI）是一家大模型创业企业，总部位于北京。智谱 AI 成立于 2019 年，由清华大学计算机系知识工程实验室（KEG）的技术成果转化而来。其核心团队来自清华大学计算机系，包括 CEO 张鹏和一些研究成员。智谱 AI 在大模型研究领域备受关注，其团队在中英文平衡的跨语言知识图谱系统 XLORE 等方面取得了突破，团队核心成员曾参与清华大学与智源研究院合作项目“悟道”的研发工作。智谱 AI 的技术能力涉及自然语言处理、语音识别、计算机视觉等领域，并已经取得一些突破性的成果。2023 年 10 月 27 日，在 2023 中国计算机大会（CNCC）上，智谱 AI CEO 张鹏宣布，智谱 AI 推出第三代基座大模型 ChatGLM3 及相关系列产品。最新版本的 ChatGLM-turbo 在最新 AgentBench 上已略超出 GPT-3.5。评测显示，在 44 个中英文公开数据集测试中，ChatGLM3 在国内同尺寸模型中排名首位。

智谱 AI 在过去几年中进行了多轮融资。据悉，智谱 AI 在 2023 年融资超过 25 亿元。智谱 AI 的投资方包括美团、阿里巴巴、蚂蚁集团、腾讯、小米、金山资本、顺为资本、Boss 直聘、好未来、红杉资本和高瓴等。

二、发展策略

（一）加强技术研发，提升核心竞争力

智谱 AI 将进一步加大在自然语言处理、语音识别、计算机视觉等

领域的研发投入，提升自主创新的能力和核心竞争力。同时，公司还将积极引进和培养高水平的人才，更加注重人才培养和团队建设，通过引进和培养高水平的人工智能技术人才和管理人才，提升公司的整体实力和竞争力，构建更加完善的技术团队和研发体系。公司将不断提升产品质量和服务水平，加强品牌建设，提高市场占有率。公司将继续优化现有产品的性能和功能，并开发更多具有创新性和前瞻性的产品，以满足不断变化的市场需求。

（二）拓展应用场景和市场，推动产业升级和转型

智谱 AI 将进一步扩大人工智能技术的应用范围，拓展新的应用场景和市场。例如，公司将继续推进人工智能技术在教育、医疗、智慧城市等领域的应用，并探索在金融、能源等行业的创新应用。公司将积极参与人工智能产业的升级和转型，推动人工智能与其他产业的融合和创新。公司将继续与政府、企业等合作，共同制定相关政策和标准，促进人工智能产业的规范化发展。

（三）加强交流与合作，拓展海外市场

智谱 AI 将积极与其他企业、研究机构等合作，共同构建人工智能产业生态圈。通过合作，公司将能够更好地整合资源、共享技术成果，推动人工智能技术的快速发展和应用。公司还将进一步扩大海外市场，提升中国人工智能技术的国际化发展。公司将继续参与国际人工智能领域的合作和交流，并探索在海外设立分支机构和开展合作项目等方式，提升公司的国际影响力。

第二十六章

量子信息企业

第一节　本源量子

一、总体情况

本源量子计算科技（合肥）股份有限公司（简称本源量子）2017年成立于合肥高新区，由中国量子计算行业领军人物中国科学院院士郭光灿、中国科学技术大学教授郭国平领衔创立，是国内量子计算领域的龙头企业，被授予2021年度合肥高新区独角兽企业。本源量子是国内首家将量子计算推向商用领域、国内唯一可实际交付量子计算机整机并使用的企业，也是国内唯一一家具有全栈式开发能力的量子计算企业。本源量子主要聚焦量子计算产业生态建设，打造自主可控工程化量子计算机。本源量子围绕量子芯片、量子计算测控一体机、量子操作系统、量子软件、量子计算云平台和量子计算科普教育核心业务，着力打造自主可控的全栈式量子计算解决方案，瞄准生物科技、金融分析、大数据等多行业领域，推动量子计算产业落地。

在2022世界制造业大会上，本源量子重磅推出第三代“本源天机”量子测控系统，进一步实现了量子计算测控系统的再次扩展。2023年7月，中国移动通信有限公司研究院与本源量子成功实现全国首例基于通用量子计算机真机的通信网络优化算法验证，初步结果满足预期要求，实现了量子计算应用于通信网络的良好开局。

二、发展策略

（一）以知识产权制度为保障更好地推动量子技术创新

本源量子从前期的研发到产品的迭代生产，已搭建一套完整的创新研发奖励制度和知识产权流程管控制度，包括《本源量子项目管理制度》《本源量子知识产权管理制度》《本源量子专利管理办法》《本源量子知识产权奖酬办法》《本源量子商标管理办法》《本源量子知识成果数据信息披露管理办法》等，保证整个公司的所有知识产权关键事项有制度可以参照、有流程可以执行。在良好制度的保障下，根据国外第三方机构发布的“2022 年全球量子计算技术发明专利排行榜”，本源量子以 234 项量子计算发明专利数和 133 项发明专利被引证数排名全球前十，是前十中唯一一家中国企业。

（二）以联盟组织为纽带加快构建产业发展生态圈

本源量子牵头建立了本源量子计算产业联盟，成员单位主要涉及金融建模、轮船制造、传感应用、人工智能、生物科技、大数据等领域，并在此基础上牵头发起建立了我国首批量子计算行业应用联盟，包括量子金融行业应用生态联盟和量子计算生物化学行业应用生态联盟，有力助推量子计算在金融、生物医药等行业的应用落地。本源量子积极与银行及金融机构开展合作。本源量子已与中国建设银行、中信银行、浦发银行等共同研发系列量子金融算法，包括“量子期权定价算法”与“量子 VaR 值估计算法”等，和中国建设银行打造国内首个“量子金融实验室”。

第二节　国仪量子

一、总体情况

国仪量子技术（合肥）股份有限公司（简称国仪量子）成立于 2016 年 12 月，总部设在合肥。国仪量子源于中国科学技术大学中国科学院微观磁共振重点实验室，是一家以量子精密测量为核心技术的高新技术企业，主要从事量子精密测量、量子计算及高端科学仪器的技术研发和相关产品的研制、生产与销售，掌握高保真量子态调控技术、高灵敏度磁探测技术、微波收发技术、电子顺磁共振（EPR）探头技术、高精度扫描钻石探针技术、高速量子测控技术、电子光学技术、超高真空技术、精密运动控制技术、超高稳定高压电源技术等核心技术，为全球范围内企业、政府、研究机构提供以增强型量子传感器为代表的关键核心器件、用于分析测试的科学仪器装备、赋能行业应用的核心技术解决方案等优质的产品和服务。

2022 年，国仪量子推出第一台商用离子阱量子计算机，向该领域科研工作者提供稳定可靠的低成本解决方案。2023 年 10 月，国仪量子发布自主研制的聚焦离子束电子束双束显微镜 DB500、超高分辨场发射扫描电子显微镜 SEM5000X，标志着国产电镜正式迈入微纳加工的全新时代。

二、发展策略

（一）以联合组织模式为路径推动关键技术创新应用

2022 年 5 月，国仪量子发挥量子精密测量技术与产品化方面的优势，与中国计量院深圳创新院签署战略合作协议，共建量子计量科学仪器产业化联合实验室，积极参与国家“量子度量衡计划”，共同开展量子计量技术及计量基准、标准装置小型化应用基础研究、产品推广和应用示范，加强高端仪器设备核心器件、核心算法和关键部件等技术研究，在关键计量测试设备国产化上取得更多突破。2023 年 6 月，合肥市蜀山区人民政府、国仪量子联合建设具有鲜明特色的国家量子计量科普资源创新基地，成为量子赋能应用推广的合作交流平台，持续打造成为具有安徽特色的量子度量衡科普教育基地。

（二）以进口替代为核心打造国产高端科学仪器品牌

国仪量子深入进口高端仪器“卡脖子”环节，先后研制并发布“脉冲式电子顺磁共振谱仪”“量子钻石原子力显微镜”“金刚石量子计算教学机”“高分辨场发射扫描电子显微镜”等数十款新产品，多款仪器实现了进口替代，并在关键性能指标上实现了超越，与科研机构、医院、企业等数百家客户建立紧密合作实现了交付，并在德国、美国、澳大利亚等国家完成了海外交付，在石油勘探、先进材料、电力电网等领域实现了示范应用。国仪量子聚焦科学仪器主航道，瞄准物性测量仪器领域精准布局，携手北京金埃谱共同成立新公司——国仪精测，致力于成为吸附表征仪器行业的全球领导者。

第三节　国盾量子

一、总体情况

科大国盾量子技术股份有限公司（简称国盾量子）创办于 2009 年，主要从事量子保密通信产品、量子计算仪器设备的研发、生产、销售及技术服务，目前已逐步成长为全球少数具有大规模量子保密通信网络设计、供货和部署全能力的企业之一，为各类光纤量子保密通信网络和“星地一体”广域量子保密通信网络提供软硬件产品，推动量子保密通信网络和经典通信网络的无缝衔接，为政务、金融、电力等各行业和领域的客户提供量子安全应用解决方案。

2023 年 10 月，国盾量子联合中国电信研究院、华为等单位，在国际上首次实现了基于少模光纤的 1 Tbps 经典通信数据容量与量子密钥分发业务，在百公里级链路距离的共纤传输，为实现大规模量子密钥分发网络建设提供了新思路。

二、发展策略

（一）突出自主创新，推动量子信息核心器件国产化

国盾量子持续强化量子信息领域的科技和产品研发，2022 年研发投入为 1.36 亿元，同比增长 49.14%，总额超过了营收。同时，国盾量子持续强化自主研发，强化关键核心技术，推动量子保密通信、量子计算及测量核心器件和研发设备的全国产化，在国内量子信息产业链上的一些“卡脖子”关键环节实现突破。国盾量子发布的募集资金投资项目实施方案也显示，拟采用国产化方案，对原募投项目中的进口设备、软

件、元器件等进行替代。

（二）突出应用牵引，深化量子信息产品行业应用推广

国盾量子与中国电信共同发布“天翼量子高清密话”，该产品实现了基于 VoLTE 加密的纯国产化量子通信产品研制，合作研发的“量子加密双模对讲机”保障 2022 年 3 月北京冬残奥会调度的通信安全。国盾量子联合中国电信、华为等发布的“OTN 融量子加密专线”创新方案，推进传送网实现量子加密。国盾量子携手国家电网等开展电力领域“量子+5G”公网安全接入应用示范，覆盖输电、变电、配电、调控、营销等业务环节。合肥市人民政府公开办公集约化平台已成功接入国盾量子参与建设的合肥量子城域网，该网络为用户提供上云的身份认证、数据加密传输等量子安全服务，数据传输的安全保障得到有效提升。同时，国盾量子开展特种设备相关预研、演示验证类项目正按计划推进，相关设备已完成样机研制，正开展系统联调联试，并竞研了“十四五”多项重要课题。

第二十七章

卫星互联网企业

第一节　银河航天

一、总体情况

银河航天（北京）科技有限公司（简称银河航天）由知名创业者、纽交所上市公司猎豹移动前总裁徐鸣创立于 2016 年，小米董事长兼 CEO 雷军是主要投资人之一。银行航天是我国领先的卫星互联网解决方案提供商和卫星制造商，也是我国商业航天领域的第一家独角兽企业，致力于通信载荷、核心单机、卫星平台的自主研发与低成本量产，为用户提供低成本、高性能的天地融合泛在卫星网络服务及应用解决方案。目前，银河航天在西安、成都和北京分别构建了国际领先水平的通信载荷、核心单机和太阳翼的配套研制能力，在南通建设了新一代卫星智能制造工厂，已实现百颗卫星的量产能力。

2023 年 7 月，银河航天灵犀 03 星使用长征二号丁运载火箭发射升空，这颗卫星是我国首款使用柔性太阳翼的卫星，配置数十吉比特每秒容量的毫米波多波束数字载荷，用于验证下一代低轨宽带卫星通信及超大能源等技术。这是我国首次在轨对多星堆叠发射技术进行验证，将为我国巨型低轨通信星座的快速部署提供技术支撑。

二、发展策略

（一）创新“卫星设计—生产线—供应链”的量产模式

银河航天通过优化设计和在产品技术中有效地更换新材料来实现成本控制。以银河航天研制的柔性太阳翼为例，一公斤级国产火箭的发射成本在 5 万元到 10 万元之间。银河航天建立了卫星技术生产线和精益生产管理控制系统，实现面向批产的低轨道宽带卫星通信天线的全过程优化设计和控制。银河航天积极探索 3D 打印技术在“降低成本、提高效率”中的应用，并采用 3D 打印技术处理高频导体和高性能天线的电荷，初步实现了宇航用高效率、高性价比空间天线的批量生产。银河航天建立了卫星生产的开放性供应链体系，在流程优化、逐步完善、不断迭代的过程中，逐步建立起以民用工业系统为基础的商业供应链管理系统。

（二）构建“头部资本+政府资金”多元化的投融资机制

银河航天在 2017 年获得天使投资和创始人徐鸣的个人资本投入，同年汇财私人资本加入 Pre-A 轮融资。在 2018 年的 A 轮融资中，IDG 资本、五源资本、顺为资本共同投资了银河航天。此后，五源资本、顺为资本连续跟投 3 轮，IDG 资本连续跟投两轮，高榕资本、源码资本也在 A+轮加入，这之后银河航天成为国内民营卫星赛道最高估值企业。随后，君联资本、混沌资本等头部机构在 2019 年的 B 轮及 2020 年的 B+轮融资中也参与投资，进一步推动银河航天成为中国卫星互联网领域的第一家独角兽企业。在得到专业投资机构的认可后，国资机构也逐渐入局银河航天，在 2020 年的 B+轮融资中，南通科技创投果断注资，成为银河航天引入的首家政府投资机构。而在 2022 年的 B++轮融资中，被誉为“最牛政府风投机构”的安徽投资集团与合肥产投集团也成为投资方，这为银河航天的未来投资方向提供了积极信息。

第二节 长光卫星

一、总体情况

长光卫星技术股份有限公司（简称长光卫星）成立于 2014 年 12 月，由吉林省人民政府、中国科学院长春光机所、社会资本及技术骨干出资成立，是我国第一家商业遥感卫星公司。长光卫星结合多年航天遥感载荷的研制经验，提出了星载一体化卫星设计理念。以载荷为中心的星载一体化技术做到功能强、体积小、质量小、研制及发射成本低，符合卫星技术发展趋势，长光卫星据此开展了各项关键技术攻关。长光卫星坚持星载一体化的技术路线，合理统筹卫星研制成本与性能指标，严格方案设计、元器件选型、整星测试等关键环节的质量管控，不断优化卫星研制技术流程，积累了宝贵的卫星研制经验。

二、发展策略

（一）以低成本小卫星为发展方向持续推动技术自主创新

作为东北三省的第一家独角兽企业，长光卫星始终将自主创新作为商业航天的发展密码来抓，围绕高性能小卫星关键技术进行重点攻关。2015 年，由公司自主研发的“吉林一号”组星成功发射，开创了我国商业卫星应用的先河，同时也创造了由一个研发团队一箭成功发射四星的历史。2019 年，长光卫星第三代卫星“吉林一号”高分 03 星成功瘦身，不仅在质量上实现了突破，在成本上也缩减为第一代卫星的十分之一。2022 年上半年，陆续发射了“吉林一号”宽幅 01C 星等 18 颗卫星，使“吉林一号”在轨卫星数量增至 54 颗，成为我国目前最大的商业遥感卫星星座。2023 年 10 月，长光卫星使用自主研制的车载激光通信地面站，与“吉林一号”星座 MF02A04 星星载激光终端开展了星地激光高速图像传输试验并取得成功，标志着长光卫星已成功实现星地激光高速图像传输全业务链的工程化，工程应用能力达到国际先进水平。这是我国首次独家、自主完成的业务化应用星地激光高速图像传输试验。

（二）以市场应用拓展带动产业链上下游企业协同发展

长光卫星依托星载一体化等关键核心技术，建立了从卫星研发、生产到提供遥感信息服务的完整产业链，辐射带动了以奥普光电、长光宇航及长光辰芯等为代表的300余家卫星配套企业，提供了相机反射镜、卫星姿轨控部件、相机结构件、CMOS高性能图像传感器等关键核心部件。长光卫星加大产品创新业务应用，努力推进政府、科研院所、行业用户及大众消费者的数据采购和遥感信息服务项目，逐步探索推动遥感数据与5G通信、云计算、人工智能等新技术融合。2023年7月，生态环境部卫星环境应用中心与长光卫星签署战略合作补充协议，依托长光卫星雄厚的亚米级卫星数据资源，有效形成从数据源到应用端的合力，共同在生态环境领域打造行业标杆应用案例；9月，长光卫星与人民网旗下人民数据达成战略合作，发挥各自在大数据领域的优势，通过数据分析、挖掘和加工，在数据资源共享、数据产品集成、技术合作创新等多维度开展深度合作。

第三节　星河动力

一、总体情况

北京星河动力航天科技股份有限公司（简称星河动力）成立于2018年，是国家级专精特新 “小巨人”企业、国家高新技术企业和中关村金种子企业，设有北京市科技研发机构、北京市知识产权试点单位和博士后科研工作站。在短短几年内，星河动力快速迈入行业领域头部梯队。星河动力为国内外航天领域的客户提供高效、可靠的航天发射服务，先进的航天装备制造，高性能产品配套，以及工程、技术、安全、系统集成等领域的系统化解决方案。在航天发射业务方面，星河动力成为国内首家实现连续发射成功、首家将商业组网卫星送入500 km太阳同步轨道、首家掌握一箭多星发射技术的企业，持续为国内外蓬勃发展的航天发射市场提供高可靠性、高性价比的航天发射服务。

二、发展策略

（一）构建高性能的航天发射服务体系

星河动力的核心产品包括“智神星”系列中型重复使用液体运载火箭和“谷神星”系列轻小型固体运载火箭等。其中，面向低轨星座组网的市场需求，星河动力研制了“智神星一号”中型重复使用液氧/煤油运载火箭。该类型的火箭具有一子级垂直回收、重复使用的技术特点，可大幅度降低卫星发射成本，计划于2024年完成入轨首飞。为了有效满足近地轨道微小型卫星、科学试验卫星、新技术验证卫星等的发射需求，星河动力自主研制了“谷神星一号”轻型商业运载火箭。该类型的火箭具有结构简单、系统可靠、发射快捷等显著特点，可根据客户需求提供定制化太空发射服务，目前已将长光卫星、国电高科、微纳星空、中科星睿、天仪研究院、零重空间等10家商业卫星客户的19颗商业卫星发射到500 km太阳同步轨道。

（二）构建高性能的航天产品配套生态

围绕在火箭研发过程中形成的产品研制能力，星河动力积极为航天相关行业及能源化工等特种行业提供产品配套，包括高性能阀门、姿轨控动力系统（也可称轨姿控动力系统）、小型固体动力系统等，较好地促进了航天技术在更多行业的转化与应用。星河动力具备自主研制姿轨控动力系统的能力，涵盖系统总体、系统总装、推力室、压力容器、电气和阀门，能够为运载火箭、卫星等空间飞行器提供精确姿态调整、速度修正和轨道保存等一体化解决方案。“边界”轨姿控动力系统就是由星河动力自主研制的。星河动力拥有“光年”系列固体发动机和“苍穹”可重复使用液氧/煤油发动机。2022年2月，“苍穹”50吨级可重复使用液氧/煤油发动机首次全系统试车成功，标志着我国民营商业航天领域最大推力的液氧/煤油发动机正式进入工程研制阶段。

第四节　国星宇航

一、总体情况

成都国星宇航科技股份有限公司（简称国星宇航）是国内领先的AI卫星互联网科技公司，于2018年5月由卫星互联网领域的科研院所及行业应用的领军人才创办，已具备30公斤、60公斤的3个平台及多个型号卫星批量化研制能力。目前，国星宇航已完成13次太空任务，研制并发射19颗AI卫星及载荷，包括全球首颗AI卫星、四川首颗自主研发的商用卫星、全球首颗以赛事命名的“大运号”卫星。国星宇航全球首颗以古文明遗迹命名的“三星堆号”卫星。国星宇航快速成长为卫星互联网领域的独角兽企业。2021年7月，国星宇航成功入选国家级重点专精特新“小巨人”企业。2022年7月，国星宇航获工业和信息化部批复参与组建国家超高清视频创新中心。《四川省加快推进新型基础设施建设行动方案（2020—2022年）》明确将国星宇航主导的“星河”智能卫星互联网建设重大工程纳入其中。

二、发展策略

（一）强化技术创新，提升新型卫星产品研发能力

目前，国星宇航已攻克单星智能化、多星网络化、运控自动化等关键技术，构建了完全自主可控的全栈AI卫星网络技术体系、太赫兹星间通信网络技术体系，拥有AI卫星大脑系统、星时代AI星座组网、太赫兹卫星通信系统、移动智能运控网络等。2018年10月，国星宇航设计研制的“星河号”AI卫星搭载长征二号丙运载火箭顺利升空，入轨太阳同步轨道，成为全球首颗商业AI星座卫星，也是四川首颗自研商用卫星，标志着国星宇航正式拥有自主获取卫星数据的能力。2019年12月，国星宇航作为唯一入选的商业卫星互联网公司，揭榜挂帅国家新一代人工智能产业创新重点任务——“AI卫星网络系统”重点项目技术攻关。2023年1月，国星宇航“AI卫星网络系统”技术入选2022年“科创中国”先导技术榜，成为上榜该榜单的电子信息领域的全国

25 项先导技术之一。

（二）深化产品应用，拓展行业场景应用空间

国星宇航已经具备卫星数据的全流程智能化处理能力，并面向 200 多个应用场景，形成了 200 多个算法迭代升级。目前，国星宇航已形成城市级、行业级、消费级等多层级、零门槛、低成本的卫星互联网产品和服务，研发了智慧城市、安全应急、智能出行、碳中和等领域的产品，已服务上百家 B/G 端用户。同时，国星宇航通过开发 ADA Cloud、城市之眼、园区之眼、交通之眼、林业之眼等 SaaS（软件即服务）化产品，拓展智慧城市、智慧交通、智慧园区、智慧林业等应用场景。2020 年 5 月，国星宇航发布全球首个卫星全直播互联网平台——直播地球 App，探索卫星互联网 C 端场景的应用。

（三）深化协同创新，联合打造高能级创新平台

国星宇航与国家工业信息安全发展研究中心成立天基物联感知安全实验室，该国家级创新平台以产业研究、标准研制、技术研发、应用推广和生态建设为主要方向，发挥双方优势互补、强强联合的作用，拓展和深化卫星互联网关键领域的创新研究，建设国际领先的天基网络感知应用系统及平台，打造天基物联感知全产业链应用示范试点，建设多层次、全方位、有活力的卫星互联网产业生态，实现天基物联感知安全领域的跨越式发展，不断推动关键核心技术的创新突破与自主可控。

第二十八章

仿生机器人企业

第一节　小米

一、总体情况

小米科技有限责任公司（简称小米集团或小米）成立于 2010 年 4 月，2018 年 7 月 9 日在香港交易所主板挂牌上市，是一家以智能手机、智能硬件和物联网平台为核心的消费电子及智能制造公司。秉持“和用户交朋友，做用户心中最酷的公司”的愿景，小米致力于持续创新，不断追求极致的产品服务体验和公司运营效率，努力实践“始终坚持做感动人心、价格厚道的好产品，让全球每个人都能享受科技带来的美好生活”的公司使命。2020 年起小米开始了仿生机器人的探索，并在 2023 年 4 月成立北京小米机器人技术有限公司（简称小米机器人），目前已经覆盖零部件到硬件系统、软件系统、运控、感知等各个维度。2021 年 8 月，小米发布首款全栈自研的仿生四足机器狗 CyberDog，宣布进军仿生机器人行业。2022 年 8 月，小米发布首款全尺寸自研的仿生人形机器人 CyberOne，该产品能感知人类情绪，控制自身运动。2023 年 8 月，小米发布第二代仿生四足机器狗 CyberDog2，支持手势互动、语音控制、人脸识别、AIoT 联动等，质量、尺寸与上一代相比均有明显减小。

二、发展策略

（一）打造仿生机器人的核心竞争力

小米自主研发仿生机器人产品，打造完整的人形机器人技术栈，2020年来已搭建数百人的机器人研发体系，推出CyberDog、CyberOne等仿生机器人系列产品。在2023世界机器人大会上，小米机器人与北京经济技术开发区管委会签约，将投资20亿，在北京亦庄建设通用仿人机器人创新示范项目，研制量产型通用仿人机器人商业化产品，攻克系列关键技术与核心软硬组件，建设仿真验证与强化学习训练平台，开展面向3C工厂和汽车工厂等典型制造场景的创新应用示范，以加速构建通用仿人机器人产业生态。

（二）实施三步走的机器人产业布局，推动小米品牌高端化

短期内，小米的仿人机器人将扎根某一个场景，实现多个功能做产品技术的验证，进行原型机的开发。在这个过程中，小米不断迭代所需要的硬件、硬件系统、传感器系统、感知控制系统。中期，小米的仿人机器人将融入小米制造、智能制造多个场景来做产业验证，进行规模化的验证。在这个过程中，小米会搭建泛化平台，提升部署效率，实现仿人机器人在制造场景当中的数据积累和模型迭代。未来，小米希望以自身为示范，带动仿人机器人的广泛应用，拓展机器人在3C和汽车制造场景之外更多场景中的应用和价值实现。

第二节　钢铁侠科技

一、总体情况

北京钢铁侠科技有限公司（简称钢铁侠科技）是国家高新技术企业，获工业和信息化部中国电子信息产业发展研究院授予的人工智能领军企业奖。公司成立于2015年，重点研发大型双足仿人机器人及机器人“运动脑”，自主研发机器人核心零部件，是国内第一家专门从事双足大仿人机器人研发及推广的科技公司。其研发的双足大仿人机器人可用于

科研教学、展览展示、行业应用。研发人员自主完成了两代仿人机器人整体设计和开发、独自设计步态算法，还解决了高精度电机驱动器、姿态传感器、机器人控制器和多种通信传输模块等机器人核心零部件，实现了仿人机器人用双腿行走。目前，钢铁侠科技已研发出双足大仿人机器人 ART-3，推出轮腿复合式六足机器人 ARTROBOT-MWL、移动抓取机器人 ARTROBOT-ANG、智能负载移动机器人 ARTROBOT-AGV、视觉牵引移动机械臂 ART-YDB 等特种机器人，开发出高精度惯性传感器模组 ARTROBOT-IMU-R1、高算力低功耗步态控制器 ARTROBOT-BGC 等核心零部件。

二、发展策略

（一）持续强化技术创新能力

钢铁侠科技积极承担国家重大科研项目，参与了“机器人高算力低功耗步态控制器研制”“高抗扰性目标检测技术及应用”等重大专项。钢铁侠科技加强与高校和科研院所合作，充分发挥高校和科研院所的人才优势，实现企业、院校的优势互补，建立紧密的产学研合作体系。目前，钢铁侠科技已与北京联合大学、北京工商大学等建立人才培养及输送机制，并落地李德毅院士专家工作站，以项目合作和实习生岗位为载体，进行人才培养。

（二）深耕机器人软硬件技术

钢铁侠科技自 2015 年成立以来，凭借中国人工智能学会荣誉理事长李德毅院士专家工作站等坚实的科研团队基础，深入研究机器人的智能控制技术，提出了机器人“运动脑”概念和设计架构，研发了多种轮式、腿式机器人，把人工智能和机器人技术结合起来，牵头制定了 6 项机器人领域国家标准。从成立至今，钢铁侠科技已经成功研发多种机器人产品，持续开发机器人操作系统 ROS、仿真及调试监控环境等一系列产品。在核心零部件方面，钢铁侠科技已推出高精度惯性传感器模组、高算力低功耗步态控制器等核心零部件产品，“机器人高算力低功耗步态控制器”产品获欧洲 CE 认证。

（三）垂直拓展教育、农业、工业等应用领域

钢铁侠科技持续推进机器人的行业落地应用，这些年将机器人广泛应用于教育、农业、工业等领域，为这些行业的数字化和智能化提供强有力的支持。在教育领域，钢铁侠科技推出了应用于人工智能及机器人教学的人工智能教育机器人。在现代农业领域，钢铁侠科技研发了农业巡检、采摘、分拣机器人。在特种行业，钢铁侠科技研发的安全巡检、无人运输机器人拥有广泛使用场景，可以适应室内外各种地形地貌。在应急救援、巡检、巡逻侦查等领域，钢铁侠科技研发了具有六足行走、六轮驱动两种运动模式的军工应急救援机器人。

第三节　优必选

一、总体情况

深圳市优必选科技股份有限公司（简称优必选）成立于2012年3月，是全球领先的人工智能和从事人形机器人研发、制造和销售的高科技创新企业。优必选秉承让智能机器人走进千家万户，让人类的生活方式变得更加便捷化、智能化、人性化的使命，优必选自研人工智能算法，并实现了机器人伺服驱动器的大规模量产。公司专注于人工智能及机器人核心技术的应用型研发、前瞻性研发与商业化落地，布局了包括高性能伺服驱动器、机械传动、运动规划与控制、计算机视觉与感知、智能语音交互、SLAM（即时定位与地图构建）与导航、人机交互和手眼协调等核心技术，同时推出了机器人操作系统应用框架ROSA。优必选在此基础上推出了商用服务机器人和个人/家用服务机器人等一系列产品，同时提供人工智能教育、智慧物流、智慧康养、智慧防疫、商用服务、智慧巡检等行业的解决方案。该公司以智能机器人为载体，以人工智能技术为核心，打造“硬件+软件+服务+内容”的智能服务生态圈，为各行各业的客户提供一站式服务，致力于解决社会重大问题和满足社会重大需求。

二、发展策略

（一）聚焦核心技术突破和发展

优必选主攻人形机器人全栈技术，并以此为核心，形成了人工智能教育、智慧物流、智慧康养等行业的智能服务机器人产品及解决方案。从核心技术上看，优必选的壁垒之一在于伺服驱动关节及机器人运动规划和控制，这是人形机器人区别于传统机器人本体的关键技术，也就是人体的“关节”所在。在近 10 年的时间里，优必选完成了从小扭矩伺服驱动器到大扭矩伺服驱动器的批量生产，是极少数实现多系列伺服驱动器量产及实际产品应用的公司。此外，优必选是全球首家将双足真人尺寸人形机器人的成本降低至 10 万美元以下的公司，其降本策略之一在于生产环节自主化。例如，优必选推行核心技术自研、关键产品和零部件自主化，通过全栈生产的能力，在全链条的各个环节进行成本控制。

（二）布局智能机器人终端产品解决方案，拓展垂直领域

基于核心技术，优必选开发了多款不同的终端产品。优必选现有的产品线根据细分市场划分为 4 类：教育智能机器人产品及解决方案、物流智能机器人产品及解决方案、其他行业定制智能机器人产品及解决方案，以及消费级机器人和其他智能硬件设备。优必选主要在教育方面盈利，其教育产品面向 K-12 学生的基础教育和高等职业及大学学生的高等教育。这些教育产品以教学机器人为载体，配合机器人教材、编程软件等，将教学机器人与人工智能教育课程相结合，同时根据基础教育、职业教育等不同场景，推出差异化的解决方案。以悟空为例，其可以用于家庭的“教育+娱乐+陪伴”，搭载有 AI 编程、明星课堂、智能相机、监控、物体识别等多种功能。在物流智能机器人方面，优必选主要为新能源汽车、物流公司等企业的工厂和仓库提供室内物流智能机器人解决方案。

学　院　篇

第二十九章

未来产业学院

第一节　北京大学未来技术学院

一、主要概况

北京大学未来技术学院是在响应习近平总书记“四个面向”要求和应对世界百年未有之大变局的大背景下，在教育部和北京大学顶层设计和关心下，于 2020 年 9 月 23 日正式成立，是全国首批 12 个未来技术学院之一。该学院为北京大学二级教学科研实体机构，含分子医学研究所、生物医学工程系、国家生物医学成像科学中心、大数据与生物医学人工智能系。该学院以未来生命健康及疾病防治技术为主要方向，重点研究方向包括生物医学成像、分子医学、生物医学工程、大数据与生物医学人工智能等。北京大学未来技术学院现拥有代谢及心血管分子医学北京市重点实验室、灵长类及大动物临床前教育部工程研究中心、体腔内局部诊疗技术教育部工程研究中心、北京大学分子医学南京转化研究院、北京大学长三角未来技术生命健康研究院、多模态跨尺度生物医学成像设施等大型平台。

二、最新进展

（一）重要技术接连突破

北京大学未来技术学院以未来生命健康技术为主要方向，围绕生物医学工程和分子医学两大前沿交叉学科开展建设，并接连取得多项技术突破。李长辉团队首次实现了回音壁光学微腔探针超声传感技术，获得了极高的超声探测灵敏度和极大的带宽，并对毫米尺度活体斑马鱼进行了高分辨光声显微成像。该成果为超高性能的微腔探针超声探测技术开辟了新思路，由于其集合了小尺度、高灵敏度和大带宽，在光声/超声的显微成像和内窥成像及近场成像中都具有巨大的应用潜力。程和平、马淇课题组揭示了线粒体内膜上的琥珀酸脱氢酶（SDH）在衰竭心脏代谢重塑中的重要作用，并探索了在 SDH 突变引起的心肌病中保护心脏的治疗策略和干预方法。汪阳明团队建立了新型胚胎干细胞类器官培养平台，解决了目前类器官培养成本高、流程复杂、异质性高及重复性低的难题，为高通量筛选、疾病建模及研究人类器官发育提供了新的技术平台。

（二）广泛开展科研交流合作

北京大学未来技术学院积极同园区开展学术和技术交流合作。2022 年 11 月，北京大学长三角未来技术生命健康研究院落地无锡高新区，旨在通过公共技术平台服务、人才培养、前沿技术孵化、产业转化、企业孵化等全方位校地合作，支撑无锡高新区打造生物医药领域核心技术策源地、尖端人才聚集地、高端产业发祥地。此外，北京大学未来技术学院与牛津大学医学院、澳门科技大学成功举办精准医学与智慧医疗分论坛，围绕精准医学和智慧医疗等领域开展学术交流，为未来技术学院进一步发展生物医学提供有力保障。

第二节　清华大学未来技术学院

一、主要概况

清华大学未来技术学院（也称行健书院）成立于 2020 年 1 月。2020 年 5 月，教育部印发《未来技术学院建设指南（试行）》。2021 年 5 月，教育部办公厅印发《教育部办公厅关于公布首批未来技术学院名单的通知》，将清华大学未来技术学院作为全国首批 12 个未来技术学院之一。

学院建设围绕两个重要任务展开：一是培养未来关键核心技术领军人才，二是探索和研发未来关键核心技术。该学院旨在在高校具有优势和处于领先地位的学科专业领域寻求与国家未来发展需要的结合点，开展未来技术的探索和研发，形成一批原创性的研究成果。

清华大学未来技术学院负责理论与应用力学（含工程衔接方向）专业的人才培养。学院师资力量雄厚。航天航空学院、土木水利学院、能源与动力工程系、车辆与运载学院等相关培养单位共有在职教职工 480 余人，其中院士 22 人，国家级教学名师 3 人。

二、最新进展

（一）学科发展基础雄厚

清华大学未来技术学院理论与应用力学专业的工程衔接方向包含航空航天类、土木水利与海洋工程、能源与动力工程、车辆工程等，拥有多个国家级科研团队与科研中心。其中，航天航空学院下设航空宇航工程系、工程力学系、航空技术研究中心及具有跨学科特色的宇航技术研究中心，并有国家级教学团队与国家级实验教学示范中心作为研究核心基础。土木水利学院拥有城市轨道交通绿色与安全建造技术国家工程实验室，围绕绿色交通等领域，开展高新技术研发与检测。车辆与运载学院拥有清华大学智能网联汽车与交通研究中心和新技术概念汽车研究院两个交叉研究中心，有效提升技术转化效率。

（二）加快建设人才培养体系

清华大学未来技术学院围绕未来人才建设，积极与科研院所开展合作。学院与上海交通大学溥渊未来技术学院、西安建筑科技大学未来技术学院、哈尔滨工业大学未来技术学院等召开座谈交流会，聚焦可持续能源、健康科学与技术等方向，积极探索未来人才的培养模式，旨在培养能够适应未来技术发展变化的复合型领军人才，同时围绕未来技术学院建设广泛开展交流合作。学院举办以“定义 · 未来”为主题的学术沙龙，并与无锡市人民政府成功签署关于培养未来科技创新领军人才的合作协议，加快构建未来人才培育体系。作为学校本科人才培养改革试点单位，清华大学未来技术学院充分发挥清华大学的学科特色和优势，与清华学堂人才培养计划（钱学森力学班）等其他人才培养计划有效衔接，通过书院制、理+工双学士学位、科教协同及本研衔接等创新型培养模式，打造清华大学人才培养的“新特区”。

（三）与龙头企业广泛开展技术合作

清华大学未来技术学院支持与行业领先企业开展科研技术合作。学院拥有戴姆勒奔驰可持续交通联合研究中心、丰田自动驾驶汽车人工智能技术联合研究中心、壳牌清洁交通能源联合研究中心等多个研究机构，围绕清洁能源与自动驾驶领域，实现关键核心技术突破。

第三节　北京航空航天大学未来空天技术学院

一、主要概况

北京航空航天大学未来空天技术学院成立于 2021 年 7 月，是全国首批 12 个未来技术学院之一。北京航空航天大学是新中国空天领域的发源地、空天科学家的摇篮，培养新型复合型创新人才，需要在建设未来空天技术学院后的实践中不断探索、不断学习、不断总结、不断提高，把技术上的创新、科学上的突破、工程中的实践与学院的教育教学很好地结合贯通，共同探索形成拔尖创新人才培养的“北航范式”，为未来空天领域技术研究发展、重大工程实施、航空航天强国建设奠定人才基础。

二、最新进展

（一）实施符合学科专业交叉融通规律的现代书院制，八年制本博贯通、定制化学研一体

聚焦加强基础学科培养能力、促进学科专业交叉融通，构建德智体美劳全面发展的创新人才综合素质培养体系，为各专业和方向的本博学生提供专属的交流空间和实践条件，营造良好的人格养成文化氛围，支持学生大胆探索和潜心研究，培养学生的家国情怀、人文情怀、世界胸

怀。同时，应用信息技术对学生的成长状况进行全方位的过程跟踪、数据分析、质量评估，反馈改进建议，优化培养过程。学院聚集校内外优质教学科研资源，聘请院士、总师、国家级名师担任学生导师，开设名家精品课、大师讲座课、微纳研讨课，实施八年制本博贯通、定制化学研一体的柔性培养，采用学分制、导师制、书院制和个性化、小班化、国际化模式，注重学科交叉、因材施教，实行多元评价、动态流转。本科阶段按照计划基地专业和未来空天技术方向进行招生和培养，博士阶段面向全校任选研究方向和导师。

（二）实施计算机计划、华罗庚数学计划、空天力学计划、未来空天领军计划四大计划

计算机计划是依托计算机科学学生培养基地，培养具有强烈使命担当意识和突出的创新能力的计算机学科创新人才，即具备坚实的学科基础理论和突出的系统能力，对计算机学科有全面和深刻的理解，具备国际学术视野，具有独立思考和创新思维能力，并能运用多学科知识解决科学与工程领域挑战性问题的人才。华罗庚数学计划是依托华罗庚数学学生培养基地，面向数学前沿的基础性问题、航空航天领域的需求和战略高科技领域的应用性问题，致力于培养具有坚实数理基础的高素质创新人才和具有解决应用数学问题潜质的复合型创新人才。空天力学计划是依托空天力学学生培养基地，面向空天科技领域对力学人才的需求，培养继承“两弹一星”精神，具备“力学善行、原始创新、交叉辐射、引领空天”特质，具有卓越的科学洞察能力、自主创新能力、终身学习能力、批判思维能力和跨文化交流能力，致力于研究空天力学基础和前沿问题的应用力学家。未来空天领军计划是聚焦空天技术领域国家需求和国际学术前沿，面向未来航空、航天技术发展趋势及共性科学问题和关键技术突破需求，在引领科技革命趋势的未来新概念飞行器技术、服务人类未来发展需求的空间开发技术、支撑国家空天战略任务的基础科学与前沿技术等方向上，培养系统总设计师和创新领军人才。

第四节 天津大学未来技术学院

一、主要概况

2021 年 5 月，教育部办公厅印发《教育部办公厅关于公布首批未来技术学院名单的通知》，天津大学未来技术学院入选首批未来技术学院名单。2022 年 10 月 2 日，天津大学未来技术学院在北洋园校区郑东图书馆举行揭牌仪式。作为全国首批 12 个未来技术学院建设单位之一，天津大学以新工科多学科交叉平台为支撑，以产教深度融合为驱动，秉承“共建、共享、开放、融合、共赢”的理念，聚焦“未来智能机器与系统”和“储能科学与工程”等国家重大战略与人类发展需求，致力于打造未来学科发展孵化器与国家级产教融合创新平台。天津大学未来技术学院将建立多层次、多形式的人才培养体系，包括本科生、研究生、博士后等各个层次的培养计划。同时，天津大学未来技术学院将与产业界深度合作，推动产学研一体化，共同探索未来技术的应用场景和商业模式。天津大学未来技术学院以培养具有前瞻性的未来技术创新领军人才为目标，推动“中国制造”向“中国创造”转型升级，为国家的科技创新和经济发展作出积极贡献。

二、最新进展

（一）倡导“新工科建设路线图”，打造世界级工程教育培养体系

天津大学首倡“新工科建设路线图”，提出新工科建设“天大行动”，划定新工科建设行动路线；构建“学校—区域—全国—世界”四级实施体系，率先设计并实施了跨界融合、集成共享、系统创新的“天大方案”。天津大学校长金东寒牵头实施的“新工科教育”获得 2022 年国家级教学成果奖特等奖。这一项目的实施对于构建中国特色、世界水平的工程教育培养体系起到了积极的推动作用。

（二）深化教学管理模式改革

天津大学未来技术学院创新办学机制，引入企业资源的产学研合作

新模式，实施本硕博一体化培养，打造由院士领衔、汇聚学校优势学科的新型教育和科研机构。天津大学未来技术学院推行本硕博贯通培养模式，通过本科生与研究生教学中的课程学习、科研训练和学位论文一体化联动，优化学生成才路径，提升未来技术创新能力。天津大学未来技术学院构建多学科交叉机制，通过跨学科的教学和研究，培养具有综合素质和创新能力的人才。这种培养模式能够促进不同学科之间的融合和协同，培养出具有跨界思维和解决复杂问题能力的人才。

（三）持续加强人才多样化培养

天津大学未来技术学院探索多样化的培养模式，注重学生综合素质的提升。学院实施项目驱动的自主式、研讨式、探究式教学方法，鼓励学生参加科技立项、创新实践，并提供全方位的支持。此外，学院还注重创新意识与科研能力的培养与提升，为学生提供多种境内外交流访问机会。天津大学未来技术学院深化产教融合校企合作，探索建立校企协同育人机制。学院组织国内外知名的企业工程师深度参与人才培养方案制定、课程研制和课堂教学，支持学生参与企业实习实训，以增强人才培养的供需匹配度。

第五节　东北大学未来技术学院

一、主要概况

东北大学未来技术学院由东北大学与华为联合共建，2021 年 5 月东北大学成功入选教育部公布的首批未来技术学院名单。东北大学未来技术学院将依托信息科学与工程学院、计算机科学与工程学院、软件学院、机器人科学与工程学院及流程工业综合自动化国家重点实验室，聚焦未来工业智能领域，以未来工业智能新技术发展为重点，探索革命性、颠覆性技术，推动我国未来工业智能关键技术的突破和产业生态的构建。

东北大学未来技术学院面向以制造业为支柱的我国工业领域由自动化向智能化转型升级的国家重大发展战略需求，瞄准人工智能、智能制造、工业信息化、知识自动化等领域，推动学科交叉融合，培养具有人工智能、自动化、计算机、软件、机器人综合专业背景的专业人才。学院依托学校现有的国家级电子实验教学示范中心、国家级计算机实验教学示范中心、国家级软件工程实验教学示范中心和东北大学机器人工程实验教学中心，建立4个联合实验室，为学院人才培养提供校内实验教学平台和资源。同时，该学院还建立了交叉学科联合实验室，即未来工业智能校管实验室，统筹实验室整体资源，服务于新一代信息技术人才培养。

二、最新进展

（一）持续深化产教融合，构建产学研合作模式

东北大学未来技术学院与华为、东软、新松机器人等多家企业共建人才实习基地、开展人工智能实训、建立专业实验平台、设置创新实践项目，为学院人才培养提供校外产业实践教学平台和资源。其中，东北大学未来技术学院与华为签订了智能基座产教融合协同育人基地合作协议，华为将自身在云、昇腾、鲲鹏等技术领域的实践与东北大学信息类专业课程相结合，实现了产学研链路的顺畅贯通。东北大学未来技术学院鼓励学生进行智能基座云课程学习，为此开发了超过10门创新实践课，基于产业真实问题和应用场景对学生进行能力培养，同时发布了大学生创新创业训练计划的产业命题，让学生进一步夯实课堂所学。华为与东北大学进一步推进工业互联网、工业大数据和人工智能大模型等信息技术赋能钢铁工业、地下工程、腐蚀防护等，以实现智能工业的高水平科技自立自强。2022年12月，东北大学未来技术学院联合软件学院等其他学院，举办“智能基座昇腾高校行·东北大学专场活动”。在活动上公布了一系列项目成果，包括“少年强国”和“悦健康”等，并开展了昇腾训练营活动，让同学们零距离接触了最前沿的昇腾AI技术。

（二）不断加强国际技术合作交流

东北大学未来技术学院邀请国际知名专家来校讲座，多方位探讨学习；建设实验班国际交流联合培养机制，建设海外实习实践基地；深化

与名古屋大学、哥伦比亚大学、莫斯科大学等国际顶尖院校的战略合作和互学互鉴。2022 年 12 月，东北大学-美国得克萨斯大学阿灵顿分校 2022 年学术研讨会举办，双方与会教师介绍各自研究方向与成果，从脑网络、机器学习、物联网、多模态医学大数据分析、云计算与边缘计算、推荐系统、智能软件开发技术、网络科学与大数据技术、数字孪生系统、面向领域的大数据建模与分析等方面进行了深入交流。双方结合各自的研究方向，对未来如何进一步促进双方科研合作交流进行了研讨。

第六节　哈尔滨工业大学未来技术学院

一、主要概况

哈尔滨工业大学未来技术学院成立于 2022 年 6 月，是全国首批 12 个未来技术学院之一。哈尔滨工业大学未来技术学院将重点建设突出未来技术特点、学科基础雄厚且与学校发展规划一致性强的人工智能、智能制造和生命健康 3 个技术方向，将国家一级重点学科、国家一流专业建设点、国家省部重点实验室作为支撑，强调交叉融合、重构学科边界和课程体系，强调科研育人、实践育人和科教融合育人，促进领域融合创新。哈尔滨工业大学未来技术学院立足学校理工强校、航天名校的资源优势，针对我国创新型国家发展建设需求，面向未来科技产业发展，聚焦未来对革命性、颠覆性技术人才的需求，围绕“卡脖子”关键核心技术，着力培养具有前瞻性、能够引领未来发展的科技创新领军人才。哈尔滨工业大学未来技术学院致力于在学校传统强势专业、新增工科专业的基础上，融入工程教育新理念，按照教育部关于未来技术学院的设想，结合学校发展，强化全校一盘棋的系统整合提升，构建学科专业新结构，实施分类发展新体系，探索人才培养新范式，追求教育教学新质量，深化多元主体协同育人，推进实施产学深度融合、多学科交叉融合，搭建跨学院、多学科、开放办学的教育培养新平台，着力培养具有前瞻性、能够引领未来发展的科技创新领军人才，推动“中国制造”向“中国创造”转型升级，为建设高等教育强国、实现中华民族伟大复兴奠定坚实的基础。

二、最新进展

（一）高度重视培养未来科技优秀人才

哈尔滨工业大学未来技术学院通过加强学科设置、组织学生交流等方式，促进智能制造领域专业人才的培养。2023 年，哈尔滨工业大学新增 1 个新工科方向的专业——飞行器制造工程，为学生提供更多学习机会和就业选择，也将有助于推动相关领域的科技创新和产业发展。2023 年 5 月和 6 月，哈尔滨工业大学未来技术学院分别赴清华大学、北京大学调研学习，围绕新工科背景下专业学科交叉课程体系、拔尖人才必备素质、留学与交流及改革探索过程中遇到的问题等方面进行了广泛交流，未来双方将在学生跨校科技创新、本科生学术交流等方面进一步加强交流与合作。2022 年 8 月，第一届智能制造工程新工科专业人才培养改革与实践高峰论坛在哈尔滨工业大学图书馆举行，论坛共有来自天津大学、同济大学、北京理工大学、北京航空航天大学、上海大学、北京邮电大学、哈尔滨工业大学 7 所高校和北京理工大学出版社的 40 余名专家学者参加，围绕“智能制造工程新工科专业培养方案与课程体系优化设计”“面向卓越创新能力培养的研究型/项目制课程改革与实践”等会议主题，介绍了各自学校在智能制造工程专业建设与人才培养方面的思考、经验、成效，各位参会人员进行了充分交流。哈尔滨工业大学威海校区也计划以“虚拟学院”的形式将新工科专业及新基建相关专业联合，以项目学习为牵引，助力打破学科、学院壁垒，突破学生知识结构和培养模式的常规，实现学科大交叉、培养方案再优化，为学生成长提供更多机遇和更广阔的舞台。未来技术学院建设是新工科再深化的重要一步，哈尔滨工业大学威海校区将以未来技术学院建设深化新工科专业建设，以新工科专业建设带动传统学科发展，实现校区整体实力再提升。

（二）跨界合作发展人工智能

哈尔滨工业大学人工智能研究院成立于 2018 年 5 月，是哈尔滨工业大学跨校区、跨学科、跨模式筹建的新一代人工智能科研机构。该研究院于 2019 年 8 月在哈尔滨工业大学深圳校区成立哈尔滨工业大学（深圳）国际人工智能研究院，共同致力于跨校区、跨学科、跨模式发展人工智能研究，共建新型研发机构。哈尔滨工业大学人工智能研究院是黑龙江和哈尔滨工业大学重点共建单位，目前拥有 3 个黑龙江“头雁”团队，拥有“物联网智能技术”工业和信息化部重点实验室和“人工智能黑龙江省协同创新中心”等科研平台，共建“哈尔滨工业大学人工智能研究院有限公司”新型研发机构，形成以人工智能示范工程为引领的“AI+”赋能创新落地模式。此外，该研究院还与微软、NVIDIA、华为、阿里巴巴、腾讯、科大讯飞、康佳等国内外知名企业建立了深度合作关系或联合实验室，共同开展学术交流、科研攻关和人才培养。这种跨校区、跨学科、跨模式的合作模式已经取得了显著成果，为我国人工智能研究和产业发展注入了新的活力。2023 年 5 月，由哈尔滨工业大学人工智能研究院院长刘劼担任项目负责人的科技创新 2030——“新一代人工智能”重大项目“群体智能自主作业智慧农场”突破了自主作业智慧农场多项关键技术，研究进展成效显著，顺利通过中期检查，研究成果有望突破我国农业生产领域瓶颈，起到全面推进农业生产现代化和智能化的示范效应。

（三）面向前沿交叉学科的知识人才需求培养专业人才

2002 年，哈尔滨工业大学设立全球第一个生物信息学专业，历经 20 余年发展成为全球领先的生物信息学人才培养基地，已经培养 400 余名生物信息学专门人才。哈尔滨工业大学未来技术学院设立智能医学工程专业、生物医学科学专业，重点培养面向新医学、互联网医疗、智能生物医学仪器、医疗大数据领域的高级人才，已经形成精准医学与健康、生物信息与基因组学、纳米医学与药物、智能医学工程、数字医疗健康、天然产物与营养健康等国际一流水平的学术方向，并建有生物大数据教育部重点实验室、微系统与微结构制造教育部重点实验室、寒地营养分子合成转化与分离技术国家地方联合实验室、黑龙江省生物医学信息技术与系统工程研究中心。哈尔滨工业大学未来技术学院主持了国际上大规模的基因组科技工程“中国十万人基因组计划”，发挥哈尔滨工业大学生物信息学的优势，运用计算机算法学手段，绘制了万分之一精度的中国人基因组变异图谱，打造了基因组科学的世界科技高地。

第七节 上海交通大学博渊未来技术学院

一、主要概况

2021 年 8 月，上海交通大学未来技术学院（冠名为“博渊未来技术学院”）正式揭牌成立。博渊未来技术学院将整合校内外各种优质资源，依托理、工、医等优势学科，聚焦未来能源和未来健康技术，打造一个学科交叉融合和高度国际化的学院。博渊未来技术学院将瞄准未来 10～15 年的科技发展趋势，积极响应国家号召，紧密对接上海产业体系布局，首选未来能源和未来健康两大方向，通过多学科大跨度的交叉复合，探索新兴领域，创造学科优势；将着力培养具有交叉学科背景、卓越领导力、前沿创新力、全球胜任力的战略型国际化科技领军人才，为上海的未来产业发展和科创中心建设提供支撑。博渊未来技术学院已经制定短期和中长期的建设规划，期待在 2031—2035 年成为可以引领全球未来能源、健康技术发展和人才培养的教学、科研高地。

二、最新进展

（一）建设未来能源、未来健康国际化交叉学科平台

博渊未来技术学院致力于前沿交叉学科创新，聚焦可持续能源、健康科学与技术两个方向开设专业，以学生成长为中心，引领面向未来发展需要的人才培养；聚焦前瞻性、基础性科学，着力打造 10 个国际化前沿交叉学科平台（如表 29-1 所示），同时打造深度的校企合作人才培养模式。2023 年，博渊未来技术学院依托企业和高校双方优势资源，搭建产学研合作平台，在能源方向与宁德时代新能源科技股份有限公司合作成立联合培养基地，在健康方向与上海联影医疗科技股份有限公司合作成立联合培养基地。

表 29-1　上海交通大学国际化前沿交叉学科平台

两个方向	10个国际化前沿交叉学科平台	重点研究方向
可持续能源	未来能源系统与可靠性研究中心	大规模储能失效机理和成因、先进可靠性理论与测试方法、数字运维、智能感知与故障诊断、寿命评估
	未来电池研究中心	方法学与理论机制的创新、固态锂电池的优化与大规模应用、下一代变革性电池体系的创制
	未来光伏研究中心	钙钛矿缺陷的量化表征与精确控制、材料稳定性的机制揭示与长期预测、高效率器件的设计策略与实现方法
	新能源装备极限智造技术研究中心	电池产品材料结构设计、关键工序过程工序控制、电池智能制造质量管控、中试平台及新技术验证
	绿色能源与未来农业研究中心	多能互补低碳农居、智慧农业与农业大数据、立体农业与高附加值农产品、新农村碳中和与环保技术
健康科学与技术	面向健康的人体数字孪生中心	认知脑科学与脑调控、脑疾病的机制与诊疗、脑机接口与脑机交互、神经影像与人工智能、空间脑科学
	多模态人体表征与健康检测研究中心	多模态成像技术、生理检测技术、片上实验室技术
	脑健康与脑技术研究中心	认知脑科学与脑调控、脑疾病的机制与诊疗、脑机接口与脑机交互、神经影像与人工智能、空间脑科学
	全生命周期健康管理研究中心	智能关怀、疾病预测和全周期干预、医疗运行管理智能化
	衰老与肿瘤研究中心	人群衰老研究、衰老伴生疾病与肿瘤研究

（二）打造未来产业科技园

2022 年 11 月，科技部、教育部发布未来产业科技园建设试点名单，上海交通大学、上海市闵行区人民政府、宁德时代未来能源（上海）研究院有限公司联合共建的未来能源与智能机器人未来产业科技园获批建设试点。该未来产业科技园围绕未来能源技术和智能机器人打造面向未来产业的应用场景和科创生态，2023 年也与博渊未来技术学院在多个方面开展紧密合作，积极开展国家发展改革委科技成果转化专项改革试点和科技部等多部委科技成果转化相关试点，布局推进“大海洋”“大健康”“大信息”“大零号湾”等面向未来的专项行动计划，着力提升科技集成攻关能力。未来能源与智能机器人未来产业科技园获批建设试点是上海交通大学面向世界科技前沿和国家重大需求，打造国家战略科技力量和服务区域经济社会发展的又一阶段性成果。

第八节　东南大学未来技术学院

一、主要概况

东南大学是江苏唯一入选全国首批未来技术学院建设单位的高校。东南大学未来技术学院依托吴健雄学院这个拔尖创新优秀人才培养基地进行建设，紧紧围绕国家战略需求和未来技术发展的特点，按照“中国特色、全球视野、面向未来、引领创新”的建设思路，构建“坚持思想引领、强化通识教育、夯实领域基础、注重交叉融通、延拓未知挑战”的本硕贯通式一流人才培养体系，充分发挥东南大学电子信息领域前沿研究的优势，面向电子、信息领域的未来技术，打造教学科研高地。该学院将聚焦芯片设计、信息材料、未来通信、智能感知 4 个方向中的未来技术，全面实施“三制五化”育人创新模式，深入推进基于大工程/大项目/复杂问题的研究型学习方式，深化与行业龙头企业的产学研合作，进一步引入全球优质教育资源，通过长聘短聘结合、校内校外结合、国内国外结合、固定流动结合、专职兼职结合，形成多维协同育人格局。该学院汇聚全球顶尖师资，建设大师领航、精英引路、校企结合的高端师资队伍，探索多学科交融、政产学研联合、国际化的办学模式；瞄准未来技术原创，培养具有前瞻性的未来技术创新领军人才；培育在前沿交叉科学与未来技术领域产生重大影响的原创性、突破性研究成果，助力“中国制造”向“中国创造”转型。

二、最新进展

（一）加快未来技术学院建设

为加快推进拔尖创新优秀人才的培养工作，东南大学副校长联合教务处、研究生院等学校相关职能部门，积极推动未来技术学院的建设工作。2023 年 4 月，东南大学首创未来机器人本科专业获批，并依托未来技术学院进行建设。该专业是以机械工程、控制科学与工程、仪器科学与技术等强势学科为支撑，融合信息、电子、计算机、材料、生物医学、医学影像等方向的新兴交叉学科专业。同时，该专业将充分利用东南大学众多相关双一流学科师资，瞄准机器人未来发展方向，将多学科课程分解重构为全新具有学科交叉融合特色的专业主干课及模块式自由选择课程群，搭配贯穿本科阶段的综合实践课，助力产出优秀的教学科研成果，并培养出符合国家战略要求的、在未来机器人领域探索前沿未知并从事未来机器人技术创新的领军人才。2023 年 6 月，东南大学未来技术学院正式揭牌，将瞄准未来 10～15 年前沿性、革命性、颠覆性技术，为扎实推进新工科建设再深化、再拓展、再突破、再出发，推动高校加快体制机制创新，做好未来科技创新领军人才的前瞻性和战略性培养，抢占未来科技发展先机。

（二）推进校企协同创新综合体建设

2022 年 2 月 19 日，南京和东南大学共同建立东南大学、未来科技城基础设施安全低碳与智慧校企协同创新综合体，同时东南大学和未来科技城签订合作协议，将“东南大学智慧建造与运维国家地方联合工程研究中心”正式落户该创新综合体，作为创新载体快速发展的关键要素与基础条件。东南大学、未来科技城基础设施安全低碳与智慧校企协同创新综合体，以“东南大学智慧建造与运维国家地方联合工程研究中心”为内核，推动科技创新、成果转化、高层次人才培养和产业集聚，探索产业加速发展之路和以市场需求为导向的成果转化模式。2023 年 6 月，南京专精特新“千校万企”紫金行动——东南大学校企协同创新推进大会正式开幕，旨在全面推动专精特新企业与东南大学深度交流，努力构建地方、高校与企业协同创新的对接机制。通过此次活动，发挥东南大学服务国家重大发展战略的优势，促进专精特新企业创新升级再上新台阶，突破一批制约产业高质量发展的关键核心技术和共性技术，有力支撑产业基础高级化、产业链现代化。

第九节　中国科学技术大学先进技术研究院

一、主要概况

中国科学技术大学先进技术研究院（简称中科大先研院）是中国科学技术大学的重要组成部分，是由安徽省、中国科学院、合肥市和中国科学技术大学按照“省院合作、市校共建”的原则建设的区域产业技术创新研究院。作为中国科学技术大学的重要组成部分，中科大先研院旨在为国家创新驱动发展战略服务，助力中国科学技术大学成为世界一流大学。中科大先研院拥有多个科研平台，这些科研平台聚焦前沿科学和技术领域，开展基础研究和应用研究，涵盖物理学、化学、材料科学、信息科学、生命科学、医学等多个学科领域。同时，这些科研平台与企业、政府等开展产学研合作，推动科技成果转化和商业化应用。

近年来，中科大先研院在省、市、校、院各有关领导的高度重视和关心下，坚持面向国家重大需求，依托中国科学技术大学的前沿科研成果，全力构建“立足合肥、覆盖安徽、服务长三角、辐射全国”的专业化技术转移转化体系。截至目前，中科大先研院累计自建研发机构 34 个（11 个重点项目实验室、23 个应用工程技术中心），与知名企业共建联合实验室 73 个；累计知识产权授权量 281 项，连续 5 年入选安徽发明专利百强榜；2020 年成为中国科学技术大学招生单位，累计招收培养专业学位研究生 800 余名；探索院企联合培养创新人才新模式，累计引进各类人才 800 余名，其中高端创新人才 100 余名。

二、最新进展

（一）新型技术成果涌现

中科大先研院高性能聚合物薄膜应用工程技术中心、先进测量仪器应用工程技术中心、环保阻燃新材料工程应用技术中心、应急技术中心等研发单元在2022年创新成果发布会上分别发布了其最新研究成果：锂电池隔膜加工机理研究与产业化应用、高端开源数据采集仪器与装备、强吸热防火涂料在新能源安全保障中的应用、面向户用光伏系统的故障电弧诊断技术及供用电侧定位分析等新型技术。中科大先研院孵化企业乘翎微电子、科生景肽、通灵仿生、星眸生物等的团队发布了高端电源管理芯片、环肽合成技术在药物发现及创新药物研发中的应用、介入式心室辅助装置、黄斑变性基因治疗药物 XMVA09 等新产品与新药物。这些科技成果填补了多个行业技术空白。

（二）依托平台优势促进成果转化

在安徽省经济和信息化厅发布的2023年第一批安徽省首版次软件入选名单中，由中科大先研院孵化的企业——安徽华典大数据科技有限公司基于“智慧社区”场景研发的“量子安全智慧社区系统 V1.0”成功入选。

（三）企业创新培育成效显著

为了更好地推动科技成果转化和产业升级，中科大先研院采取了一系列措施，包括组建专业化技术经理人团队、建设定制化人才培养和自主化人才评价体系、设立投资基金、打造公共服务平台等。这些措施旨在汇聚技术创新资源，为产业转型升级和经济社会高质量发展提供全流程、一站式专业服务。12年来，中科大先研院累计孵化企业300余家，其中国家高新技术企业约百家，瞪羚、雏鹰等高成长企业超过50家，持续为科技创新和产业发展注入强劲动力。

第十节 华中科技大学未来技术学院

一、主要概况

华中科技大学未来技术学院是全国首批12个未来技术学院之一。该学院着眼于未来科学技术原创，旨在建立以交叉学科研究为基础的人才培养模式，培养具有前瞻性、能够引领未来发展的科技创新领军人才。

华中科技大学未来技术学院聚焦“大工程、大健康”未来战略产业发展，依托机械工程、生物医学工程、光电信息科学与工程、自动化4个国家一流本科专业的优质科教资源，发挥武汉光电国家研究中心、国家数字化设计与制造创新中心等重大科学研究平台，以及国家集成电路产教融合创新平台科教协同育人、产教融合的优势，聚焦先进智能制造、生物医学成像、光电子芯片与系统、人工智能4个未来交叉学科技术方向，探索专业交叉、科教协同、产教融合的新工科人才培养模式，着力培养驱动科学研究、引领未来科技和产业变革的人才，打造未来技术领军人才培养基地。

二、最新进展

（一）打造学科交叉培养模式，推行全方位立体式国际化学习

华中科技大学未来技术学院重视强基固本，为学生打造宽广的数理化基础和深厚的生命科学专业素养，加强数理、信息和工程科学训练；推进交叉融合，统筹工科、理科、医科等不同学科的科教资源，促进跨平台科研成果转化为本科教学内容；落实科教协同，依托武汉光电国家研究中心、国家数字化设计与制造创新中心、国家集成电路产教融合创新平台等，建设深度融合的科技实践项目课程，将科研名师、前沿学术引入未来科技创新领军人才的培养当中，深度推进全员项目制和导师制；加强产教协同，与顶尖企业合作深化教学改革，包括教学设计、课程设置、实习实训、共建共享实训基地等。华中科技大学未来技术学院依托华中科技大学“高校国际化示范学院推进计划”和“111”引智基地等国际交流合作平台，深化与世界一流大学，特别是一流交叉学科工学院的战略合作和互学互鉴，并通过多种形式吸引国际学术大师参与学院的学生培养；全面提升学生的国际交流能力，推进与海外大学学分互认机制，为每一名学生提供出国（境）交流机会，打造国际化育人环境。

（二）聚焦4个未来交叉学科技术方向

华中科技大学未来技术学院聚焦先进智能制造、生物医学成像、光

电子芯片与系统、人工智能 4 个未来交叉学科技术方向，发展未来社会急需的智能制造、智能感知、智能健康等未来技术领域，着力培养在“大工程、大健康”未来战略产业驱动科学研究、引领未来科技和产业变革的高级科研或工程技术人才。

第十一节　华南理工大学未来技术学院

一、主要概况

为满足时代、产业和区域的重大需求，培养一批掌握未来关键技术并能和国际接轨的工科领军人才，华南理工大学在广州国际校区设立了未来技术学院，重点建设人工智能、数据科学与大数据技术两个专业方向。

随着全球进入数字经济与智能化时代，未来 10～15 年对经济贡献最大的是大数据和人工智能等信息技术与各个产业的融合，包括新产品、提供个性化产品和服务的新业态、产业链跨界融合的新模式。为此，华南理工大学未来技术学院围绕人工智能前沿技术与跨学科交叉，致力于培养学生的跨学科元知识泛化能力、跨学科问题解决及方案验证能力和探索创新精神，输出兼备工具理性与价值理性、复合知识与核心能力、家国情怀与全球视野、适应未来产业发展的复合创新型领军人才。

二、最新进展

（一）创新培育模式，强化基础设施建设

为迎接科技发展新态势、社会发展新趋势，以及科学研究范式演变，华南理工大学未来技术学院探索在地国际化办学与协同育人创新模式，包括搭建学科交叉融合的科学猜想平台、建立多现场覆盖的工程实践平台、构建跨学科交叉的教学组织形式、融合产学研全链条，旨在培养一批掌握未来关键技术的工科领军人才，使学院成为未来技术发展高水平的“人才蓄水池”、能引领未来的“创新动力源”、强有力的“创业助推器”。

（二）重点领域布局，推进产学研深度融合

华南理工大学未来技术学院聚焦数字世界与物理世界深度融合，促进美好生活实现；布局数字人与未来生活、数字基建与未来社会两条主线，重点建设智能感知器件及设备、大数据与数字孪生、AI+融合技术三大研究方向；推动学科交叉突破知识瓶颈，推进产学研深度融合突破技术瓶颈，注重设计人文引领突破应用瓶颈，打通“知识—应用—场景”全链条，引领前沿研究，支撑产业创新，赋能未来生活。

（三）引进高水平人才，鼓励多边交流合作

华南理工大学未来技术学院面向全球引育一流科学家团队，涵盖全职师资、协同师资、海外师资、产业师资等产学研全链条队伍。学院全职师资拥有国家级、省部级等一大批高层次人才，分别毕业于伦敦大学玛丽女王学院、新加坡国立大学、香港理工大学、新南威尔士大学等知名学府。学院积极推进与华为、腾讯、阿里巴巴、京东、百度、微软亚洲研究院、科大讯飞、优必选、视源科技、汇丰科技、中国建设银行、广发证券等单位建立联合实验室或联合人才培养基地，开展定向合作。

第十二节　西安交通大学未来技术学院

一、主要概况

2021 年 7 月，西安交通大学正式发文成立西安交通大学未来技术学院。经教育部批准，西安交通大学成为全国首批 12 个未来技术学院建设单位之一。西安交通大学未来技术学院现设有人工智能、储能科学与工程、智能制造工程和医工学 4 个方向；拥有一支包括院士、领军人才、优秀人才的跨院系产教融合授课团队，授课教师来自华为、西北电力设计院、中航锂电等行业龙头企业及科研院所。西安交通大学未来技术学院作为学校人才培养模式改革创新的“试验田”，立足“四个面向”，以激发学生的创新创造活力为着力点，坚持需求导向和问题导向，突破传统工程科学的人才培养框架，改善工程教育育人生态，搭建符合未来

技术发展趋势及其对人才需求的人才培养平台，探索构建具有多样性、前沿性、模块化特征的、多元驱动式贯通制一体化的跨界融合人才培养新模式。西安交通大学未来技术学院始终着眼于科教融汇、产教融合和协同育人，重点推动创新链、产业链、信息链、资金链、政策链深度融合，建立政产学研资一体的人才培养和科技成果转化特区，构建从人才培养到成果转化、从基础研究到核心技术、从“出成果”到“用成果”的有机生态，

二、最新进展

（一）推进未来技术学院建设

西安交通大学未来技术学院瞄准学科交叉融合，成立拥有企业专家的未来技术学院学位分委员会，其中企业专家 5 人，来自华为、中联西北工程设计研究院等龙头企业和科研院所。举办“未来创客论坛”“coffee hour”系列活动，邀请校内外专家围绕新兴技术和关键领域开展讲座、报告等。同时，学院积极与天通股份和海尔集团等企业开展交流座谈会，广泛开展合作。

（二）建设产教融合创新联合体

西安交通大学未来技术学院不断深化“一中心、一孵化、两围绕、一共享”的产教深度融合新模式，与航天五院、航天六院、航天创新研究院、海尔集团、中国电信、中国联通、中国移动、陕西轨道交通集团、天通控股 9 家科研院所、龙头企业共建企业主导的产学研深度融合创新联合体，组建“科学家+工程师”队伍，实施有组织的科研和有组织的联合人才培养；共建国家储能技术产教融合创新平台，建设总经费约为 4.39 亿元。学院建设占地约为 1200 平方米的未来技术创新实践平台，包括机械加工类平台、电类实验平台和医工学平台等，为学院未来学科发展打下坚实基础。

机　构　篇

第三十章

新型研发机构

第一节　之江实验室

一、实验室概况

之江实验室成立于 2017 年 9 月，坐落于杭州城西科创大走廊核心地带，是由浙江省人民政府主导创办、浙江大学等院校支撑、企业参与的事业单位性质的新型研发机构，是浙江深入实施创新驱动发展战略、探索新型举国体制浙江路径的重大科技创新平台。之江实验室以“打造国家战略科技力量”为目标，主攻智能感知、人工智能、智能网络、智能计算和智能系统五大科研方向，重点开展前沿基础研究、关键技术攻关和重大装备系统研发，致力于建设国际一流的智能感知研究与实验中心、人工智能创新中心、智能科学与技术研究中心和全球领先的智能计算基础研究与创新高地。

自成立以来，之江实验室积极探索市场经济条件下的科技创新新型举国体制，通过“一体两核多点”模式建设大平台、汇聚大团队、推进大攻关，目前已显示出新型科研机构强劲的生命力和强大的创新活力。在人才集聚方面，截至 2022 年 10 月，之江实验室的人才团队规模已达到 2900 余人，集聚了一批海内外优秀的科研人员。在资源集聚方面，之江实验室吸引了中国科学院、清华大学、北京大学、北京航空航天大学、电子科技大学、中国电科，以及剑桥大学、巴斯大学等国内外优势创新力量开展实质性科研合作。在科研进展方面，之江实验室依据“高原造峰”思路，快速布局了一批重大科研项目和大科学装置，谋划布局一些重点研发平台。2022 年，之江实验室发起并正式启动生物计算国际合作科学计划，携手伦敦大学、华盛顿大学、以色列理工学院等国际一流科研力量，共同开展生物计算创新探索研究，赋能生命健康、新材料、环境等多领域的发展。

之江实验室运用软件代码大数据与代码知识网络科学装置、新型智能计算架构试验与验证科学装置、多维超级感知科学装置、超高灵敏量子极弱磁场和惯性测量科学装置、新一代工业互联网系统信息安全大型实验装置、社会治理大数据与模拟推演科学装置等大科学装置，研究出一系列极具前瞻性的科研成果。

二、研究方向

之江实验室以国家战略需求为导向，探索形成智能感知、人工智能、智能网络、智能计算和智能系统五大科研方向，开展理论体系、技术体系、标准体系、软硬件平台、装备应用等全链路科学研究，为数字经济、社会治理等领域提供新方法、新工具和新手段，抢占支撑未来智慧社会发展的战略高点。

（一）智能计算

之江实验室瞄准世界科技前沿和国家重大战略需求，研究存算一体、类脑计算、光计算、图计算、生物计算等新型计算模型和器件，研制系列智能计算机，研发智能计算操作系统、广域协同平台、图计算平台等软件系统和平台，构建智能计算数字反应堆，探索“计算+”赋能科学研究应用领域，推动科研范式变革，为数字中国的科技创新体系和产业发展体系提供先进的计算芯片、强大的计算能力、高效智能的计算平台。

（二）人工智能

之江实验室围绕创建类人智能理论体系，建立通用智能数学模型与算法理论、主动感知及计算理论、以知识理解为核心的认知计算理论、多模态智能融合计算理论及统一表征理论和模型，研究人机协同计算方法及新型混合计算架构等新型人工智能方法，突破人机增强智能、跨媒体智能、群体智能和大数据智能等方向的关键核心技术，构建人类智能知识库系统，开发人工智能算法与平台，探索建立数据和知识双轮驱动的人工智能理论和方法体系，构筑人工智能创新与应用生态，推动新一代人工智能的发展。

（三）智能感知

之江实验室围绕多维感知融合、类人感知、极限感知的需求，全面研究智能感知的机理和方法，突破高性能高分辨传感器件和芯片、极限精密测量、类人智能感知、泛在智能健康感知、超高灵敏环境感知、多维数据智能融合处理等关键技术，建设感知领域跨学科、软硬协同、标测结合的多维智能感知中枢重大科技基础设施，打造世界领先的智能感知理论、技术和生态体系。

（四）智能网络

之江实验室围绕新型网络、宽带通信、工业互联网安全、网络器件与晶上系统等研究方向，研究并攻克智能网络基础理论、新型网络体系架构等关键科学与技术问题，重点突破全维可定义智信网络、多模态寻址路由、网络智慧共管、高速光电太赫兹通信、硅光高速互联、晶上系统集成等关键技术，建设新一代工业互联网信息安全大型科学装置，输出一批业界领先的核心技术、关键产品与解决方案，打造功能、拓扑、标识、安全等全维可定义的新型网络体系结构与平台。

（五）智能系统

之江实验室面向数字经济、社会治理等经济社会的发展需求，全面攻克自主无人系统、健康医疗、智能社会治理、智慧教育、金融科技、科艺融合等各类典型智能系统的关键技术和工程实现方法，研发智能系统共性关键技术与应用平台，打造广域协同、普惠泛在、随需接入的高效能智能系统，支撑智慧时代新型数字基础设施建设和战略性新兴产业发展。

第二节　鹏城实验室

一、实验室概况

鹏城实验室也称深圳网络空间科学与技术省实验室，是中央批准成立的突破型、引领型、平台型一体化的网络通信领域新型科研机构。鹏城实验室成立于 2018 年 3 月，以网络通信、网络空间和网络智能为主要研究方向，开展领域内战略性、前瞻性、基础性重大科学问题和关键核心技术的研究，是国家战略科技力量的重要组成部分。鹏城实验室总部位于广东深圳。鹏城实验室以哈尔滨工业大学（深圳）为依托单位，由北京大学深圳研究生院、清华大学深圳国际研究生院、深圳大学、南方科技大学、香港中文大学（深圳）、中国科学院深圳先进院、华为、中兴通讯、腾讯、深圳国家超算中心、中国电子信息产业集团、中国移动、中国电信、中国联通、中国航天科技集团等高校、科研院所和高科技企业共建。

鹏城实验室以重大基础设施为支撑，以重大攻关项目为核心，探索出“重点项目+基础研究”双轮驱动的特色科研模式。同时，鹏城实验室积极推进合作共建与资源共享，构建形成产学研协同创新体系，与全国 150 余家高校、科研机构、龙头企业开展深度合作；与北京大学、清华大学等著名高校执行联合培养博士生的国家专项计划，共同探索“学校导师+行业导师”的创新人才培养新模式。2023 年 3 月，由鹏城实验室牵头制定的数字视网膜系统国际标准在 IEEE 标准协会正式发布，该标准是全球首个端边云协同技术的国际标准。此次发布的国际标准定义了数字视网膜系统的参考架构、技术特征、功能要求等内容，为制定完整、科学、合理的数字视网膜标准体系奠定了基础。同月，鹏城实验室 6NT 团队联合北京大学、深圳大学、上海宽带技术及应用工程研究中心和南玻集团相关团队，研制了一款基于窗户玻璃的光学透明电磁汇聚玻璃，并运用此款玻璃初步完成了卫星电视信号的接入试验。9 月，由鹏城实验室牵头，联合北京邮电大学、电子科技大学、华中科技大学等单位共同构建的“面向 6G 无线高速接入原型系统及测试环境（EAGLE

6G)”取得阶段性进展，无线测试速率进一步提升至 800 Gbps，再次刷新业界纪录。

二、研究方向

（一）新型网络研究部

新型网络研究部聚焦新型网络的关键技术及产业应用，研究面向国家和产业需求的新型网络体系与关键网络基础设施技术，构建新型网络应用生态环境；研究新型工业智控体系结构技术与高效能云边协同体系，形成面向新型网络的工业互联核心底座；建设通用网络仿真验证平台，在车联网、工业互联网和天地一体化网络等新型网络中应用。

（二）网络智能研究部

网络智能研究部拥有全球领先的智能算力大科学装置“鹏城云脑”，贯通云态智能计算软件体系，研制体系化网络智能集群开源软件栈，突破感知、评价、决策一体化的多维度协同与持续进化的云网协同智能等共性关键技术，支撑智能制造、物联网、工业云、人工智能等规模化产业应用。网络智能研究部设有云脑研究所、高效能云计算研究所、视觉智能研究所、云脑使能研究所。

（三）智能计算研究部

智能计算研究部围绕“鹏城云脑”大科学装置，开展云脑体系结构研发，包括智能计算处理器体系结构、智能及数据处理编程系统、操作系统与文件系统、智能计算混合精度计算理论研究等；承担云脑系统基础设施和软硬件的运维、服务开发，以及应用移植与优化等；致力于为云脑系统提供底层关键核心技术支撑，并为实验室科研系统和非科研系统提供基础设施支撑；支持广大科研人员依托“鹏城云脑”大科学装置开展科学前沿研究，促进重大成果产出。

（四）虚拟融合网络空间基础研究室

在国家重大战略任务方面，虚拟融合网络空间基础研究室通过在数字孪生建模、仿真、交互、在线服务等技术上的突破，探索下一代数字孪生网支撑平台及示范应用，支撑实验室“新型网络”方面的国家重大战略任务。在规模化产业应用方面，虚拟融合网络空间基础研究室通过开展数字孪生网支撑平台及示范应用、生理虚拟人体、智能人机交互三方面的理论研究与关键技术突破，在智能制造、工业云、人工智能等方面支撑实验室规模化产业应用方面的任务。虚拟融合网络空间基础研究室的研究方向包括数字孪生网支撑平台及示范应用、生理虚拟人体、智能人机交互。

（五）云原生网络基础研究室

云原生网络基础研究室以基础理论探索与产业创新引领协同发展为原则，面向国家重大需求和国际学术前沿，立足信息论、复杂网络理论、脑科学、生物免疫学及人工智能等领域，形成通信技术与生命科学、人工智能等多学科深度交叉融合的特色研究团队。科研成果可被应用于天地一体化信息网络、宽带移动网、物联网、车联网等工程，并在医疗健康、智能制造、航空航天等方面发挥重要作用。云原生网络基础研究室的研究方向包括类脑神经元传输机制的无线异构网络、类生物免疫的网络安全防御、基于网络孪生（Cybertwin）的新型网络架构、宽带 MIMO Ad-hoc 自组织网络。

（六）开源 EDA 基础研究室

开源 EDA 基础研究室主要围绕开源 EDA 工具、智能化的芯片设计方法、开源 EDA 系统平台、开源 EDA 基准测试集等内容开展研究，打造四维一体的 AI+EDA 技术生态体系（问题、数据、平台、算力），提出开源开放的芯片设计解决方案，提升芯片设计效率，改善芯片设计质量，降低芯片设计门槛，吸引和促进芯片领域的创新创业，培养芯片专业人才，推动芯片产业多样化发展。开源 EDA 基础研究室的研究方向包括：AI+EDA，探索使用 AI 方法实现智能化芯片设计；构建 EDA 数据集，辅助 EDA 技术研究和 AI 模型训练；构建开源 EDA 平台，打通开源的芯片设计流程；使用开源 EDA 工具，构建开源开放的芯片设计解决方案。

（七）空间信息技术基础研究室

空间信息技术基础研究室聚焦服务国家宽带通信和新型网络战略，围绕制约我国空间信息技术领域发展的技术瓶颈问题，在卫星前沿通信技术、未来天基网络技术、天基网络应用技术、先进卫星电源平台技术等方面开展研究，突破空天地一体化、卫星新频段通信、先进有效载荷、巨型星座仿真模拟、智慧终端应用、高效卫星电源平台等卫星通信和应用领域的关键技术，推进空间信息技术的发展和应用，满足各领域的信息化需求。空间信息技术基础研究室的研究方向包括卫星前沿通信技术研究、未来天基网络技术研究、天基网络应用技术研究、先进卫星电源平台技术研究。

第三节　姑苏实验室

一、实验室概况

姑苏实验室也称材料科学姑苏实验室，成立于 2020 年 6 月，总部位于苏州工业园区，是按照国家实验室标准和国际一流水准建设的高水平科技创新策源地和新型研发机构，在成立之初获批“省属科研事业单位”和首批“江苏省实验室”。姑苏实验室聚焦先进材料方向，主要研究领域包括电子信息材料、能源环境材料、生命健康材料等。姑苏实验室启动数量最多的项目是电子信息类项目，其次是面向我国“双碳”目标的能源环境类项目。自成立以来，姑苏实验室每年都启动逾 20 个新科研项目。2023 年，姑苏实验室举行首期未来产业项目路演，推出粒子源、超导量子芯片、大功率蓝光激光器、跨模态材料语言大模型、钙钛矿太阳能电池精确测量系统、智能模拟前端芯片等多个领域项目。

姑苏实验室构建了良好的产学研合作机制，人才资源富集。姑苏实验室分别与南京大学、中国科学技术大学、西北工业大学、苏州大学进行合作签约，将联合在材料领域的顶级科研力量，重点开展有产业应用前景的基础前沿研究，为后续与产业界合作奠定研发和技术基础。此外，姑苏实验室还与中天科技集团、南大光电、沈阳科仪等龙头企业合作签约，共同推进产业联合项目研发，开展多边合作，进一步支撑产业高质量发展。截至 2022 年 5 月，姑苏实验室已汇聚 506 名科研人员，其中博士占 26%，机制灵活的“双聘”人才有 219 名，国家级人才有 19 名。

二、研究方向

姑苏实验室立足高水平的苏州制造业基础，逐步围绕战略性产品、战略性产业、未来科技与产业凝练目标任务，积极在先进材料、生命健康、新一代人工智能等领域布局。目前，姑苏实验室已有视觉芯片、分子束外延设备、碳化硅外延设备、材料数据库、退役电池再生材料、疫苗冷链监测材料、超导量子计算、第四代基因测序等科研成果。

（一）先进材料

姑苏实验室聚焦纳米材料、第三代半导体材料等先进材料的研究。姑苏实验室的首批研发项目之一是研发集成电路基础材料 22 nm 光刻胶。姑苏实验室的重大创新项目 G2116 已在动力电池破碎分解、有价元素高效提取及电池材料修复再生等方向取得显著成果，在有价金属提取工艺方面已达到世界先进水平。

（二）生命健康

姑苏实验室依托生命健康材料推动在该领域的创新研发。G2112 项目团队基于微纳加工工艺批量制造低至 3 nm 直径的纳米孔，当 DNA 链穿过纳米孔时，通过检测所引起的电流变化而实现测序。G2119 项目“基于纳米气体传感器的人工嗅觉平台”，基于微纳加工工艺，通过很多微型传感器集成阵列，对不同的气体形成不同的响应“图案”，最终实现快速精准辨别。目前，该项目团队已与相关医院合作，采集多名胃部疾病患者的口气，并进行分析，为胃病乃至胃癌的早期诊断提供有价值的参考。

（三）人工智能

姑苏实验室的“高精度动态三维智能视觉芯片与系统核心技术开

发”项目精度可达到用上千万个点以上的高精度 3D 图像采集，并广泛应用在医疗、工业自动化、汽车制造等领域，已在海南某医院中应用于对脊柱侧弯的大规模排查。

第四节 紫金山实验室

一、实验室概况

紫金山实验室也称网络通信与安全紫金山实验室，成立于 2018 年 8 月，坐落在南京江宁区无线谷。为深入贯彻习近平新时代中国特色社会主义思想，推动建设引领性国家创新型城市，江苏省和南京市共同打造了紫金山实验室这一重大科技创新平台。紫金山实验室以网络通信与安全领域的国家重大战略需求为导向，旨在引领全球信息科技的发展方向、解决行业重大科技问题。紫金山实验室汇聚全球高端人才，开展前瞻性、基础性研究，致力于突破关键核心技术，开展重大示范应用，推进科研成果在国家经济建设中落地。紫金山实验室力图成为国家科技创新的重要力量，建成体现国家意志、具有世界一流水平的战略科技创新基地。

2022 年 8 月 24 日，第六届未来网络发展大会在江苏南京开幕。在大会上，紫金山实验室联合未来网络产业公司、江苏省未来网络创新研究院发布了全球首个广域确定性网络系统重大突破成果，紫金山实验室发布了全球首个云原生算网操作系统、全球首个 6G TKμ 极致连接无线传输试验平台 V1.0。

二、研究方向

（一）未来网络

紫金山实验室开展基础性和前沿性研究，致力于推动未来网络的发展和创新。紫金山实验室研发的全球首个广域确定性网络系统在全球范围内首次突破大规模广域确定性网络技术体系，正式开通了覆盖北京、南京、上海等 35 个城市的广域确定性网络，在 100%网络负载、途经 13 个省市 1.3 万公里距离、1 万条确定性业务的情况下，实现零丢包、时延抖动小于 20 μs，有望解决传统互联网拥塞无序的问题，推动互联网从“尽力而为”到“确保所需”的技术体系变革，有力支撑国家“东数西算”“碳中和”等重大战略。2023 年，紫金山实验室和北京邮电大学未来网络实验室积极推进产学研融合，深度参与了卫星互联网技术试验卫星发射的网络通信体制制定，并承担了关键工程系统研制工作。

（二）B5G/6G 通信

紫金山实验室致力于研究新一代移动通信技术，推动通信技术的创新和发展。2022 年，紫金山实验室的研究团队首次在国际上提出了较系统的 6G 总体技术方案，以全频谱统一接入无蜂窝大规模 MIMO、光子太赫兹及智能资源调配等关键技术突破为支撑，成功构建并发布了 6G TKμ 极致连接无线传输试验平台，核心技术指标达到目前国际最高水平。同时，紫金山实验室采用太赫兹光纤一体融合的全新传输架构，完成世界上首个 6G 光子太赫兹 200 Gbps 实时传输和 1 Tbps 离线传输通信实验，性能较 5G 提升 20～100 倍，创造出目前世界上太赫兹无线通信的最高传输纪录。该成果标志着我国在 6G 无线传输候选技术研发方面取得了重要的阶段性进展，为未来实现 6G 关键技术打下了坚实基础。

（三）网络安全

紫金山实验室致力于研究网络安全技术和解决方案，保障网络的安全和可信。2023 年 1 月，紫金山实验室正式发布网络内生安全试验场 NEST2.0，与最初版本相比，新版本增加了车联网赛道、5G 通信赛道和密码机赛道。在第五届“强网”拟态防御国际精英挑战赛中，网络内生安全试验场在短短 72 小时内就经受住了 911 万次高强度的网络攻击测试，性能比最初版本有了极大提升。

第五节　北京智源人工智能研究院

一、研究院概况

北京智源人工智能研究院（简称智源研究院）成立于 2018 年 11 月，

是为落实“北京智源行动计划”的重要举措，在科技部和北京市委市政府的指导和支持下，由北京市科委和海淀区政府推动成立的新型研发机构。智源研究院的任务包括引进培育高端人才、共建联合实验室、建设人工智能社区、加强产学研合作等。智源研究院实行理事会领导下的院长负责制。智源研究院启动了“智源学者计划”，每年支持 100 位人工智能领域的优秀专家学者。

智源研究院聚焦原始创新和核心技术，建立目标导向与自由探索相结合的科研体制，营造全球学术和技术创新生态，推动北京成为全球人工智能学术思想、基础理论、顶尖人才、企业创新和发展政策的源头，支撑人工智能产业发展，促进人工智能深度应用，改变人类社会生活。作为创新型研究院，智源研究院采用集中力量办大事、青年人才挑大梁、开放生态育创新的独特智源模式，通过智源学者、智源大会、智源社区、青源会等平台，构筑涵盖产学研用的内行生态圈，汇集学者和全职研究与工程团队，致力于打造全球顶尖的人工智能研究机构。

二、研究方向

（一）“悟道”人工智能大模型

“悟道”人工智能大模型连创“中国首个+世界最大”纪录，取得了国际尖端水平科研突破。2023 年 6 月，“悟道 3.0”进入全面开源全新阶段。7 月，“悟道 3.0” Emu 模型开源。Emu 是首个打通从多模态输入到多模态输出的“全能高手”，超越了此前 DeepMind 的多模态大模型 Flamingo。Emu 刷新 8 项性能指标，并且模型能力覆盖图像与文本的生成及视频理解，更通用，能完成任意图生文及文生图的多模态任务。这一突破来自 Emu 创造性地建立了多模态统一学习框架与视频数据的大量采用，最终得以实现对任意形式的多模态的上下文序列进行图文任意模态的补全。

（二）“天演”人工智能生命模拟工程

在 2022 北京智源大会开幕式上，智源研究院发布了天演团队的最新科研成果高精度“智能线虫”天宝 1.0。天宝 1.0 以秀丽线虫为蓝本，是目前已知领域生物精度最高的仿真线虫模型，迈出了从生命智能到智能生命的关键一步。天宝模型突破神经系统与肌肉动力学结合的关键技术，可在独创的高效、大规模三维流体仿真环境中动态蠕动前行，初步表现出类似生物线虫的趋利（食物）避害（毒物）能力，在国际前沿生物神经元精细模拟领域具有明显引领作用。

（三）九鼎智算平台

在 2022 北京智源大会开幕式上，智源研究院宣布面向前沿的 AI 大模型、AI for Science 科研需求，正在打造拥有 1000 P 算力池的九鼎智算平台，并牵头成立 AI 芯片生态实验室，以加速国产 AI 芯片创新突破、应用落地及生态发展。与传统商业云计算专注于“推理”任务不同，九鼎智算平台发力探索满足大规模混合计算任务的调度方法，在科研的“训练”任务上表现更加优秀。此外，作为混合架构云平台，九鼎智算平台将支撑多家厂商 AI 加速芯片，探索通过自动适配的新方法，让每一款异构计算芯片发挥其最佳运算能力，以提升整体平台效能，降低 AI 异构加速芯片的产业化难度。

第六节　北京量子信息科学研究院

一、研究院概况

北京量子信息科学研究院（简称量子院）是由北京市人民政府发起，联合北京多家顶尖学术单位共同建设的新型研发机构，成立于 2017 年 12 月。量子院的成立是北京市委市政府积极响应中央战略决策，加强国际科技创新中心建设的重要举措。量子院是借鉴世界发达国家建立国家实验室的组织架构和运行机制，由北京市人民政府发起成立的独立法人事业单位。量子院积极承担国家科技创新 2030——“量子通信和量子计算机”重大项目等任务，产出一批世界级的重大原始创新成果。

量子院面向世界量子物理与量子信息科技前沿，采取与国际接轨的治理模式和运行机制，整合北京现有量子物态科学、量子通信、量子计算、量子材料与器件、量子精密测量等领域骨干力量，大力引进全球顶级人才，形成以国际一流科学家为核心的结构稳定、学科全面的研究梯队，同时组建一支由世界级水平工程师组成的技术保障团队，建设顶级实验支撑平台，力争在理论、材料、器件、通信与计算及精密测量等基础研究方面取得世界级成果，并推动量子技术走向实用化、规模化、产业化。量子院通过建立完善的知识产权体系，紧密与产业界结合加速成果转化，实现基础研究、应用研究、成果转移转化、产业化等环节的有机衔接，打造国家战略科技力量。

二、研究方向

量子院作为北京首批支持建设的新型研发机构之一，已孕育出一系列世界级科研成果。打破科研单位之间、学科之间、科研与产业之间的“三堵墙”，新型研发机构以开放创新的大胆探索，集聚全国乃至全球顶尖人才的聪明智慧，在重大基础前沿科学研究、关键核心技术攻关方面接连取得突破性进展。

（一）量子通信

2023 年 3 月，量子院袁之良团队利用光频梳技术在世界上首次实现开放式架构双场量子密钥分发系统，完成 615 公里光纤量子密钥分发实验。新型开放式架构设计更加简洁，能极大节约系统建设成本，助力未来实现在城市间拨打“量子语音电话”。5 月，量子院创造了世界上最长的量子直接通信距离纪录——100 公里。6 月，量子院袁之良团队与南京大学尹华磊合作，首次在实验中实现了打破安全码率-距离界限的异步测量设备无关量子密钥分发（也称模式匹配量子密钥分发），成功实现 508 公里光纤量子通信及破纪录的城际密钥率和双光子干涉距离。

（二）量子材料与器件

2023 年 9 月，量子院量子操作系统及软件开发团队在量子基准测试方面取得重要进展，提出了一种基于量子门带噪信道本征值的基准测试方案——信道谱基准测试，有助于表征和校准全局纠缠门和量子算法中的常用模块，为发展更加干净和大规模的量子器件提供支持。

（三）量子计算

2023 年 5 月，量子院超导量子计算团队与清华大学物理系尤力教授团队合作，在高维超导量子体系研究方面取得新进展，首次实验验证了基于超导量子比特的多能级系统作为量子计算单元的可行性。9 月，量子院与南开大学、华南理工大学、日本理化学研究所等通力合作，利用集成有 30 个量子比特的梯子型量子芯片，成功实现了具有不同陈数的多种陈绝缘体的模拟，并展示了理论预测的体边对应关系。

第七节　北京脑科学与类脑研究中心

一、研究中心概况

北京脑科学与类脑研究中心作为北京重点推进建设的新型研发机构之一，结合北京“全国科技创新中心”的战略定位，围绕国家重大项目研究方向，建立协同创新、科学高效的运行机制，力争在脑科学与类脑科学研究领域实现前沿技术突破。北京脑科学与类脑研究中心由北京市人民政府与中国科学院、北京大学、清华大学、北京师范大学、中国医学科学院、中国中医科学院等单位联合共建，实行理事会领导下的主任负责制。北京脑科学与类脑研究中心将重点围绕共性技术平台和资源库建设、认知障碍相关重大疾病、类脑计算与脑机智能、儿童青少年脑智发育、脑认知原理解析开展攻关，力争实现前沿技术突破，在脑科学与类脑研究领域产出一批重大原始创新成果，从而成为国际一流的脑科学与类脑研究研发机构。

二、研究方向

（一）推动仿生光电突触与多模态、多尺度储备池计算取得重要进展

储备池计算（Reservoir Computing）是备受关注的一种计算范式，具有易于训练、硬件开销低等优点，并且可以使用各种电学和光学硬件实现。当前的忆阻器件多为单一物理机制，缺少跨模态的突触可塑性，

缺乏弛豫时间的可调性，这导致基于忆阻器件的储备池仍然面临非线性映射模式固定、无法处理多模态信号、缺乏多尺度特征提取能力等问题，因而限制了储备池的信息处理能力，难以实现多模态、多尺度的储备池计算系统。针对以上关键问题，北京大学集成电路学院/集成电路高精尖创新中心黄如院士–杨玉超教授课题组构建了基于 α-In_2Se_3 的多功能光电忆阻器件，利用其光电耦合的动力学特性，实现了多模态融合、多时间尺度的储备池计算。该器件解决了已有忆阻器件弛豫时间相对固定的问题，并进一步实现了多尺度的储备池计算。该研究利用基于 α-In_2Se_3 的忆阻器件的多种物理机制，实现了跨模态的突触可塑性和弛豫时间的可调性，提供了多种非线性映射的模式、多模态融合的创新方案、多尺度特征提取的能力，为储备池计算应用于更复杂的任务和更广阔的场景奠定了坚实的基础。

（二）启动“智能脑机系统增强计划”

2023 年 4 月 12 日，北京重点推动的“智能脑机系统增强计划”在北京脑科学与类脑研究中心正式启动。该计划是北京市人民政府推动的重大项目之一，由中关村发展集团与北京脑科学与类脑研究中心共同推动。该计划借鉴荷兰光子三角洲（Photon Delta）模式，采用“基金+中心+联盟”的新型机制，支持脑机专项研发和产业化，链接脑机企业上下游关键环节，推动打造国际领先的“北脑一号”“北脑二号”两套“智能脑机系统”，并将在临床医院进行验证应用。为配合推动脑科学基础研究与临床医学、电子工程等方面的合作，共同开展脑疾病、面向神经生物学前沿探索需求的新一代脑机接口关键技术等的交叉合作研究，北京脑科学与类脑研究中心首批启动了“北脑–天坛临床医学转化实验室暨赵继宗院士工作站”“北脑–清华（电子）神经信息与认知计算实验室”两个共建实验室。两个实验室的成立为该中心在多学科交叉合作及临床的转化应用、搭建北京脑科学和类脑研究科研合作与学术交流平台等方面开启了良好的开端。

第八节 山东未来网络研究院

一、研究院概况

山东未来网络研究院是为深入实施创新驱动发展战略，坚定不移地推动新旧动能转换，加快建设科教强省、先进制造业强省和数字强省，推进与紫金山实验室合作，根据《山东省人民政府关于组建山东未来网络研究院的批复》（鲁政字〔2021〕114 号）文件精神，采用新型研发机构形式组建的山东重点科技创新载体。2021 年 7 月 30 日，山东未来网络研究院按程序注册为省级事业单位法人，实行党委领导下的理事会决策院长负责制。2022 年 2 月 23 日，山东省委书记李干杰（时任）、省长周乃翔为研究院揭牌。为保障研究院发展，省财政和济南连续 5 年每年各安排资金 5000 万元，用于支持研究院建设。

深入贯彻落实习近平总书记关于加快工业互联网发展的重要指示和视察山东重要讲话、重要指示批示精神，牢牢把握“走在前列、全面开创”总要求，面向国际技术前沿、面向国家重大战略需求和国内经济主战场，采用“院企一体化”模式，以未来网络关键技术研究和原始创新为核心，解决一批工业互联网共性关键技术“卡脖子”问题，将山东未来网络研究院打造成立足山东、服务国家、面向世界、研发转化体系健全、对接国际一流水平的工业互联网重大科技创新平台，抓住工业互联网重大变革机遇，凝聚全球工业互联网高端人才，打造确定性网络技术应用高地，率先实现工业互联网规模化应用在山东落地，为制造业转型升级、新旧动能转换提供有力支撑。山东未来网络研究院的宗旨是围绕通信网络、工业互联网、移动通信、人工智能、云计算、大数据、区块链、网络安全和应用平台等技术，进行科研和成果转化。山东未来网络研究院的业务范围是开展通信和工业互联网产业共性技术的突破及前瞻性课题的研究、系统集成、技术研发、咨询服务等。

二、研究方向

山东未来网络研究院依托 CENI（未来网络试验设施）建设完成全

球首个确定性网络——山东确定性网络。

（一）确定性网络技术是新一代网络通信体系的发展方向

确定性网络技术能够提供确定性服务质量，灵活切换确定性服务和非确定性服务，自主控制提供的确定性服务质量的等级，全面赋能产业升级，支撑大规模机器通信、机器视觉、远程操控、人工智能、工业互联网、农业互联网、智能服务业的需求，具有低时延、低抖动、大带宽、高可靠性等特征。确定性网络作为一张专网，可以为不同行业需求提供“准时、准确”的数据传输服务和网络业务体验。用一个形象的例子来解释，如果把传统网络比作“普通马路”，它面临延时、抖动、跳动等不稳定因素，那么确定性网络就好比“专用车道”“高速公路”“高铁”，更加稳、准。当下，互联网的发展从消费领域进入实体经济，面临着巨大变革。“尽力而为”的传统网络技术架构难以支撑生产型互联网的需求，而确定性网络是工业互联网的刚需。形成“确定性网络+行业”的技术和产业格局，对千行百业朝着数字化、网络化、智能化高质量发展，赋能传统产业转型升级，催生新产业新业态新模式，做强做优数字经济，具有重要意义。

（二）确定性网络技术优势赋能山东经济发展

山东未来网络研究院自筹建以来，根据省委、省政府的部署要求，坚持以未来网络关键技术研发和原始创新为核心，加快突破产业共性技术和科技成果转化。按照“充分利用现有资源”的原则，山东未来网络研究院会同山东未来集团、紫金山实验室工业互联网创新中心，依托山东高速、山东广电已有机房、管道、光缆和传输资源，采用刘韵洁院士团队的最新研究成果，联合新华三、省内龙头企业，经过半年的努力，于 2021 年 12 月底完成全球首个确定性网络的建设与开通，建设完成覆盖 16 市的全球首个 5600 公里确定性网络。

第九节　IDEA研究院

一、研究院概况

粤港澳大湾区数字经济研究院（简称IDEA研究院）由前微软公司全球执行副总裁、美国和英国工程院外籍院士沈向洋博士创建并担任理事长。作为一家面向AI技术和数字经济产业国际前沿的研究机构，IDEA研究院致力于与MSR、DeepMind、OpenAI等同行者一起探索AI的前沿技术、拓展产业边界，让越来越多的人从新技术的发展中获益。

IDEA研究院秉承共享、共赢、共生的开源开放精神，积极营造自由而富有激情的创新工作环境，聚集全世界最聪慧的大脑一起创造人类社会最需要的价值。IDEA研究院坚持科技擎天、产业立地，相信最好的研究从需求中来，到需求中去，最终惠及广大企业和受众。

IDEA研究院目前已聚集一批包括院士、世界著名大学教授、世界知名开源系统发明人在内的国际一流技术专家，致力于在AI基础技术与开源系统、人工智能金融科技、区块链技术与机密计算、企业级AI系统、产业智能物联网与智能机器人等领域研发出国际顶尖成果，并培育一批国际领先科技企业，带动深圳乃至大湾区万亿级数字经济产业的发展。

二、研究方向

（一）AI金融与深度学习研究中心

AI金融与深度学习研究中心（AI Finance and Deep Learning，Fin AI）的长期目标是打造超越人类的AI金融超级大脑，致力于研发前沿的人工智能技术，让金融决策更精准、更迅捷、更安全。

（二）AI平台技术研究中心

AI平台技术研究中心（AI Platform Technologies，AIPT）目前主要聚焦科研教育和健康医疗两个方向，结合人工智能技术，通过面向场景的项目研发、实施和部署凝练大规模高质量知识图谱构建、自然语言处理、新一代搜索和推荐引擎等通用的平台技术，以赋能行业创新，推进AI技术的落地和产业化。

（三）AI安全普惠系统研究中心

AI安全普惠系统研究中心（AI Inclusion and Security System, AISS）立足于分布式计算技术、区块链技术、密码学技术和边缘智能技术，专注于安全、公平、普惠数据利用和监管平台，个人数据安全共享平台及隐私保护系统。AISS旨在让全社会从包括AI技术在内的新一代智能技术中普遍受益，提升社会个体的信息安全保护能力，规避数据滥用、隐私侵犯、信息茧房、群体意识操纵等由于恶意使用智能技术所造成的社会问题，遏制利用智能技术构建新型垄断工具及其对行业和创新的损害行为，为监管科技提供底层技术支持和创新技术解决方案。

（四）认知计算与自然语言研究中心

认知计算与自然语言研究中心（Cognitive Computing and Natural Language，CCNL）致力于在预训练大模型时代，建设认知智能的基础设施，推动AI学术和产业发展。CCNL在预训练模型生产、少样本/零样本学习、受控文本生成、自动化机器学习等技术领域，都达到了领先水平。CCNL的目标是让机器像人一样去思考，创造具备认知能力的AI数字生产力，促进数字经济发展，让世界变得更美好。

（五）计算机视觉与机器人研究中心

计算机视觉与机器人研究中心（Computer Vision and Robotics，CVR）立足于计算机视觉和机器人方向的基础研究，专注于大规模视觉表示学习、物体检测与识别、智能控制等问题，通过对核心技术的研究和突破，打造世界领先的机器视觉和智能机器人技术。同时，CVR力图通过对技术和平台的开源来造福产业和基础科研。目前，CVR的开源方向主要包括detrex物体检测框架和Deep Data Space数据平台。

展 望 篇

第三十一章 主要研究机构的预测性观点综述

第一节　Gartner：2023 年十大战略技术趋势

一、元宇宙（Metaverse）

元宇宙是一个通过虚拟技术构建的物理和数字现实融合的集体虚拟共享空间，具有持久性特征，能提供增强沉浸式体验。Gartner 预测，到 2027 年全球超过 40%的大型企业机构将在基于元宇宙的项目中使用 Web3、增强现实（AR）云和数字孪生的组合来增加收入。

二、超级应用（Superapps）

超级应用是一个集应用、平台和生态系统功能于一身的应用程序，它不仅有自己的一套功能，还能为第三方提供开发和发布微应用软件的平台。

三、自适应 AI（Adaptive AI）

自适应 AI 通过不断反复训练模型，在运行和开发环境中使用新的数据进行学习，来迅速适应最初开发过程中无法预见或获得的现实世界情况变化。自适应 AI 能根据实时反馈动态调整学习和目标，适合外部环境快速变化的运营，或者企业目标不断变化而需要优化响应速度的运营。

四、数字免疫系统（Digital Immune System）

数字免疫系统通过结合数据驱动的运营洞察、自动化和极限测试、自动化事件解决、IT 运营中的软件工程及应用供应链中的安全性来提高系统的弹性和稳定性。Gartner 预测，到 2025 年投资建设数字免疫系统的企业机构将能够减少多达 80%的系统宕机时间，所减少的损失将直接转化为更高的收入。

五、应用可观测性（Applied Observability）

在任何相关方采取任何类型的行动时，都会产生包含了数字化特征的可观测数据，如日志、痕迹、API 调用、停留时间、下载和文件传输等。应用可观测性以一种高度统筹和整合的方式将这些可观测的特征数据进行反馈，创造出一个决策循环，从而提高组织决策的有效性。可观测性应用使企业机构能够利用他们的数据特征来获得竞争优势。它能够在正确的时间提高正确数据的战略重要性，以便根据确认的相关方行动而不是意图采取快速行动，因此是一种强大的工具。如果能够在战略中予以规划并成功执行，可观测性应用将成为数据驱动型决策的最强大来源。

六、AI 信任、风险和安全管理（Trust，Risk and Security Management）

Gartner 调查显示，41%的企业机构曾经历过 AI 隐私泄露或安全事件。与未积极管理这些功能的企业机构的 AI 项目相比，在这些企业机构中有更多的 AI 项目能够从概念验证阶段进入生产阶段并实现更大的业务价值。企业机构必须使用新的功能来保证模型的可靠性、可信度、安全性和数据保护。AI 信任、风险和安全管理（TRiSM）需要来自不同业务部门的参与者共同实施新的措施。

七、行业云平台（Industry Cloud Platforms）

行业云平台通过组合 SaaS、平台即服务（PaaS）和基础设施即服务（IaaS）提供支持行业应用场景的行业模块化能力。企业可以将行业云平台的打包功能作为基础模块，组合成独特、差异化的数字业务项目，在提高敏捷性、推动创新和缩短产品上市时间的同时避免单一厂商锁定。Gartner 预测，到 2027 年超过 50%的企业将使用行业云平台来加速他们的业务项目。

八、平台工程（Platform Engineering）

平台工程是一套用来构建和运营支持软件交付和生命周期管理的自助式内部开发者平台的机制和架构。平台工程的目标是优化开发者体验并加快产品团队为客户创造价值的速度。Gartner 预测，到 2026 年 80%的软件工程组织将建立平台团队，其中 75%将包含开发者自助服务门户。

九、无线价值实现（Wireless Value Realization）

由于没有一项技术能够占据主导地位，企业将使用一系列无线解决方案来满足办公室 Wi-Fi、移动设备服务、低功耗服务及无线电连接等所有场景的需求。Gartner 预测，到 2025 年 60%的企业将同时使用 5 种以上的无线技术。网络的功能将不再仅限于纯粹的连接，它们将使用内置的分析功能提供洞察，而其低功耗系统将直接从网络中获取能量。这意味着网络将直接产生商业价值。

十、可持续性（Sustainability）

可持续性贯穿 2023 年的所有战略技术趋势。企业机构需要新的可持续技术框架来提高 IT 服务的能源和材料效率，通过可追溯性、分析、可再生能源和人工智能（AI）等技术实现企业的可持续发展，同时还要部署帮助客户实现其可持续性目标的 IT 解决方案。

第二节 埃森哲：《技术展望 2023》四大趋势

一、通用智能

无论是担任个人助手、创意搭档或者专业顾问，生成式人工智能将不断提升人类能力。几乎所有受访高管都认为，这类工具可以激发出巨大的创造力和创新力（比例达到 98%），开启企业级智能的新时代（95%）。

二、数字身份

对数字用户及资产进行认证，是实现数字世界和物理世界融合的另一个基础。如今，85%的受访企业高管都将打造数字身份视为一项战略要务，而非单纯的技术事项。

三、数据透明

实现人工智能的价值潜力无法绕开数据。这意味着企业必须打破数据孤岛，并更新和升级数据底座。事实上，90%的受访高管都认为，数据正在成为行业甚至跨行业竞争中非常重要的制胜因素。

四、前沿探索

科技创新与数字技术之间的反馈循环正在加速，两者相互促进，飞速发展。75%的受访者表示，两者联手有助于解决当今世界面临的重大挑战。

第三节　麦肯锡：《2023科技趋势展望报告》15个科技趋势

一、生成式人工智能

生成式人工智能标志着人工智能的一个转折点。OpenAI、Facebook、Salesforce、IBM、谷歌、微软等都在大力投资于大语言模型技术的研发，推动模型的不断创新和改进。

在商业环境中，生成式人工智能不仅可以开启新的用例，还可以加快、扩展或改进现有的用例。它有可能通过促进新产品和收入流的开发，提升客户体验，从而重新定义企业和价值链。然而，其影响最有望体现在提高员工生产力和体验方面。

二、应用式人工智能

通过机器学习（ML）、计算机视觉和自然语言处理（NLP）等人工智能技术，各行各业的企业可以利用数据并得出洞见，实现自动化流程、增强能力，并做出更明智的决策。

麦肯锡的研究估计，应用式人工智能所蕴含的潜在经济价值介于17万亿美元至26万亿美元之间，并且追求这一价值的企业比例正在增加。

三、工业化机器学习

工业化机器学习通常称为机器学习运营（ML 运营），或者简称为MLOps，指的是在企业中扩展和维持机器学习应用所需的工程实践。这些实践得到了快速发展的技术工具生态系统的支持，这些工具在功能和互操作性方面都得到了显著改进。

MLOps 工具可以帮助企业从试点项目转向可行的商业产品，加速分析解决方案的扩大，发现和解决生产中的问题，并提高团队的生产力。

四、下一代软件开发

下一代技术正在改变软件开发生命周期（SDLC）的每个阶段工程师的能力，从规划和测试到部署和维护，还能使非技术员工创建应用程序。

这些技术可以帮助简化复杂的任务，并将其他任务简化为单一命令。这些技术包括AI辅助编程工具、低代码和无代码平台、基础设施即代码、自动集成、部署和测试，以及新兴的生成式AI工具。

由于技术挑战，需要对开发人员和测试工程师进行大规模的再培训及其他组织障碍，应用可能会比较缓慢。

五、信任架构和数字身份

数字信任技术使组织能够管理技术和数据风险，加速创新并保护资产。而在数据和技术治理中建立信任可以提高组织绩效并改善客户关系。

底层技术包括零信任架构（ZTA）、数字身份系统和隐私工程。其他技术通过将解释性、透明性、安全性和偏见最小化原则融入AI设计中来建立信任。

然而，数字信任技术的采用受到一系列因素的阻碍，包括整合挑战、组织壁垒、人才短缺，以及将其作为价值主张的重要组成部分的有限考虑。

六、Web3.0

Web3.0 超越了对加密货币投资的典型理解，更重要的是它指的是未来互联网的一种模式。它将权力分散化并重新分配给用户，潜在地赋予他们更多对个人数据如何获得经济价值及数字资产的更强所有权。

此外，它提供了一系列商业机会：由去中心化自治组织（DAOs）治理的新商业模式，并通过安全（智能合约）自动化消除中间人，涉及数字可编程资产的新服务，以及使用区块链技术进行新数据存储和治理。

七、先进连接技术

先进的连接性改进将提高全球消费者的用户体验，并增强移动性、医疗保健和制造业等行业的生产力。

一些公司正在迅速采用建立在现有部署和连接标准之上的先进连接技术，但一些新技术，如低地球轨道（LEO）连接和 5G 网络，在推广过程中面临着些许障碍。

八、全息现实技术

全息现实技术利用空间计算来解释物理空间，模拟将数据、物体和人物添加到真实世界环境中，并通过增强现实（AR）、虚拟现实（VR）和混合现实（MR）实现在虚拟世界中的交互。

2021 年，风险投资者为 AR 和 VR 初创企业提供了约 40 亿美元的资金，成为仅次于 2018 年的第二成功融资年。

尽管在 2022 年，AR 和 VR 的总体投资有所下降，但投资者对这一趋势的兴趣依然持续：2022 年至少有 7 轮投资额达到 1 亿美元或更多的交易达成。

九、云和边缘计算

在未来，企业将利用多个位置点的计算和存储基础设施，从本地到更靠近本地（边缘），从小型区域数据中心到远程超大规模数据中心。

边缘计算为组织提供了处理数据更接近其源头的灵活性，实现更快的数据处理速度（超低时延），并与云相比实现数据主权和增强数据隐私，从而解锁各种新的用例。

减少到终端用户的距离将降低数据传输时延和成本，并提供更快速访问更相关的数据集，有助于企业遵守数据合规性。公有云将继续在未来企业中扮演至关重要的角色，通过更好的规模经济来执行非实时计算用例。

十、量子技术

量子技术利用量子力学的独特性质，比经典计算机更高效地执行特定类型的复杂计算，提供安全通信网络，并提供新一代传感器，其灵敏度比传统传感器有了显著的提升。

原则上，量子技术可以进行模拟和解决更复杂的问题，这将给航空航天、国防、汽车、化工、金融和制药等各个行业带来重大突破。然而，技术挑战仍然存在，如实现完全纠错的量子计算机和可扩展的量子通信网络。

十一、未来出行

在汽车大规模生产开始一个多世纪后，出行正在经历第二个重要的转折点：向自动驾驶、连接性、车辆电气化和共享出行技术转变，甚至先进空中移动技术，如垂直起降电动飞行器（eVTOL），也在快速推进。

这一转变有望在改善人员和货物陆空运输的效率和可持续性的同时，颠覆市场。预计到2035年，自动驾驶技术将创造高达4000亿美元的收入。

十二、未来生物工程

生物学的突破性发展，结合数字技术的创新，有望帮助组织应对医疗保健、食品农业、消费品、可持续发展及能源和材料生产等领域的需求，提供新的产品和服务。

麦肯锡研究表明，目前 400 种生物工程的应用案例在科学上都是可行的，预计从 2030 年到 2040 年，这些用例将产生 2 万亿到 4 万亿美元的经济影响。

当然，尽管某些基因疗法和生物产品已经得到认可，但生物工程学要实现其完整的经济潜力，还需要解决伦理、监管和公众认知等问题。

十三、太空技术

过去 5～10 年，太空产业最重要的发展是技术成本的降低，这使得新的能力和应用更加易于获取。组件成本的降低主要得益于卫星和运载火箭的体积、质量、功率和成本的减小。这些减小导致了系统架构的变化，如从单个大型地球同步轨道（GEO）卫星转向较小的分布式低地球轨道（LEO）卫星，以及传统非太空企业对太空技术越来越感兴趣。

分析显示，到 2030 年太空市场规模可能超过 1 万亿美元。未来，太空经济可能涵盖目前规模尚不大的活动，如轨道内制造、发电和太空采矿，以及可扩展的载人航天飞行。

十四、电气化和可再生能源

未来，能源结构将迅速向电力、合成燃料和氢转变，这些能源到 2035 年将占全球能源结构的 32%，到 2050 年将占 50%。

在 COP26（第 26 届联合国气候变化大会）之前，共有 64 个国家承诺或立法在未来几十年内实现净零排放。电气化和可再生能源有助于实现净零承诺。电气化和可再生能源包括：太阳能、风能、水力能源和其他可再生能源，核能，氢能，可持续燃料及电动汽车充电等。

十五、其他气候相关的技术

其他气候相关的技术包括碳捕获利用与封存（CCUS）、碳减排、自然气候解决方案、循环技术、替代蛋白和农业、水资源和生物多样性解决方案与适应措施，以及追踪净零排放进展的技术。

第三十二章

中国未来产业发展趋势展望

第一节　整体发展趋势展望

一、将出台更有力的政策推动未来产业加速发展

各部门将结合“十四五”规划纲要提出的重点领域进一步优化顶层设计。2022 年，国家发展改革委、国家能源局联合印发《氢能产业发展中长期规划（2021—2035 年）》，部署了一系列推动氢能产业高质量发展的重要举措；科技部、工业和信息化部等六部门联合印发《关于加快场景创新以人工智能高水平应用促进经济高质量发展的指导意见》，为各地方和各主体加快人工智能场景应用提供了系统性指导意见；国家发展改革委、工业和信息化部等四部门联合印发文件，同意在京津冀地区、长三角地区等八地启动建设国家算力枢纽节点，并规划 10 个国家数据中心集群，推动“东数西算”工程正式全面启动。2023 年，我国持续高度重视政策的指引作用，不断强化政策工具的使用，特别是聚焦前沿技术和未来产业发力，进一步围绕重点领域制定更具针对性的产业规划、指导意见等政策文件。

各地将聚焦产业基础及资源禀赋出台更“下沉”的未来产业政策文件。据不完全统计，截至 2023 年 6 月，浙江、河南、山西和上海 4 个省（直辖市）及深圳、南京、宁波等 16 个地级市共计发布未来产业相关政策文件 26 个，其中 18 个文件于 2022 年被集中发布，未来产业政策制定进入全面发力阶段。2023 年是“十四五”承前启后的关键之年，

各地聚焦产业资源禀赋和区域发展需求，进一步优化未来产业政策环境。同时，已出台相关政策的地方将围绕未来产业重点细分赛道构建自上而下、分区分类的下沉式政策机制，有望陆续发布一系列实施方案、行动计划等操作层面的文件。

二、颠覆性研究和融合式创新将不断加速催生未来产业的新发展方向

基础研究突破将持续为未来产业发展奠定基础。在量子信息方面，中国科学院量子信息与量子科技创新研究院的科研团队成功构建量子计算原型机“九章二号”和“祖冲之二号”，在超导体系方面实现了较强的量子计算的优越性，我国成为目前唯一在两种物理体系都实现“量子优越性”的国家。在生物制造方面，我国在国际上首次实现淀粉全人工合成，被国内外领域专家认定为“典型的‘从 0 到 1’的原创性突破”。

应用技术创新将进一步推动未来产业发展。我国人工智能研究成果不断突破，机器学习、自然语言处理、计算机视觉等领域不断出现新算法、新模型、新范式，AI 框架正向着全场景支持、超大规模 AI、安全可信等技术特性深入探索。北斗系统实现 45 颗在轨卫星提供服务，定位精度优于 5 m，向全球用户提供定位导航授时、国际搜救、全球短报文通信服务，应用深度将持续增强。

以元宇宙、卫星互联网、氢能储能等为代表的未来产业变革将加速演进。随着元宇宙概念席卷全球，在 AR/VR、区块链、物联网等数字技术的推动下，2023 年元宇宙产业呈现高速增长态势。据预测，目前我国元宇宙产业的产值已超过 400 亿元，未来 5 年元宇宙市场规模将突破 2000 亿元，并成为未来产业的重要组成部分。我国高度重视太空领域战略布局。据统计，2022 年和 2023 年我国卫星互联网产业的规模分别约为 314 亿元和 356 亿元，预计 2025 年将达到 447 亿元。我国卫星互联网产业将迎来新的发展高潮。“双碳”目标倒逼能源革命，推动第四代高温气冷堆核电项目实现并网发电，我国氢能产业启动，2023 年实现部分关键技术的新突破。

三、未来产业培育有望实现发展路径新模式新突破

浙江、上海、深圳等先行省市立足本地的科技、产业基础和资源禀赋优势，逐步探索较为清晰、完整的未来产业发展路径。浙江构建“源头创新—技术转化—产品开发—场景应用—产业化—产业集群”未来产业培育链路，打造集技术创新、成果转化、场景应用和产业发展于一体的未来产业生态布局。深圳聚焦“基础研究+技术攻关+成果产业化+科技金融+人才支撑”全过程创新生态链，实施“强基”“突破”“加速”“融合”“汇聚”五大工程，推动创新资源向未来产业集聚，实现产业链、创新链、人才链、教育链“四链”深度融合。

各地聚焦关键技术、细分赛道，打造产业竞争新优势，取得新成果。在技术创新方面，宁波提出到 2025 年，在商业航天发射、卫星通导遥、微创介入器械、人工智能解析交互等领域突破一批关键核心技术。在先导区建设方面，浙江提出在人工智能、区块链、第三代半导体等优势领域建设一批未来产业先导区，积极创建国家级未来产业先导区；河南提出到 2025 年，围绕氢能与储能、前沿新材料、生命健康等领域布局建设 20 个左右的未来产业先导区。2022 年，浙江公布第一批 8 个省级未来产业先导区培育名单，河南公布第一批 9 个省级未来产业先导区名单。接下来，先行省市进一步加速推进未来产业先导区布局，围绕先导区建设重点培育、打造一批细分赛道的新成果，同时根据自身的资源禀赋挖掘更多新兴领域增长点，谋划新的未来产业先导区。

第二节　部分重点行业发展趋势展望

一、新一代移动通信

随着我国 5G 规模化商用快速推进，基于 5G 技术储备和产业推进的先进经验，我国在 6G 性能指标、网络架构、关键技术及标准化、应用场景示范等方面具备一定优势，为开展 6G 布局奠定了良好的基础。与此同时，西方发达国家在持续与我国展开 5G 竞争的同时，也致力于通过 6G 前瞻布局和技术储备重新掌握网络通信的国际话语权。展望 6G 时代，我国将面临比 5G 时代更为激烈的竞争。

（一）我国在6G技术研发和探索上面临较为严峻的形势和挑战

一是6G发展的关键窗口期在收窄。未来3～5年是6G研发与标准化的关键窗口期。我国必须牢牢抓住关键窗口期，出台各种6G规划、研发方案和专项政策，加力加速实现6G突破性发展。二是我国移动通信产业必要支撑环节直面堵点。部分基础核心技术基础薄弱，如毫米波/太赫兹通信、空天地融合移动通信、通信感知一体化等，特别是在前沿原创性技术方面有待加强。三是卫星互联网建设步伐相对迟滞。未来6G是空地融合通信的时代，我国卫星互联网基础设施建设相对于美国来说比较滞后，亟待加快进程。四是国际产业生态和规则定义权有待加强。我国面临被美欧日韩等进行6G生态“剔除”的风险，使我国6G标准和产品无法“走出去”。同时，还要警惕6G标准可能分裂的情况发生，进而削弱我国主导的6G标准和产品在国际产业生态和规则定义方面的话语权。

（二）未来，我国将在频谱资源方面积极开展未来网络频谱需求研究，做好产业发展的先导性频谱资源储备和释放

在技术创新方面，支持开展潜在关键技术、应用场景的前瞻研究和应用试验，突破基础理论和“从0到1”的原始技术创新和应用。在产业培育方面，借鉴我国5G产业发展的成功经验，依托IMT-2030(6G)推进组整合移动通信领域的产学研用力量，以商用需求为牵引，带动上下游产业链形成6G产业发展合力。在国际合作方面，坚持自主创新与开放合作并行推进，大力推动全球6G统一标准，与全球各方共同构建6G产业生态。

二、通用人工智能

大模型将通过不断的竞争和合并，最终形成一个或若干个通用人工智能大模型通过万物互联平台提供统一的服务。回顾互联网的发展进程，主要市场实际运营的搜索引擎数量有限，当下大模型市场也同样不需要过多同质智力服务。类比互联网的发展进程，大多数大模型将在竞争中逐渐消失。万物互联平台可以实现人与人、人与物、物与物的关联

与交互，相关平台企业也拥有了更为丰富的智能技术应用场景。从长远趋势来看，大模型将会被整合到万物互联平台中，让大模型能够更好地与各种人、物、系统连接和协作，拥有主场优势的平台企业将具有更强的竞争优势。

（一）通用人工智能与可信人工智能并行发展

国际标准化组织和政府机构之间将加强合作，制定人工智能技术标准和规范，为人工智能技术的应用提供更加可靠和可信的保障，打造可信的、负责任的、以人为本的大模型应用。在监管层面，各国将从轻监管和重监管多重力度出发，确保监管的相称性和适应性，例如，欧盟立法者正积极调整立法思路，通过豁免、监管沙盒等制度安排支持人工智能技术创新。在行业层面，通用人工智能大模型领域的创新主体积极探索技术上和管理上的安全保障措施，为大模型应用的健康发展和安全可控构筑起防护栏。这些措施包括对数据的干预、对模型架构的干预、对模型输出的审查、对用户使用行为的监测、对生成内容的事后检测等。在科技向善理念之下，人工智能时代应成为一个负责任创新的时代，通过建立合理审慎的人工智能伦理和治理框架，塑造负责任的人工智能生态，打造人机和谐共生的未来。

（二）具身智能或成为通用人工智能大模型发展的新技术方向

具身智能是指人工智能系统具备感知和互动，并能够在现实世界中与环境和用户进行实时交互和合作的能力。这一技术方向的发展将进一步提升大模型的智能水平，拓展其应用场景，以及深化与人类的互动。具身智能的重要性在于，它代表了从简单的图像识别等机器学习任务向学习如何在多维度的现实环境中执行任务的转变。这种能力将使得智能体能够更自主地适应和解决不断变化的环境中的问题。以自然语言交互的大模型为例，它们不仅具有对话的能力，还能够感知和理解环境中的物体和事件，以及根据人类的意图和需求作出合适的反应。通过人机对话，大模型可以给机器人发命令，理解机器人的反馈，分解任务变成动作，帮助机器人处理多模态的数据（如图像、声音等），指导机器人改正错误，提高机器人的学习能力。

（三）基于大模型的AI Agent（人工智能体）将成为通用人工智能的主要发展方向

OpenAI联合创始人Andrej Karpathy在公开活动上表示"相比模型训练方法，OpenAI内部目前更关注AI Agent领域的变化"。AI Agent能够通过自主规划和指令完成任务，从原理上说，以大模型作为核心控制器构建AI Agent，大模型作为AI Agent的大脑，配合规划、记忆和工具使用等关键组件，将大任务分解为小的、可管理的子目标，从而有效地处理复杂任务，在大模型边界之外进行能力拓展。各种AI Agent项目不断出现。谷歌旗下DeepMind推出了robotic agent，利用机械臂自动执行各种工作；亚马逊推出了Amazon Bedrock Agents，可以自动分解企业AI应用开发任务。可以预见，未来会有更多公司推出AI Agent项目，不论是在前人基础上进行技术调优，还是另辟蹊径，都有巨大的创新空间。大语言模型的浪潮推动了AI Agent相关研究的快速发展，通过让大模型借助一个或多个Agent的能力，构建成为具备自主思考决策和执行能力的智能体，成为当前通往通用人工智能的主要研究方向。

三、量子信息

当前，以量子计算、量子通信、量子测量为代表的量子信息研究和探索加速发展，技术创新活跃，重大成果不断涌现，正成为新一轮科技革命和产业变革的关键领域。

（一）量子计算继续多种路径并行发展

整体而言，量子信息仍然面临着许多挑战和不确定性，如量子器件的可扩展性和可靠性、量子系统的集成性和互操作性、量子人才的供应和培养、量子技术的标准化和监管，以及量子应用的伦理和社会影响。量子信息特别是量子计算距离实用化仍有较长的路要走，预计在未来10年甚至更长时间内继续发展和演变，呈现多种路径并行发展的局面，将推动更多的科学发现和技术进步、更多的商业应用和社会影响、更多的利益相关者之间的合作与竞争，以及更多的机遇与风险。从技术角度来看，下一步的关键发展方向将是通过更好的实验手段和计算方法，突破量子计算机的硬件瓶颈，推动软硬件与云平台协同发展，构建用户生态。

（二）量子通信网络建设进展加快

量子密码学可以提供经典方法无法实现的可证明的安全性，并且可以与现有的通信基础设施兼容。随着量子密钥分发、量子加密等技术的进步，量子通信网络已经在一些国家进行了试验建设。中国率先开展了量子保密通信网络工程，美国也启动了旨在建立量子互联网的计划。量子通信网络提供绝对安全的通信方式，必将触发新一轮安全通信技术革命。

（三）量子测量产业加快商业化落地

量子测量涉及使用量子特性来提高测量和传感的精度和准确性，是量子信息技术中最接近实用化的技术。量子测量可以改善导航、成像、光谱和引力波探测等应用，并已经在一些实际场景中实现，如使用原子钟进行时间同步、使用量子磁力计进行磁场测量、使用量子干涉仪进行引力波探测。

四、卫星互联网

（一）民营力量在我国航天发展中的力量逐步显现

在我国卫星互联网产业发展的过程中，民营企业在产业链的运载火箭研发、设计和制造，运载火箭发动机，火箭发射及试验，卫星总体设计及制造，现有应用场景创新等方面取得了一系列积极成就。在企业培育方面，经过近 10 年的发展，我国商业航天企业的数量和质量都得到稳步提升。相关数据显示，截至 2022 年，国内已注册并有效经营的商业航天企业数量超过 400 家，银河航天、九天微星、星河动力等企业的创新能力得到进一步发展。在商业航天投融资方面，泰伯智库的研究显示，2014—2022 年商业航天领域的融资总金额达到 457 亿元，民营企业融资活跃，如银河航天在 2022 年 9 月成功实现 B+轮融资，用于卫星互联网相关技术的研发和商业应用的开拓，包括加速构建卫星低成本批量化制造能力，相关技术涵盖可堆叠平板卫星、星上灵活调配的多波束相控阵技术、柔性太阳翼、数字处理载荷等。

（二）地方依托产业基础加快布局卫星互联网产业园

近年来，地方政府积极开展卫星互联网产业园的布局。根据不完全统计，以卫星互联网产业园界定为口径分析，2022 年全国各省级地方政府的卫星互联网产业园为 128 个。按照全国七大地区来看，华东地区以 58 个卫星互联网产业园排名第一，华中地区以 26 个卫星互联网产业园排名第二，华北地区以 21 个卫星互联网产业园排名第三，其他 4 个地区均不足 10 个。我国卫星互联网企业和创新资源主要在华北地区、华东地区及西南地区，产业园主要在华东地区、华中地区及华北地区，“环渤海经济圈”卫星互联网重点企业最集中。地方结合自身的产业分布特点，整合更多的优质资源，营造良好的产业发展环境。例如，河南郑州和鹤壁建设全链条卫星产业集群，支持洛阳、新乡、信阳等市做强卫星制造配套产业，鼓励各地差异化发展卫星应用产业，形成“2+*N*”卫星产业发展格局。黑龙江依托哈尔滨工业大学、哈尔滨工大卫星技术有限公司、哈尔滨新光光电科技股份有限公司、哈工大卫星激光通信股份有限公司等资源优势，建设哈尔滨航天高技术创新产业园、哈工大卫星产业基地、北斗产业示范中心等。

五、仿生机器人

（一）仿生机器人将呈现微型化、智能化、仿形化和多功能化的发展态势

当前，机器人的使用场景逐渐趋向于精确化、狭窄化和复杂化，这种任务场景的需求必然加速仿生机器人向微型化方向转变。仿生机器人微型化的关键是机电系统的微型化，通过将驱动装置、传动装置、传感器、控制器和电源等部件进行高度集成，可实现仿生机器人的整体微型化。随着人工智能技术的发展，仿生机器人已从传统的纯机械式向智能化过渡。仿生机器人的智能化主要体现在执行任务的多样化、完成动作的人性化、控制水平的精确化等，这有利于其更加完美地模

仿生物所具备的生理机能，更加安全地完成任务。同时，仿生机器人的外形与所模仿生物的高度相似性，也是仿生机器人的发展趋势之一。机器人仿形化有助于其在军事侦察、掩护等作战场景中更加隐蔽、安全地完成任务。未来使用场景的多样化必然使得仿生机器人向多功能化的方向发展。

（二）仿生机器人未来将具有更加广泛的应用场景

随着科技的不断进步和政府支持的加大，仿生机器人在我国将具有巨大的潜力，为制造业、物流、农业、医疗等领域的发展带来新的机遇和挑战。仿生机器人将成为我国未来产业中的重要一环。随着人口老龄化和医疗技术的进步，老年人和残障人群的需求不断增加。仿生机器人能够为这些人群提供更好的康复治疗和生活辅助，这将是未来仿生机器人的重要应用领域之一。随着城市化进程的加速和人口密度的增大，交通拥堵问题也越来越严重。在这种情况下，仿生机器人可以发挥重要作用，如可以用于无人驾驶汽车、智能交通系统等场景。随着人工智能技术的不断进步，仿生机器人将在未来与人类之间的互动中起到越来越重要的作用。例如，仿生机器人可以帮助人类更好地了解其身体机能、心理健康和社交行为等方面的情况，也可以用于虚拟现实教育、游戏和娱乐等领域。

（三）仿生机器人竞争愈发激烈

我国的仿生机器人行业是新兴行业，内部竞争正走向激烈，一些企业已在全球范围内展现出了竞争力，如优必选、宇树科技等企业。目前，我国仿生机器人市场可分为 3 个梯队，即资金雄厚的知名企业（如腾讯、小米等）、势头强劲的新兴企业（如优必选、大疆等）及潜力无限的小微企业（如宇树科技、云深处科技等）。造成此竞争格局的主要原因有 3 个：行业前景好，第一梯队企业能够快速推动仿生机器人产业发展；技术发展快，有利于第二梯队企业争取广阔市场；国产替代强，成本逐渐降低让第三梯队企业的进入成为可能。未来，技术的创新将带来竞争格局洗牌，尤其是仿人和四足机器人是其中比较具有成长性的细分赛道，而仿人机器人对系统的零部件需求更加精密，这种技术要求将促进行业创新，最先拥有创新成果的企业将获得市场领导者的角色。同时，投资增加激发竞争格局活性。《“十四五”机器人产业发展规划》明确提出，预计到2025年我国工业机器人销售规模将达到1051亿元左右。有潜力的市场将吸引更多资本入局，激发行业内企业的主观能动性，给整个行业正向持续赋能。

后　记

《2022—2023年中国未来产业发展蓝皮书》由赛迪智库未来产业研究中心（无线电管理研究所）编撰完成，以期为中央和地方各级政府、相关企业及研究人员把握未来产业的发展脉络、研判未来产业的前沿趋势提供参考。

本书由乔标副院长担任主编，由韩健统稿。全书分为综合篇、政策篇、热点篇、领域篇、区域篇、园区篇、企业篇、学院篇、机构篇和展望篇10个部分32章。

其他参与本书撰写的人员包括彭健、钟新龙、周钰哲、滕学强、孙美玉、王聪聪、彭璐、李雨凌、李雪霖、窦婉茹、渠延增。

在编写本书的过程中，编写团队得到了相关领导和行业协会专家的大力支持和指导，在此一并表示诚挚的感谢。

本书虽然经过研究人员和专家的严谨研究和不懈努力，但由于能力和水平所限，疏漏和不足之处在所难免，敬请广大读者和专家批评指正。同时，希望本书的出版，能为探索我国未来产业发展的创新模式和具体路径提供有效支撑。

研究，还是研究 才使我们见微知著

思想，还是思想 才使我们与众不同

政策法规研究所　规划研究所　产业政策研究所（先进制造业研究中心）

科技与标准研究所　知识产权研究所　工业经济研究所　中小企业研究所

节能与环保研究所　安全产业研究所　材料工业研究所　消费品工业研究所　军民融合研究所

电子信息研究所　集成电路研究所　信息化与软件产业研究所　网络安全研究所

无线电管理研究所（未来产业研究中心）世界工业研究所（国际合作研究中心）

通讯地址：北京市海淀区万寿路27号院8号楼1201　邮政编码：100846

联系人：王　乐　　　　联系电话：010-68200552　13701083941

传　真：010-68209616　网址：http://www.ccidthinktank.com

电子邮件：wangle@ccidgroup.com